D1598314

LUCY LARA

Imagen, actitud y poder

Haz que tu estilo
y tu personalidad trabajen por ti

AGUILAR

Imagen, actitud y poder
Haz que tu estilo y tu personalidad trabajen por ti

Primera edición: octubre, 2017

D. R. © 2017, Lucy Lara

D. R. © 2017, derechos de edición mundiales en lengua castellana:
Penguin Random House Grupo Editorial, S.A. de C.V.
Blvd. Miguel de Cervantes Saavedra núm. 301, 1er piso,
colonia Granada, delegación Miguel Hidalgo, C.P. 11520,
Ciudad de México

www.megustaleer.com.mx

D. R. © Penguin Random House / Amalia Ángeles, por el diseño de cubierta
D. R. © Amalia Ángeles y Cynthia Castañeda, por el diseño de interiores
D. R. © Roberto Sánchez, por las ilustraciones de interiores
D. R. © Valeria Ascencio, por la fotografía de la autora

ISBN: 978-607-315-762-9

Impreso en México – *Printed in Mexico*

El papel utilizado para la impresión de este libro ha sido fabricado a partir de madera procedente
de bosques y plantaciones gestionadas con los más altos estándares ambientales, garantizando
una explotación de los recursos sostenible con el medio ambiente y beneficiosa para las personas.

A Francisco, mi amor entero.

*Álzate y quiere con los pies seguros
lo que has querido vacilante
hace ya muchos años con el pecho.*

"Dueña de ti misma", Pedro Salinas

ÍNDICE

Tercera parte

INTRODUCCIÓN

Credibilidad. Ésta es la palabra que viene a mi mente cuando trato de identificar el hilo conductor que lleva a una mujer de la mano de su imagen y actitud hacia el poder. Breves instantes toma leer la apariencia de una persona y construirse una idea sobre ésta. El corte de pelo, el maquillaje, la ropa, los accesorios, su manera de sentarse y de mirar dicen miles de cosas sin haber pronunciado palabra alguna. Pero si habla, su imagen se va construyendo también por medio del tono de su voz, su acento, el volumen que usa, si tartamudea o tiene muletillas, si despliega un vocabulario educado o vulgar, las pausas que utiliza y la cadencia con la que se expresa. Si a eso se le suma cómo camina, el espacio que ocupa en la sala de juntas, la forma en que estrecha la mano de sus clientes... entre otras, estas pistas se convierten en un informe que sitúan a cada mujer en cierta categoría: inteligente, tonta, ignorante, débil, insegura, líder, etcétera. Esas conjeturas pueden ser erróneas o no, pero es irrefutable que son determinantes para que se abran o cierren puertas y marquen un futuro próspero o un estancamiento frustrante.

El valor de la imagen que proyectamos es responsabilidad nuestra, aunque quien la juzga es la sociedad. Sin embargo, son contadas las mujeres que se percatan de su importancia y la utilizan a su favor. Quienes se preocupan e intentan depurar su aspecto, muchas veces terminan por traicionar su autenticidad para tratar de cumplir con los estándares de lo correcto, cuando lo que realmente importa es que cada persona talle las facetas de su estilo con originalidad, comodidad, certeza, coherencia y propiedad; sin jamás sacrificar su identidad.

Hay rasgos físicos que no se pueden ocultar o transformar. A una mujer alta se le considera más apta que a una de estatura baja y el tono de piel que tiene mayor aprecio socialmente es el de una persona caucásica. Sin embargo, lejos de intimidarse y sentir vergüenza de una tez oscura, un sobrepeso, los ojos rasgados, ser muy joven, demasiado madura o tener determinada orientación sexual, se trata de abrazar tus diferencias, grandes o pequeñas y encontrar una manera de convertirlas en parte de tu valor.

¿Cómo debe vestir una mujer para ser tomada en serio en un ámbito masculino sin perder feminidad o sentirse disfrazada, como sucedió en los años ochenta cuando miles de chicas se pusieron trajes de pantalón, saco con grandes hombreras, camisa y hasta corbata? El tema es más complejo de lo que suena y, más allá de estar únicamente relacionado con la reacción de los hombres ante sus colegas mujeres, hay que empezar por reconocer que todos somos responsables de una red de juicios y descalificaciones que llevamos a cabo día a día al evaluar el estilo, la personalidad y la capacidad de los que trabajan con o para nosotros.

En la imagen de una mujer que aspira a una posición alta o ya ejerce un liderazgo hay una serie de exigencias que no se encuentran en ningún manual laboral. Son reglas ocultas, no dichas que, si bien podrían parecer producto del sentido común, resultan frecuentemente misóginas y machistas, pero que los miembros de los dos sexos aceptamos en silencio como "buenas y funcionales".

Para colmo, tratar el tema de una imagen inapropiada en el trabajo con una subalterna ya sea a manera de retroalimentación o como parte importante de su desempeño actual y con miras a un crecimiento futuro suele no tomarse como crítica constructiva, sino como agresión sexista si el comentario viene de un hombre o como una muestra de envidia o celos cuando quien lo emite es una mujer. La persona que es confrontada con un argumento que va en contra de su manera de vestir o arreglarse, muy pocas veces puede recibir esas palabras sin sentirse avergonzada, herida y violentada, cuando lo que realmente se pretende es regalarle un trozo de verdad que, aunque sea dura y devastadora, representa el primer escalón para tomar conciencia de la trascendencia que tiene la imagen en un ámbito laboral. Si en lugar de sentirse agraviada, esa chica abriera grandes los ojos para observar el código de vestimenta que siguen las mujeres exitosas de su empresa u otras compañías similares, pidiera ayuda a un asesor de imagen, comprara un libro de estilo o, simplemente, hablara abiertamente del tema para aprender de sus colegas, entendería que la inteligencia, el talento, la responsabilidad y hasta la integridad (por sólo mencionar algunas virtudes deseables en cualquier contendiente a un mejor puesto) deben estar envueltas en una vestimenta que las enmarque y las resalte para ser apreciadas por los demás.

Aprender a vestirse para favorecer la silueta es en sí un reto, pero lograr que la ropa pueda convertirse en una herramienta social y de trabajo que te ayude a crecer en tu puesto actual y ascender hacia una futura meta es el primer objetivo de este libro. En él encontrarás las claves para construir un guardarropa eficaz, lleno de estilo, elegancia, autoridad y mucho poder. Conocerás la forma de invertir en las piezas clásicas e icónicas. Sabrás elegir la combinación perfecta de ropa para presentar tus ideas ante tu grupo de trabajo, venderles el proyecto a tus clientes o lucir como jefe, aunque te falten años para llegar a ese puesto. Pero lo más relevante es que harás de tus prendas una armadura capaz de resistir las batallas de cada jornada; sin perder nunca el estilo ni la confianza en ti misma.

Una vez que domines el arte de vestir y encuentres el guarda-rropa que te ayude a ser reconocida, es preciso llegar con la actitud adecuada para tomar nuevas responsabilidades, emprender grandes proyectos y demostrar lo que hay en tu cabeza. Es el momento idóneo para desplegar tu perseverancia, el talento que te distingue y la fuerza de carácter que te hace insustituible.

En todos los años que he trabajado como líder de un equipo, me ha quedado claro que mucho más importante que la inteligencia, el talento o la experiencia de la persona que va a formar parte de mi grupo laboral es esencial que tenga una actitud positiva. No sólo me refiero a sus ganas de aprender, su disposición de adaptarse, saber trabajar en conjunto o en solitario, así como cumplir con sus funciones en tiempo y forma, sino a que su presencia ejecutiva me permita confiarle nuevos proyectos y retos, delegarle responsabilidades y apoyarme en sus fortalezas, al mismo tiempo que vamos abordando y mejorando juntas nuestras debilidades.

Frecuentemente olvidamos que nuestro primer enemigo en el trabajo somos nosotras: nuestras inseguridades, miedos, envidias, lagunas de conocimiento o falta de aptitud para articular y presentar ideas, resultados o proyectos. Para colmo, muchas mujeres no nos sentimos merecedoras de nuestros puestos y en lugar de adjudicar nuestra posición laboral a nuestros méritos, pensamos que son resultado de la buena suerte o de que alguien nos ha confundido por una persona capaz y tememos ser descubiertas como un fraude. Eso nos hace sentir vergüenza e incluso culpables de nuestro éxito.

Asistir a la entrevista del trabajo de tus sueños puede sonar difícil, pero si te dan el puesto, después viene una secuencia de retos y es indispensable que tengas la habilidad de hablar con tus superiores, tratar de manera correcta a tus subalternos o dar una conferencia ante miles de personas con el aplomo y la asertividad necesarios. Otras herramientas indispensables en ese crecimiento profesional tienen que ver con un autoconocimiento y refinamiento de tus valores, talentos y afectos. Sin embargo, nada de esto será posible si no lo haces con la pasión y el empuje indispensables para triunfar como mujer, como profesional y como ser humano, si no te apropias de tu poder.

Cuando te encuentres en el puesto correcto, en donde más que trabajo parece haber gozo; cuando estés vestida de una forma en la que no sólo pertenezcas, sino que seas admirada y tengas tantas responsabilidades como placeres; entonces habrás llegado a ese estadio que se denomina poder. En esta etapa hay mucho camino recorrido, la cima se antoja cercana, pero gran cantidad de personas u objetivos dependen de ti.

El poder es adictivo porque está lleno de adulación, de privilegios y enormes placeres mundanos. Sin embargo, hay que tener cuidado con las puertas falsas y los callejones cerrados que no permiten marcha atrás. Por eso, es importante llegar al éxito preparadas, conscientes de que somos nuestra propia marca y que lo más preciado que tenemos en el mundo laboral es nuestro prestigio.

Llegar a ser CEO, por ejemplo, implica que tu capacidad de liderazgo te ha hecho construir no sólo un equipo leal y funcional, sino también mecanismos para que su empresa siga creciendo a un ritmo sostenido y los frutos del trabajo conjunto sean disfrutados por todo el personal y sus familias. No obstante, lograr que este sistema funcione como reloj implica más trabajo interno que manuales de uso o seminarios para altos ejecutivos.

En la escalera que las mujeres tomamos para alcanzar el poder nos toparemos con lo que en inglés llaman *glass ceiling*, que es como un tablero del juego conocido aquí como Serpientes y escaleras: un camino lleno de obstáculos. En ese trayecto hay tantas limitaciones veladas que pocas personas parecen alcanzar la cima y varias de ellas, cuando parecen estar cerca, se enfrentan con una gran cantidad de límites invisibles que desaceleran su ascenso. Eso quedó más que claro con la candidatura a la presidencia estadounidense de Hillary Clinton y el extraordinario revés que la regresó al cuadro de inicio, en una carrera que, aparentemente, parecía muy cerca de la cúspide.

Por fortuna, hay mujeres que lo han logrado y que han podido esquivar o eliminar por completo a las serpientes que acechan en su ascenso al triunfo. Esos reptiles que representan los terribles fracasos o los pasos hacia atrás y que hacen a la persona más fuerte cuando se superan o hay un triunfo sobre ellas. Por ambiciosa o próxima que haya sido su meta, estas líderes han podido realizarse al ciento por ciento. Han resistido, pero también han sabido pedir ayuda y son generosas cuando se trata de impulsar a sus colegas para que brillen con luz propia. Escritoras, diseñadoras, administradoras, deportistas o científicas, no importa la actividad, nacionalidad, aspecto o sueldo, el punto es que se han realizado en su carrera y ésta es parte fundamental de su vida y su autoestima. El poder para ellas no significa ejercer mando sobre otras personas, sino sentirse dueñas de su destino laboral, de su vida y de los frutos de su éxito.

En mi carrera como directora editorial de revistas como *Elle*, *Infashion*, *Marie Claire* y *Glamour* he sido muy afortunada de formar parte de algo que me divierte y apasiona. Ese trabajo me ha llevado a ocupar una silla en la primera fila de los desfiles de moda en París, lo mismo que a sentarme a cenar con el modelo más codiciado o entrevistar a la actriz que está a punto de estrenar tres películas espectaculares en los siguientes meses. Pero mi mayor privilegio ha sido aprender de mis jefes y colegas el oficio de editor, así como sentirme feliz de tener la gran responsabilidad de formar un equipo y lograr que se convierta en mi familia laboral. Ver con cierta frecuencia cómo las personas a mi cargo crecen, extienden sus alas y vuelan para encontrar su propia meta representa un verdadero regalo. Asimismo, es un gran lujo que mis días estén llenos de cosas que me hacen vibrar y sentir que nunca dejo de aprender.

Este libro está pensado para ti, para que al llegar al gran futuro que te espera te hagas cargo de tu carrera; para ello, quiero que tomes en serio la marca que representas (que eres tú misma), construyas un prestigio incuestionable y desarrolles todo tu potencial. Deseo que tu imagen y tu actitud sean un motor que te llene de energía para subir muchas escaleras y que nada ni nadie detenga tu crecimiento o corte tus aspiraciones.

Estoy convencida de que la primera persona que tiene que creer en ti, eres tú. Después, todos coincidirán al reconocer que estás lista y eres capaz de hacer lo que te propongas. Pasión, entrega y muchas horas de práctica te esperan, todo ello con el propósito de prepararte para recibir el poder que mereces. Es hora de ascender.

¡Disfruta el camino hacia la cima!

Imagen

Capítulo 1

LOS PRIMEROS SEGUNDOS:

una impresión perdurable

Se necesitan tan sólo unos instantes para que te lean. No tienes que hablar ni moverte, es un mensaje contundente el que mandas acerca de ti y está basado en cómo te ves. Efectivamente, si eres delgada o robusta, si tienes una espesa melena bien peinada o una cabeza con pelo escaso, si tu ropa parece limpia y planchada o se nota que es vieja y has sido descuidada. Todo lo comunicas.

Ese impacto visual no tiene que ver con cumplir los estándares de la moda como vestir de marca, o los de belleza, que pueden limitarse a pertenecer a la categoría estética apreciada por todos, porque la primera impresión no mira el costo de un *outfit* ni la perfección de un rostro, todavía no. Se trata de una evaluación instantánea que puede distar mucho de la realidad, pero quien te percibe considera que es precisa, de ahí el peligro de mostrar algo desfavorable. Una mujer bien arreglada da la sensación de que se cuida y si logra eso, es probable que sea capaz de hacerse cargo de responsabilidades más grandes.

Resulta que la manera en que te presentas impacta la percepción de los otros sobre ti y, aunque suene atroz, a partir de tu apariencia suelen hacerse una idea que no sólo implica tu aspecto, sino que se convierte en un filtro con el que se juzga tu seguridad, tu capacidad y hasta tu destreza. En tu profesión, te encuentras en una suerte de juego de serpientes y escaleras, en donde lucir impecable te conducirá hacia arriba y verte desaliñada te hará estancarte o bajar tus posibilidades de ascender como si te deslizaras por un reptil.

Sylvia Ann Hewlett, en su libro *Executive Presence*, (Presencia Ejecutiva), hace un doloroso recuento de la manera como fue rechazada en la Universidad de Oxford, Inglaterra. Dos cosas fueron las serpientes que le impidieron conseguir su acceso: su *outfit* y su acento. Su carrera se enderezó en otra universidad y ella tuvo que empeñarse en adoptar un vocabulario más culto y un modo de hablar más educado. Pero la reinvención llegó cuando su cuarto libro fue un fracaso. ¿Por qué sucedió esto? No quiero hacer un spoiler que arruine su relato, te recomiendo ampliamente su libro. Pero una cosa puedo decirte sin dudar: su problema fue de credibilidad. Un obstáculo que jamás debes enfrentar tú.

"La apariencia también influencia el juicio sobre tu competencia en el trabajo, desempeño, que a su manera, afecta el salario y estatus", dice Deborah L. Rhode, autora de *The Beauty Bias* (El sesgo de belleza). "La currícula obtiene una evaluación menor cuando se piensa que pertenece a una persona menos atractiva. Estas personas tienen menos posibilidades de ser contratadas y ascendidas y ganan menores salarios".

MÁS ALLÁ DE SER BONITA

Las mujeres con un rostro hermoso y simétrico, quizá incluso con un cuerpo espigado y con extremidades largas, son consideradas bonitas. Pero como explico en mi libro anterior, *El poder de tu belleza*, o en las charlas que he dado al respecto, una mujer bonita si no trabaja su belleza interior, termina siendo sólo un cascarón hermoso pero vacío. En cambio, la chica que es guapa, ha trabajado en su aspecto, pues además de encontrarse satisfecha con su físico, acepta sus imperfecciones y sabe resaltar lo que le gusta. Pero destacar sus virtudes y disimular sus defectos es únicamente el principio, pues ha llegado a comprender que una actitud segura y una gran personalidad son su mejor distintivo.

Las mujeres que más admiro y aprecio, lejos de nacer bonitas o haberse convertido en guapas, no fueron del todo favorecidas en la lotería genética. Es probable que su físico no sea el más agraciado, pero eso es lo que menos importa: porque ellas se reinventaron. Es decir, supieron capitalizar su inteligencia, sentido del humor, carácter amigable, talento o aquello que las hace únicas e irrepetibles, para convertirse en una persona original. Algunas han hecho milagros con lo que podría considerarse un defecto, para transformarlo en su estandarte: como la nariz de Barbra Streisand o las cejas y el abundante vello facial que parecía un bigote de Frida Kalho. Barbra no se operó para hacerse una nariz recta o respingada, como tampoco Frida se depiló. Todo lo contrario, ella rodeó su rostro con joyería y flores para adornarla, pero aún fue más lejos: expresó el amor a su país vistiendo con atuendos típicos que, convenientemente, cubrían sus piernas totalmente para no mostrar esas extremidades que habían sido afectadas por su problema de espalada y su dificultad para caminar.

Eso demuestra que todas podemos ser hermosas y que nuestra belleza no depende de que hayamos salido ganadoras en el coctel genético que heredamos, sino en lo que hagamos con él. Lejos de un físico perfecto, hay que empezar por entender que la belleza es imperfecta y la imperfección si la llegamos a aceptar como parte nuestra, puede hacernos sentir seguras.

No obstante, la belleza cuesta. No estoy hablando exclusivamente de dinero, sino de trabajo interior, de pulir las facetas de tu carácter, de tu estilo de vida y de tu físico para poderte sentir cómoda en tus zapatos.

Caroline Cox, en su libro *Forever Glamour* (Por siempre Glamour), cita a Peter Noble e Yvonne Saxon, quienes entrevistaron a las estrellas de cine más destacadas de los años 50 y describieron el glamour de la siguiente manera: "Toma una ración de personalidad, una de encanto, otra de simpatía y mézclalo todo con un buen cutis, una actitud disciplinada y una carácter alegre. Añade gusto para vestir, una cuidada higiene personal, delicadeza y la cualidad más importante de todas: un poco de capacidad para ofrecer lo mejor de ti misma".

Nosotras necesitamos sentirnos merecedoras y portadoras de ese maravilloso compendio de cualidades. Sólo necesitamos la voluntad para hacerlas nuestras.

Si estás leyendo este libro es porque quieres ascender en tu carrera profesional, encontrar las escaleras hacia el triunfo; ciertamente tener un buen aspecto te será de inmensa ayuda, pero la actitud y la seguridad que viene con una mujer que se gusta y se quiere, puede distinguirse a kilómetros de distancia. No eres la única, pues en una encuesta realizada, según el libro *The Beauty Bias*, tres cuartas partes de las mujeres evaluaron la apariencia como el factor primordial que afecta su auto imagen y un tercio la calificó como la más importante cualidad, por encima del desempeño en el trabajo y de la inteligencia. Así que empezaremos por la imagen que proyectas, pero conforme avances en tu lectura, irás haciéndote dueña de tu propio poder.

COMUNICACIÓN NO VERBAL

Lo que expresamos a través de las palabras es importante. Pero rara vez nos detenemos a corregir o a perfeccionar lo que decimos con nuestro cuerpo. Si estamos encorvadas parece que sentimos inseguridad y hasta vergüenza, si no vemos a los ojos, damos la impresión de que nos sometemos ante otras personas; si nos sentamos con los brazos cruzados nos cerramos. En fin, la gente interpreta la postura y no siempre a nuestro favor.

La postura erguida: espalda derecha, hombros hacia atrás, cabeza arriba, es básica para empezar a proyectar seguridad, además de que te hará lucir más alta. No hay que olvidar que las personas altas ganan mejores salarios y encuentran una posición de autoridad más fácilmente que las de baja estatura. Pero lo más interesante de las buenas posturas, es que no sólo son fantásticas para la imagen externa, sino que provocan una sensación interna que va generando confianza y se va haciendo más tuya.

Ammy Cuddy, en su libro *Presence* y en el Ted Talk que la hizo famosa y fuente de inspiración para muchas, relata que en diversos experimentos realizados, descubrió que la postura del cuerpo contagia seguridad si la persona se mantiene erguida y extendiendo sus extremidades. En cambio, cuando la espalda se encorva y tanto la cabeza como el resto del cuerpo parece colapsarse hacia su centro, la sensación es de impotencia, incapacidad y fracaso. De ahí que en sus minutos de fama en la televisión, Cuddy sugiera que adoptemos la manera de pararse de la Mujer Maravilla (postura erguida, brazos a la cintura y piernas separadas), para sentirnos poderosas. En su libro también cuenta que se encontró a una de sus fans, quien le contó que en su familia adoptan una postura en la que separan piernas y levantan brazos, como cuando un corredor llega a la meta, con la frase: *star fish up!* (¡haz forma de estrella de mar!), asegurándose, de esa forma, de que una vez que hacen esa pose, se sentirán como triunfadores y estarán listos para cualquier reto.

La ventaja de pararte como Mujer Maravilla o como estrella de mar, consiste en que la posición te irá inyectando confianza. Al principio es un poco artificial, pero mientras más la practiques, comprobarás que da resultado. La recomendación es hacer la pose en un sitio privado y una vez que te sientas poderosa, procedas a enfrentar a tu jefe, tu ex esposo, el director de la escuela o tu rival en el trabajo. Pero cuidado, no llegues con los brazos en jarra a pedir un aumento de sueldo, pues esa postura es también retadora y no te ayudará a obtener lo que buscas. Es preciso entender cuándo necesitas demostrar fuerza y en qué ocasiones debes evitar parecer un adversario.

Recuerdo un día que mi jefe nos había pedido a una de las chicas de mi equipo, a quien llamaré Rosa, y a mí que fuéramos a su oficina. El propósito de esa reunión era que le llamáramos la atención a Rosa por un error que había cometido. Cuando llegamos a sentarnos frente al CEO, con un escritorio entre él y nosotras, Rosa extendió sus brazos alargándolos sobre la superficie del escritorio. La reacción de mi jefe fue inmediata. Evidentemente sintió que Rosa lo estaba retando y reaccionó irritado, indignado y el regaño fue mucho más fuerte de lo que la situación ameritaba. En otra ocasión presencié una escena similar, esta vez la editora de fotografía estaba mostrándonos, a mi jefe y a mí, las fotos que le habíamos hecho a una celebridad, para la portada de la revista. La relación entre la editora y mi jefe era tensa, pero conforme él daba sus comentarios, no del todo positivos, ella se cruzaba de brazos, hacía gestos que claramente eran para descalificarlo y, en un momento, le arrebató la lupa con la que veíamos las fotos. Como si no hubiera sido suficiente lo que expresaba su cuerpo, la editora lanzó la frase: "No tenemos los mismos gustos, porque tú eres latino". Irónicamente, estábamos trabajando en *People en español*. Esa fue la última vez que vi a la editora. A las dos horas de esa escena, ella había salido de la empresa. Algo totalmente innecesario. Lo diré ahora, pero voy a repetirlo otras veces en este libro: nunca es bueno irse mal de un trabajo, eso es definitivamente una serpiente en tu juego profesional. Aunque te despidan. Es mejor tragarte tu orgullo y saber que dejas las puertas abiertas de la empresa que te vas, que darte el gusto de desahogarte y cerrarte las posibilidades futuras de regresar. Si te marchas voluntariamente, debes ser cuidadosa igualmente, dar la noticia primero a tu jefe inmediato y después despedirte con toda cortesía y profesionalismo de todos en la oficina, especialmente del director general. Nunca se sabe lo que sucederá más tarde en tu carrera y si necesitarás volver a establecer una relación profesional en el futuro.

Pero, ¿qué sucede si tu posición indica debilidad? Un cuerpo colapsado, como el que mantenemos cuando trabajamos en la laptop o escribimos en el celular, manda un mensaje al cerebro que debilita tu actitud poderosa. Por ello, hay que procurar mantener siempre la espalda derecha y la cabeza en alto para mostrar fortaleza y seguridad a los demás, de ese modo se obtiene confianza interna también. Me ha tocado asistir a juntas en donde algunas personas están prácticamente jorobadas, sentadas en su manos o con las extremidades tan cruzadas, que parecen trenzas humanas. Los mensajes que sus cuerpos están enviando pueden traducirse en vulnerabilidad, falta de carácter, timidez y hasta incapacidad. Te lo pongo más fácil: ¿contratarías a una abogado que tiene las piernas cruzadas y entre sus rodillas guarda sus manos? Seguramente no, porque lo que su posición denota es una tremenda inseguridad.

Entonces, hay que procurar una postura derecha y extendida, sin que por ello quiera decir que ocupes demasiado espacio, ya que eso puede malinterpretarse como prepotencia. Cruzar los brazos es una postura cerrada y lo ideal es que te mantengas abierta, cuando quieres participar en un equipo o tener un intercambio profesional positivo.

Ponerte la mano en el cuello denota que te sientes en peligro. La explicación que dan los expertos al respecto, es que el cuello alberga la arteria más importante del cuerpo y también la más efectiva si se trata de herirte y propiciar que te desangres. Uno inconscientemente se lleva la mano a ese sitio con afán de protegerse de una agresión, aunque ésta sea verbal o de circunstancia.

"Camina como si tuvieras tres hombres detrás de ti", decía Oscar de la Renta. La forma de transportar tu cuerpo de un lado al otro, no debe ser mecánica. Los pasos deben ser firmes y, al mismo tiempo, una mujer elegante se desliza graciosamente. Lo que de la Renta quiso decir, es que seas femenina, casi coqueta, cuando camines. Lleva tu espalda recta, hombros atrás, cabeza hacia arriba, brazos que alternan sus movimientos de adelante para atrás y las caderas que van de una lado a otro, con un ritmo delicioso, sin jamás exagerar.

Mirar a los ojos es quizá una de las interpretaciones más complicadas, ya que en algunas culturas mirar a los ojos demuestra respeto, en otras confianza y en algunas más, insolencia. Incluso la teoría de que un mentiroso no mira directo a los ojos se ha dado por equivocada, porque los que mienten profesionalmente se hacen el propósito de mirarnos sin mayor escrúpulo. Bueno, hasta nosotros los novatos, sabemos mentir y mirar a quien nos pide la verdad. Sin embargo, ya sea en el amor o en el trabajo recomiendo mirar al otro. Los ojos son un gran puente de comunicación que resulta formidable para expresarte, tanto en público, como en la intimidad con otra persona. Expresan atención a lo que se dice, comprensión a los demás y seguridad en ti misma.

Bill Clinton tiene fama de mirar a una persona como si fuera la única que está en la habitación. Había escuchado esa leyenda sobre el entonces Presidente de Estados Unidos cuando vivía en Nueva York. Pero tuve a bien comprobarla. Una noche estaba yo caminando sobre la Quinta Avenida, rumbo a un restaurante. Hacia a mí venían varios hombres de diversas edades, todos vestidos de traje formal. Sentí la mirada de uno de ellos, tuve la sensación como si alguien me hubiera puesto un reflector encima. Él me miró de frente y después de lado al pasar junto a mí. Me halagó con su mirada, creo que incluso sonrió y yo le correspondí. Era él: el presidente de Estados Unidos. Ésa ha sido el arma secreta de Clinton y debo reconocer que funciona a la perfección. La moraleja es que intentemos hacer sentir importante a quien miremos, démosle el tiempo, la atención y la importancia, pues a todos nos gusta ser considerados. Una persona se siente presente al ser mirada, eso me lo comprobó *Mr. Clinton himself*.

El saludo de mano es también una manera de expresar tu autoconfianza y tu apertura a conocer al otro. De hecho, el saludo de mano se origina para mostrar que dos guerreros van a hablar sin tener armas en las manos, de ahí que las estrechen como señal de que vienen en son de paz y desarmados. Saluda siempre con firmeza, pero sin tratar de quebrarla los dedos a nadie. Por otro lado, si vas a saludar o a despedirte con un beso, no juntes tu mejilla pretendiendo que eso es un gesto cordial. Tienes que sellar el saludo con el beso o correrás el peligro de parecer fría o superficial. ¿No estás convencida? Pues mejor estira la mano para estrechar la de la persona que está enfrente.

Pero tu principal escalera debe ser tu sonrisa. Todos sabemos que existen sonrisas provocadas, por no decirles falsas, y otras auténticas. Pero en ambas situaciones dan un mensaje de amabilidad y disposición que resultan invaluables. Sonríe cuando saludes, al momento de dar las gracias, en el instante en que algo te haga gracia, si sientes que la otra persona es amable, cuando te despidas y hasta en la situación en la que otras personas estén hablando y tú quieras integrarte a la conversación. Pero ni se te ocurra hacerlo en un momento difícil como cuando alguien te llama la atención, cuando se te cuestiona algo importante o cuando estés ofreciendo disculpas, por poner sólo algunos ejemplos que te harán descender por las serpientes camino abajo. En esas circunstancias puedes crear la reacción contraria y complicarte las cosas.

Si todavía no estás convencida de que la sonrisa es tu mejor aliada para ganarte al mundo, te recuerdo que tu cuerpo contagia a tu ánimo. Aunque parezca difícil de creer, sonreír te hará sentirte más contenta y no hay nada más agradable que estar con una persona positiva y feliz. Lo que implica que además de encontrarte mejor, estarás rodeada de personas que, como tú, miran el mundo con optimismo.

TU FÍSICO: LO QUE PUEDES O NO CAMBIAR

Muchas cosas pueden refinarse: tus maneras, tu estilo de vestir y hasta tus ideas. Sin embargo, el físico de una persona es portador de información que se transmite a los demás y que quizá no dependa de ella poder modificarlo. Algunos datos como los rasgos étnicos: los ojos rasgados, la piel oscura, el pelo rizado tipo afro, son datos difíciles de ocultar para el que los tiene e ignorar para quien los percibe. Una mujer japonesa, por ejemplo, puede haber nacido en Inglaterra, hablar un inglés de Oxford, pero el mundo entero asumirá que su cultura y carácter están marcados por su ascendencia asiática. El problema es que el racismo puede marginar a los individuos por ser de otra nacionalidad o tener un aspecto diferente al de los que habitan o gobiernan determinado lugar. Sin embargo, está comprobado que un equipo en donde existe diversidad de nacionalidades, etnias, géneros y creencias, suele ser más productivo y dinámico, que uno homogéneo.

De cualquier forma, debemos estar al tanto de los estereotipos que existen y que pueden influenciar a algunos miembros de ciertas comunidades o empresas, antes de saber cómo es posible romper con esos esquemas. Ya había mencionado cuando hablaba de la comunicación no verbal, que las personas altas, por alguna extraña razón, se consideran para puestos más importantes y mejores salarios. Lo opuesto, desgraciadamente, aplica a los que son bajos de estatura. Los que usan lentes nos parecen más inteligentes y si llevan *brackets*, entonces los tachamos de tontos e infantiles.

"Los estándares de belleza privilegian a aquellos que tienen facciones blancas tipo europeo", dice Rhode. Sólo hay que echar un ojo a las altas esferas empresariales para descubrir que los directores son, en su mayoría, caucásicos. Según Rhode, las preferencias universales como piel blanca, simetría facial y figuras con forma de reloj de arena se perciben como lo más atractivo en una mujer. Ser delgada está considerado una ventaja laboral, pues se piensa que el control en la comida refleja disciplina y dominio. En cambio, el sobrepeso se interpreta como inestabilidad e ineficiencia, personas que pecan de falta de rigor, dejadez y hasta flojera. "Se les ve como menos agradables y no tan adaptados, como que tuvieran menor autocontrol, autodisciplina y hábitos efectivos de trabajo, así como poca habilidad de llevarse con los demás", asegura Rhode.

En México existe una empresa de comunicación que ofrece un bono a sus altos ejecutivos si evitan subir de peso. Esto no debe sorprendernos, ser esbelto habla, en general, de buena salud, resultante de una dieta balanceada y hacer ejercicio. Por lo contrario, la obesidad se relaciona con una persona que es laxa en su alimentación, que prefiere la comida grasosa o rápida y que no visita el gimnasio ni de casualidad. Además, se teme, como empleador, que contratar a un obeso equivale a tener que lidiar con enfermedades como la diabetes y problemas cardiacos. Una escalera en este tema es, en sí, lucir resistente. La salud, después de todo, también incide en la imagen.

Fuera de estereotipos y creencias, tenemos que estar conscientes que presentar lo mejor de nosotros será siempre más efectivo en cuestión de imagen y poder. Con esto no quiero decir que hay que aclarar nuestra piel, ponernos unas plataformas imposibles ni someternos a una dieta a base de líquidos hasta quedar esbeltas. No, lo que necesitas es encontrar la manera de que tu físico juegue a tu favor. La pulcritud, el arreglo personal, saber destacar lo mejor de ti, como lo hacen las guapas o atractivas y hasta encontrar la característica que te hace original y única para hacerla tu estandarte, como sucede con las atractivas, puede hacer la diferencia en tu profesión.

A pesar de los prejuicios y de los cánones tradicionales, siempre hay forma de rescatar tu autoestima. Si tienes sobrepeso como Oprah Winfrey, la piel morena como Lupita Nyong'o, una nariz imperfecta como la de Sarah Jessica Parker o eres baja de estatura como Salma Hayek, pero encuentras tu verdadero valor, serás capaz de romper con los patrones y juicios equivocados. Hay que reconciliarse con ser talla grande, tener celulitis o el rostro redondo. El secreto está en aceptar lo que tienes, saber que la imperfección es bella y encontrar tu guapura y atractivo, más allá de los cánones tradicionales.

PRESENCIA: ESTAR CON TODO TU SER

Si bien es cierto que la presencia es física y la comunicación no verbal tiene relevancia, también hay una participación fundamental del ánimo que interviene en el lugar que ocupamos en el mundo. Amy Cuddy habla de la presencia como la confianza, el nivel de comodidad, tu apasionamiento y entusiasmo. Se trata de no preocuparte por qué tan bien estás hablando ni de lo que otros piensan de ti, sino de vivir el aquí y el ahora sin juicios de valor. Disfrutar el presente y gozarlo con todo tu ser.

Para gozar el sexo con entrega, por ejemplo, debes olvidarte de que tu cuerpo no es perfecto o que si te pones boca abajo, expones tu celulítico *derrière*. Obviamente si estás pensando en que tu pareja estará calificando la firmeza de tus glúteos, jamás llegarás a tener un orgasmo. Si te avergüenzas, no podrás conectarte con el otro y te mantendrás en una conversación con tu cabeza, no muy positiva por cierto, en lugar de absorber con todos los sentido los estímulos para llegar al clímax. Bueno, pues lo mismo sucede con tu presencia al explicar tu idea a un cliente. Si estás preocupada de si hueles mal, si tu maquillaje se corrió, lo que pensará esa persona de tu acento, por decir algo, no estarás presente y con el cien por ciento de tu atención en lo que quieres exponer, abierta a sus reacciones y lista para entablar un diálogo propositivo.

Es un verdadero arte aprender a vivir el presente gozando, a veces arriesgando al máximo y tener la certeza de que tu pasión y tu presencia lo pueden todo. En cambio, si hay ansiedad o miedo, perdemos inmediatamente presencia. "Necesitamos empujarnos, momento a momento, ajustando nuestro lenguaje corporal, comportamiento y mentalidad en nuestras vidas cotidianas", asegura Cuddy, para tratar de estar presentes en nuestra circunstancia.

Es increíble cómo no le damos importancia aparentemente a la presencia, hasta que nos afecta es que prestamos realmente atención al tema y notamos su valor. Sylvia Ann Hewlett en su mismo libro *Executive Presence*, cuenta cómo en un concurso en donde los participantes daban un concierto, no ganaron los que tenían mayor mérito musical, sino aquellos que sabían comunicarse en el escenario, que eligieron ropa con un buen corte, que llevaron los hombros echados hacia atrás, que tenían un especial brillo en los ojos, porque se emocionaron y lo gozaron. De alguna manera la gente escucha con los ojos. "Cómo se mueven, qué llevan puesto y cómo establecen comunicación con la audiencia es tan importante como el talento", asegura Hewlett. Por eso, hazte dueña de tu cuerpo, del espacio que ocupa y de lo que expresa. Habítate y proyéctate. Sólo así ocuparás el lugar que mereces en tu vida y en tu profesión.

MUY MUJER: PORQUE SOMOS DIFERENTES

Hay quien dice que debemos ser tratadas como a los hombres y también se afirma que somos iguales o mejores que ellos. Si bien es cierto que lo justo es que nuestros salarios y oportunidades se igualen, considero que el único camino correcto para triunfar profesionalmente, es tomar en cuenta nuestras diferencias. No voy a negar que la capacidad de hacer varias cosas a la vez, cuyo término universal se conoce como *multitasking*, sea una aptitud muy apreciada entre las mujeres. Pero ese talento va más allá de poder escribir un e-mail mientras hablas por teléfono a la mitad de una junta de trabajo. La realidad es que la mayor parte de las mujeres cargamos con la responsabilidad de la casa, los hijos, los padres, los suegros y todos nuestras tareas profesionales. Cuando un bebé se enferma, rara vez es el padre quien pide un par de días libres para faltar al trabajo y cuidarlo. Si la lavadora se arruina, es generalmente la mujer quien se hace responsable de organizar que se lleve a cabo la compostura. Sé que entiendes el punto.

Pero lo que se convierte en múltiples serpientes asechando nuestra carrera, es que el mundo laboral no está diseñado para una persona que tiene que planear el día completo de sus hijos, con alimentos, ropa y visitas al doctor o actividades extraescolares incluidas; además de tener su casa impecable, a su esposo estimulado sexualmente y a su jefe encantado por su eficiencia para entregar buenos proyectos en la oficina. Es simplemente agotador. Y si no hay una ley que la apoye en estos días de emergencias, mucho menos cuando lo que se necesita, es un poco de tiempo para ella sola sin hacer otra cosa que no sea descansar.

Alguna vez tuve un jefe cuya profesión anterior a ser editor de revistas había sido pertenecer al cuerpo de bomberos en una ciudad de Estados Unidos. Él contaba que durante un incendio algunas veces se quedan niños atrapados entre las llamas. Los bomberos sabían que cuando el padre intentaba salvarlos, nunca traspasaba el incendio. En cambio, tenían la orden superior de detener a cualquier madre que se dispusiera a rescatar a sus pequeños. "Ellas son capaces de morir por sus hijos y no les importa nada hasta estar con ellos", comentaba. "Varios bomberos teníamos que detener a la madre, desesperada, porque la fuerza y el instinto de protección, las hace prácticamente imparables". Somos así y desde que estamos considerando embarazarnos nos sentimos en desventaja con respecto a los hombres, quienes nunca tienen que detener su carrera por gestación, dar a luz y rara vez lo hacen para criar a sus hijos.

Tengo una amiga que formó parte de mi equipo cuando trabajé en Nueva York. Ella después se fue a Europa donde dio a luz a su primera hija, y un par de años después regresó a trabajar de nuevo conmigo a Manhattan, pero en otra revista. Como éramos muy cercanas, platicábamos constantemente de su deseo de tener otro bebé antes de que pasara más tiempo, pero sentía que era un mal momento para embarazarse ya que ambas nos acabábamos de integrar a una nueva revista y estábamos recién llegadas a la empresa. Después de unos años, finalmente se embarazó, aunque desgraciadamente perdió al bebé. Pasó bastante tiempo antes de que volviéramos a hablar del tema. Para entonces, ella había aceptado la oferta para regresar a la revista en que la conocí, con un gran puesto y, lo mejor, con el fabuloso equipo que la recibía con los brazos abiertos. Aún así ella pensaba esperar un par de años antes de atrever a embarazarse. Así que la senté y muy a mi estilo, le dije lo que pensaba derecho y a la cabeza: "Trabajos hay muchos, pero sólo tienes una vida y una familia". Le expliqué que mientras más prolongara su embarazo, menos cercanía tendrían las actividades e intereses de sus hijos. Además, me parecía claro que nadie dudaría de su profesionalismo por estar embarazada, después de todo, la habían recuperado porque conocían su trayectoria y admiraban su trabajo. Afortunadamente hoy, ella tiene dos hermosas niñas y aunque se llevan más años de diferencia de los que ella hubiera deseado, cumplió su sueño de ser madre otra vez y sigue manteniendo su mismo puesto en la revista.

Esos frenos que nos ponemos una y otra vez se incrementan cuando la mujer es madre, pues como mamás hacemos lo posible para que en la oficina no se sientan las presiones que vives en casa y viceversa. Pero lo cierto es que resulta imposible ocultarlas. Ante la frase que dice que "se puede tener todo", la mayor parte de nosotras nos sentimos agraviadas. No es fácil, como empleada, decidir cuándo viajar a una junta de trabajo en Nueva York, de manera que puedas asistir a la feria de ciencias del colegio de tu hijo en México. O qué bueno sería que estuviera en tus manos determinar cuándo le dará una enfermedad a tu hija para no fallarle a tu jefa. Lo digo con conocimiento de causa, porque no pude asistir a los Premios de Belleza Glamour en Miami, en donde yo era la anfitriona, debido a que mi hijo estaba recién salido del hospital con un caso complicado de influenza. La entonces directora de la empresa fue absolutamente comprensiva y determinante en que yo debía quedarme a cuidarlo. Sin embargo, mi alma se dividía porque, para mí, no ir significaba defraudarla. Aunque jamás me hubiera atrevido a viajar sin tener la certeza de que mi hijo estaba fuera de peligro.

Ante tales conflictos entre la familia y la profesión, no es raro que algunas mujeres desistan y opten por renunciar aunque sea por unos años a su trabajo. Muchas porque ganan menos de lo que pagan a quien les cuida a sus hijos, otras porque tienen miedo de quedar siempre mal en la oficina y en casa, si no es que con todos; algunas debido a que su esposo tiene un trabajo tan absorbente que siente la necesidad de cubrir su espacio en el hogar; no falta quien lo hace porque su pareja gana suficiente y ya nadie ve relevante que su atención esté dividida, forzándola a enfocarse en su maternidad, o bien porque no puede con la presión y el estrés que requiere partirse en mil pedazos. Mujeres exitosas y con gran futuro laboral interrumpen su carrera y pocas veces están conscientes de que se montan en una gran serpiente.

Según el libro *Vayamos adelante*, de la directora operativa de Facebook, Sheryl Sandberg, cuando una mujer se ausenta de su carrera un año, regresa ganando 20% menos de lo que era su salario y si vuelve después de dos o tres, hasta 30% menos. Obviamente, cuando emprende su retorno después de que han crecido sus hijos, ya no pertenece a su ámbito laboral y habrá perdido experiencia, conocimientos, actualizaciones y contactos que la ayuden a situarse en un buen puesto. Mientras tanto a su pareja no lo ha detenido nada: ni un embarazo, nacimiento de los hijos, responsabilidades compartidas o cuestiones económicas. Lo que la autora plantea como solución, y yo coincido, es que la crianza debe ser compartida en 50% y 50%, además de las otras responsabilidades económicas. Quizá en un principio el salario de ella alcance sólo para pagar a la niñera o guardería, pero hay que perseverar, porque ese obstáculo puede librarse sólo si ella continúa construyendo su carrera. Las mujeres exitosas que están casadas, como estuvo la misma Sandberg, logran llegar a la cima con un esposo solidario y equitativo en las labores y responsabilidades de casa.

Pero, ¿qué pasa si no eres casada ni tienes hijos? Además de la incómoda situación en la que te encuentras una y otra vez cuando la gente te pregunta por qué no tienes pareja y te recomiendan, sin haberlo solicitado, que no trabajes tanto porque nadie irá a invitarte a salir a tu escritorio, existe la sensación de que no tienes nada mejor que hacer que estar en la oficina. Así le sucedió a una editora el día en que debía entregar la revista a imprenta. Pasaban de las 11 de la noche y ya su equipo estaba cansado con tanto cambio que ella requería. Hasta que llegó un momento en el que el director de arte se hartó y le dijo: "Ya sé que no te hace ninguna ilusión irte a casa, porque ahí sólo te espera tu gato, pero nosotros que sí tenemos familia, queremos terminar esta revista ya". Lo que probablemente sea difícil de entender para los que tienen niños y/o pareja esperando en casa, es que una mujer soltera también tiene vida, además de el mismo cansancio que ellos. Pero se les descalifica enseguida y se asume que las solteras viven instaladas en el egoísmo.

Rebecca Traister escribió un libro llamado *All the Single Ladies* (Todas las mujeres solteras) en donde habla de la gran diferencia que ha hecho en la sociedad que las mujeres no se casen tan jóvenes como antes (ahora lo hacen alrededor de los 27 años), lo que ha incrementado su impacto en la economía, la cultura, la ciencia y la familia. Traister, además, pide que recordemos que las mujeres más exitosas en la historia han sido solteras.

Ser soltera y joven es distinto a no estar casada ni tener pareja, pero ser una mujer madura, porque con el tiempo y el trabajo duro hay más dinero. Todos los ingresos son para ella y no es raro notar su prosperidad en su aspecto. Este nuevo estatus muchas veces le complica tener relaciones con un hombre de su edad y con una posición social similar, pues los solteros no son tantos y muchos de ellos prefieren a mujeres 10 o hasta 20 años más jóvenes que ellos. Así que puede que no esté sola voluntaria-mente, pero eso de ninguna manera debe traducirse en amargu-ra. Ésas son las mujeres que deciden sus vidas a su antojo y no tienen que pedir permiso para poner un cojín rosa en la cama ni para comprarse un diamante.

Las mamás solteras, por otro lado, tienen que llevar todo el peso de la casa, la maternidad y el trabajo que ha dejado de ser opcional. Si las casadas experimentan culpa por dejar a sus hijos en el cuidado de alguien más mientras ellas trabajan, para las que no tienen pareja, puede convertirse en una sombra que las acompaña en cada escalera y cada serpiente de su carrera.

Las personas solteras, por su lado, también juzgan a las casa-das como si al tener que dividir su atención y tiempo, les restara entrega, responsabilidad y solidaridad con su equipo de trabajo. Lo más triste del asunto es que nadie tiene la verdad absoluta y sólo se ha logrado crear una serie de resentimientos que no favo-rece el trabajo en equipo.

ELEGIR A UNA MUJER: LA DIFERENCIA

Hewlett cuenta en su libro, que durante el proceso de seleccio-nar músicos para una orquesta, se determinó no llevar a cabo la entrevista ni ver la ejecución, sino sólo escuchar la música y elegir a quien pensaran que tocaba mejor sin mirar a las per-sonas. Así se dieron cuenta de que había mucho más mujeres que habían sido seleccionadas, quienes comparativamente to-caban igual o mejor que sus colegas hombres. Evidentemente su talento no se había incrementado de un día para otro, sino que el hecho de que no las clasificaran como mujeres, favoreció la opinión que los jueces tuvieron sobre su ejecución, fue una elección objetiva, no escucharon con los ojos. Este ejemplo sólo hace patente que muchas ofertas de trabajo se nos van de las manos simplemente porque somos mujeres. De hecho, yo estuve en una empresa en donde el examen de embarazo era obligatorio (y también el de SIDA), y alguna vez resultó que una chica contratada para cubrir una incapacidad de alguien de mi equipo estaba esperando bebé, sin saberlo. Fue verdaderamente difícil hacer entender al equipo de Recursos Humanos de la empresa, que esa chica no estaba enferma ni traería consecuencias negativas por estar embarazada y, como era temporal, me dejaron que se quedara. Pero jamás la hubieran contratado en una posición permanente.

En esa misma compañía hubo un recorte de personal y una de las personas afectadas tenía ya cinco meses de embarazo. Antes de que fuera notificada, yo fui a hablar con la encargada de Recursos Humanos y le expliqué que, además de parecerme ilegal el despido en esas condiciones, dejar ir a una mujer con un embarazo tan avanzado, le impediría encontrar trabajo hasta después de dar a luz, lo cual pasaría después de varios meses, más el tiempo de recuperación del parto. Es decir, esa chica estaría cuando menos siete meses fuera de la jugada. Ese tipo de situaciones jamás le suceden a un varón, porque lo cierto es que nosotras somos vulnerables ante el sistema, que fue ideado, operado y hasta hoy dominado por los hombres.

Mi experiencia personal fue diferente, puesto que yo en lugar de dar a luz, adopté un bebé. En ese momento trabajaba en una empresa muy proactiva en derechos humanos y con gran empeño en tener apoyo, incluso económico, para los empleados que adoptáramos hijos. Sin embargo, en Nueva York, no estaba contemplado que alguien que recibía a un bebé en adopción pudiera tomarse las semanas equivalentes a la incapacidad que el seguro otorga a las que van a parir un hijo. Por lo que, cuando llegó el esperado anuncio de que mi bebé estaba en camino, según las leyes se esperaba que yo me presentara a trabajar al día siguiente de recibirlo. Afortunadamente mi jefe en ese entonces, un gran ser humano y estupendo líder, entendió mi situación y me otorgó un mes y medio para trabajar desde casa, visitando la oficina sólo en casos de suma importancia.

Después me permitió otro mes en el que tenía que ir a trabajar dos veces a la semana. El resto del tiempo, trabajé en la casa y logré estrechar los lazos amorosos con mi hijo resultantes de la cercanía y la convivencia entre nosotros. Desafortunadamente, llegó el momento en que había que viajar y mi jefe quería saber si estaba dispuesta a retomar el ritmo de trabajo que requería viajar con cierta constancia y tuve que renunciar. Resulta que la agencia de adopción impuso la condición de que uno de nosotros, el papá o yo, tomáramos un año sin trabajar, para cuidar al bebé. No hubo necesidad de discutirlo, mi pareja en ese entonces y yo siempre supimos que sería yo la que se quedaría en casa porque ganaba menos y también porque mi sueño de ser madre se había hecho realidad después de mucho tiempo y varios obstáculos. Pero lo que empezó con un año, terminó siendo un lapso de cuatro años, en los que además tuve que enfrentar un divorcio terrible sin contar con un salario generoso para pagar las cuentas de mi abogado.

ESTATUS: COMPLICADO

"**No necesitamos estar casadas o ser mamás para estar completas. Nosotras determinamos nuestro 'vivir felices para siempre'**"
Jennifer Aniston, actriz

Hay otras cosas que, desafortunadamente, intervienen en el juego de las serpientes y las escaleras por ser mujer. Más allá de las obligaciones familiares, a una mujer casada la sociedad la considera "realizada". Cómo decirlo, es como si hubiera cumplido un requisito y no es tan fácil tacharla de histérica o frustrada como a las solteronas. Sí, porque no haber sido casada o no tener pareja, puede generar prejuicios muy desagradables: que estás insatisfecha, que eres una solitaria, que nos has sido elegida o que algo está mal en ti y por eso estás quedada.

Ser soltera es tolerable cuando eres joven, pero pasados los cuarenta y tantos, si no tienes anillo ni anuncio de boda, estás en un terreno fértil para las especulaciones maliciosas. Curiosamente las divorciadas, que cada vez somos más, ya nos libramos del mote de quedadas o amargadas, pero no falta quien opina que estamos listas para saltar a la cama con el primer hombre que nos lo ofrezca, como si el haber tenido un rompimiento matrimonial nos hiciera más laxas con nuestros principios morales o con el criterio para elegir amantes.

Ahora que, si eres muy joven, entonces la inexperiencia te marca y te convierte en blanco de comentarios negativos. Si asciendes con cierta velocidad, no faltará quien lo adjudique a que has encontrado un hombre influyente que intercambia beneficios laborales por los sexuales. En la época actual, sin embargo, con la expectativa de vida más generosa, las mujeres de menos de 30 años parecen tener permiso para experimentar y equivocarse, sin que se les cierren puertas.

Así el cambio de carrera, los divorcios y algunas decisiones equivocadas pasarán casi inadvertidas hasta que den inicio a la siguiente década, en la que todo toma un peso relevante. Según algunas investigaciones a las mujeres se nos considera en plenitud profesional de los 39 a los 42 años. Ah, porque el peor de los obstáculos es estar vieja. Envejecer, es un pecado. No importa la experiencia, trayectoria, destreza, talento o los grandes méritos que enriquezcan tu carrera, si muestras signos de la edad, te dan por ser senil, inepta, anticuada y necia. Lo peor de todo es que de estos prejuicios, siento decir, somos tan culpables hombres como mujeres.

Desde luego toda esa basura que echamos a nuestras colegas mujeres tiene que parar. Pero no todos los prejuicios vienen desde afuera. Muchas de nosotras nos sentimos avergonzadas por ser la más joven, por no tener pareja, por ser mayor o ser la más vieja de la empresa. ¿Por qué hacernos eso nosotras mismas? ¿No es suficiente lidiar con las crueldades ajenas?

Definitivamente no tenemos que probar nada a nadie y no debemos autorizar a que alguien decida u opine sobre la manera en que hemos decidido vivir. Tu seguridad debe estar anclada en la certeza de que llevas un ritmo independiente de los demás, un hombre a tu lado no te hace mejor de la misma manera que no tener pareja no te hace peor. Ser joven es tan privilegiado como ser madura, ambas edades tienen sus ventajas y desventajas, pero ninguna afecta tu capacidad, disposición, inteligencia, integridad y talento. No seas de las que piensa mal de las otras y en lugar de preocuparte de no estar en boca de las demás, declara esto: mi trabajo es el mejor representante de mi entrega y capacidad. Remata como si estuvieras orando: así es, ha sido y será siempre.

Ah, y recuerda lo que dice Iris Apfel a sus muy activos 96 años y sin una sola cirugía, pero con todo el estilo del mundo para vestirse y divertirse con sus *looks*: "Envejecer es para los cobardes". Porque sólo las cobardes piensan que envejecer depende de su edad o su físico.

Capítulo 2

LA ELECCIÓN DE LA MAÑANA:

la ropa como herramienta para triunfar

Todos los días comienzan con la decisión de cómo vestirte. ¿Quién no ha sentido que no hay nada que ponerse a pesar de tener el clóset lleno de ropa? Esa sensación, sin embargo, lejos de estimularnos a variar combinaciones, suele limitarnos a ponernos lo mismo con cierta frecuencia. Parte por pereza y otra por falta de tiempo, terminamos usando prendas que no necesariamente nos favorecen ni son reflejo de nuestro estilo personal. Como si eso fuera poco, hay infinidad de ocasiones en las que llevamos ropa por cuestiones emocionales en lugar de prácticas o estéticas. Es típico que te pongas el suéter que te regaló tu papá, aunque ya esté maltratado y pasado de moda. O esos jeans de hace cinco kilos, que te hacían sentir bien cuando empezaste a salir con tu novio. Son esas pequeñas serpientes las que nos hacen vernos frente al espejo, y ante las otras personas, como mujeres sin estilo. No sabemos si lo perdimos o nunca lo hemos tenido, pero entre las múltiples obligaciones y actividades, le otorgamos muy poca importancia, sino es que nula a nuestro *look*.

De dónde saca tantas ideas, a qué hora compra su ropa o cómo le hace para estar tan arreglada, nos preguntamos sobre esas mujeres que van vestidas impecables a donde sea. La respuesta, me temo, no tiene que ver ni con más tiempo, menos kilos o un gran crédito en su tarjeta bancaria, sino con la atención hacia su imagen, así como su empeño por lucir y sentirse bien. Garance

Doré, en su libro *Love X Style X Life* (Amor X Estilo X Vida), asegura que encontrar tu estilo te sirve más de lo que imaginas. "Te da el poder de comunicar sin decir una palabra, te convierte en una compradora perspicaz, la editora en jefe de tu propio guardarropa".

Más de una mujer me ha preguntado cómo debe vestir para una cita de amor o la primera entrevista de trabajo y puedo sentir su desesperación al percatarse que no hay nada en su clóset con lo que les gustaría que las identificaran. Lo más extraño es que el solo hecho de pedir ayuda hace patente que están conscientes de la importancia de vestir bien y de que no han trabajado en ello.

Más adelante abordaré el tema de la entrevista de trabajo a detalle. Por lo pronto, me conformaré con decir que hay dos reglas de oro que deben cumplirse sin excepción al vestir tanto en el trabajo como en la vida personal: nunca debes sentirte incómoda o poco auténtica, pues en cualquier de las situaciones te restará presencia.

Desde luego hay elementos igualmente importantes que tu ropa, cuando se trata de imagen, como es tu maquillaje, tu pelo, los accesorios, si tu aspecto demuestra cuidado y salud. Se espera que una líder, cuyo trabajo es muy demandante, pueda demostrar a través de su arreglo personal que cuida de ella y que, por lo tanto, es capaz de tomar otras responsabilidades mayores.

Cada vez que menciono la pulcritud como un fundamento esencial para causar una buena impresión, además de hacerte sentir confortable, me parece que esta obviedad no debería aparecer en blanco y negro en un libro de imagen. Pero desgraciadamente resulta necesario. Te sorprenderías de lo que he tenido que ver y oler. Así que prefiero pecar de básica que pasar por alto que la higiene personal es indispensable para crecer profesionalmente. Las mujeres con el pelo grasoso, los dientes sucios, las uñas despostilladas o con olor a sudor, tienen muy limitados los peldaños de las escaleras al éxito.

Pero tu *look* dice cosas importantes de ti. Debes empezar por buscar coherencia entre lo que deseas ser y tu vestimenta. Algunas veces encontrar ese vértice en donde se unen lo que eres, lo que deseas y cómo lo manifiestas a través de la ropa es un trabajo de observación, autoconocimiento con una dosis de prueba y error. Por ejemplo, yo siempre supe que mi estilo era clásico, pero en un momento dado, me di cuenta de que mi guardarropa pecaba de aburrido y solemne. Me gustaban los trajes sastre desde que tenía 18 años, soñaba con el conjunto blanco y negro típico de Chanel. Sin embargo, seguir ese estilo me hacía sentir aseñorada. Cuando intenté romper con lo clásico, tratando de verme un poco más juvenil, cometí errores terribles, como una vez que elegí un vestido corto en tafeta azul rey y lo combiné con zapatos y guantes largos rojos. Ese atuendo venía acompañado de mi pelo parado, como se usaba en ese entonces, gracias a un gel que lo ponía rígido. Así me fui vestida a la boda de mi hermano. Agradezco que mis fotos, con ese atuendo, hayan desaparecido. Pero nunca olvidaré que una de mis tías, al verme, me preguntó: ¿Lucy, por qué vienes vestida de la Mujer Maravilla?

Pasaron años y muchos errores garrafales se sumaron a mi historia, hasta que descubrí que mi fórmula era ser clásica con un twist. Es decir, me puedo poner un vestido clásico, pero elijo que sea morado y lo combino con unos zapatos Manolo Blahnik verde esmeralda. Algunas veces me doy el lujo de ponerme un kimono para ir a la oficina, pero siempre lo acompaño de prendas básicas que lo neutralizan. De ahí que en mis redes sociales haga frecuentemente el ejercicio de romper las reglas al vestir. Pero ojo: hay que conocerlas para romperlas a propósito en busca de tu estilo único y original.

Otro camino interesante consiste en buscar la concordancia entre lo que quieres decir al usar cierta ropa. "Conocerte a ti misma es conocer la distancia entre tu ser en sueños y tu persona en la vida real", agrega Doré. La credibilidad y la coherencia son indispensables para que dé resultado esta fórmula. Una enfermera debe lucir pulcra de cabeza a pies. Una cantante de rock, en cambio, puede llenar su cuerpo de tatuajes, teñirse el pelo de rosa y llevar una plataformas imposibles, y nadie le pondría un pero. Así que hay que considerar lo que debe usar una mujer en la situación laboral a la que quieres llegar y armar tu guardarropa con ese criterio.

Serpiente: vestir provocativamente

Sentirse sexy no debe implicar vestir provocativamente, al menos no en el trabajo. Para empezar, sentirse sexy es una actitud. No digo que ponerse lencería hermosa, subirse a unos tacones fabulosos o pintarse los labios de rojo no ayuden a reforzar nuestro encanto seductor. Pero si te sintieras enferma, por ejemplo, ni un corsé con su liguero podría hacerte creer que eres más atractiva.

Tu parte sexy habita junto a la libido: en tu cabeza. Es una sensación de seguridad, una actitud llena de sensualidad y un magnetismo que no involucra escotes ni vulgaridades.

Todas las mujeres queremos vernos y sentirnos sexys. Pero me pregunto, ¿por qué o para qué querríamos distinguirnos como sexys en un ámbito laboral? En el trabajo queremos ser consideradas inteligentes, competitivas, responsables y capaces de ser buenas líderes. ¿En qué contribuiría una falda excesivamente corta? En nada De hecho, tendría el efecto contrario: te restaría méritos inmediatamente. Crearía suspicacias y, lo más importante, desviaría la atención de tu trabajo a tu cuerpo.

Entonces dejemos los escotes, las mini faldas, las ombligueras, los ligueros y los bras de colores por fuera de la ropa para ocasiones íntimas con una persona que nos interese sexualmente y en donde no se cuestione nuestro profesionalismo.

TODO ESTÁ EN LA CINTURA: BALANCEAR TU SILUETA

El secreto para estilizar tu cuerpo está en enfatizar la cintura, así como balancear la cadera y los hombros.

Por ello, si tu cuerpo es como de un triángulo (ancho en la cadera y angosto en los hombros), es preciso que encuentres una forma de resaltar tu torso. Blusas estampadas, holanes, bolsillos, hombreras, mangas amplias, pieles peludas y plumas, son algunas formas de darle volumen e interés para compensar la cadera.

Si, en cambio, tienes hombros amplios y cadera angosta, como un triángulo invertido, será importante que busques balancear con una prenda baja de pliegues, tablas, plisados, bolsillos, estampados, crinolinas, plumas o lentejuelas, por mencionar algunos recursos.

Para un cuerpo sin cintura, ya sea cuadrado o rectangular, es indispensable enfatizar el centro de la silueta y dar una impresión de estrechez a la mitad, a manera de cintura. Para ello, los cinturones, los cambios de color entre la prenda superior y la inferior, las pretinas y los colores oscuros en el centro, lograrán el efecto deseado.

En un cuerpo redondeado es fundamental lograr el efecto de cintura de una forma más sutil, usando ropa oscura y una blusa, suéter, saco, ensamble u abrigo, en un tono más claro, lo que engaña al ojo haciéndolo pensar que sólo existe la zona oscura del atuendo. Aquí también el contraste de color entre prenda superior e inferior ayuda. Recuerda también no usar la ropa demasiado ceñida o excesivamente holgada, pues sólo resaltarán los kilos de más. El secreto con las curvas está en encontrar el *outfit* perfecto para estilizar la figura sin pretender eliminar milagrosamente el sobrepeso.

Por último está el cuerpo tipo reloj de arena, que tiene un balance perfecto entre hombros y cadera con una cintura marcada. Las afortunadas que tengan esa figura pueden hacer uso de su suerte al vestirse como quieran. Sin embargo, si marcan su esbelta cintura lucirán fabulosas.

Pero, ¿qué pasa si eres baja de estatura? Pues que lo que buscas es un efecto que te estilice y te haga ver un poco más alta. Evidentemente las plataformas o *stilettos* altos ayudan, pero hay trucos menos obvios que también favorecen: mostrar piel, en lugar de demasiada tela, por ejemplo. Por eso los cuellos en V o redondeados, las mangas cortas o blusas sin manga, las faldas cortas y hasta los pantalones pescadores, así como las espaldas descubiertas te favorecen. Esto no significa de ningún modo, que debes descubrir tu cuerpo para ir a la oficina con el afán de lucir más espigada. Pero sin duda debes usar tu piel como un recurso con la discreción y elegancia que corresponde a un lugar en donde tu presencia profesional debe de imponerse.

Para las mujeres que tengan poco cuello, es preciso despejarlo. A ella también les vendrán de maravilla los escoltes en V o redondeados. Deben evitar las escarolas, corbatas, mascadas y gargantillas y preferir llevar lo menos posible en el área.

Si te preocupan tus brazos gruesos, nada como las mangas para disimularlos. ¿Las piernas o muslos anchos? Te vendrá muy bien usar pantalones rectos o amplios y faldas en línea A.

Para un talle corto (es decir, el espacio que hay entre los hombros y la cintura), nada mejor que los tops cortos, los sacos tipo bolero también funcionan. Hay, además, que evitar los cinturones anchos y las faldas o pantalones con pretina amplia o talle alto.

En el caso de que sean las piernas las que son cortas, las faldas arriba de la rodilla ayudan, igual que los pantalones por encima del tobillo, si decides usar pantalones de pierna amplia, usa zapatos altos o plataformas que queden cubiertas por éste. El calzado indispensable en tu guardarropa para alargar las piernas, es el que tiene el color de tu piel, ese tono suele describirse como *camel* o *nude*, pero desde luego depende de tu pierna la intensidad del beige o café requerido.

Cuando el abdomen es abultado, es preciso mantener las blusas holgadas (aunque nunca deben usarse extra grandes) y llevar los sacos rectos. Lo peor que puedes hacer es ponerte un top ajustado, pero un blazer estructurado puede ayudarte a darle forma a tu figura.

Si tu cuerpo no está muy firme o se te marca la celulitis, necesitas encontrar ropa con tela gruesa que no se pegue a las curvas y utiliza medias o prendas interiores tipo faja, para vestidos y otras piezas más delgadas.

ELEGANTE U ORDINARIA: ES TU ELECCIÓN

"**Lujo es cuestión de dinero. Elegancia es cuestión de educación**"
Sacha Guitry, actor y dramaturgo

La elegancia es un concepto difícil de describir y más complicado aún de poseer. Beau Brummell, el hombre más influyente de la moda masculina y quien fuera amigo del entonces futuro rey

Jorge IV de Inglaterra, decía que para ser realmente elegante uno no debe ser notado. En cierta forma, Armani estaría de acuerdo con esa declaración, pues afirma: "Elegancia no significa ser notado, sino ser recordado". Quiere decir que una persona elegante se ve bien con la ropa que ha elegido porque no se deja opacar por ella ni tiene que estar consciente de lo que trae puesto.

La verdad es que sería casi imposible explicar lo que es elegancia sin haber entendido previamente lo que significa la presencia. Porque la elegancia es, sin duda, una forma de presencia en donde la seguridad, la certeza y buen gusto se conjuntan para que la persona brille, luzca fantástica, refinada y con estilo, sin importar lo que traiga puesto. "Elegancia es cómo llevamos la ropa. Es cómo hablamos, cómo actuamos en público. Es toda una actitud", dice Marie-Anne Lecoeur, autora del libro *How to be Chic and Elegant* (Cómo ser chic y elegante). "Es lo opuesto a la vulgaridad. Es una actitud que nos mantiene sin descubrirnos... en misterio".

Una de mis editoras favoritas, Diana Vreeland, ubicaba el origen de esta virtud de la siguiente manera: "La única y verdadera elegancia está en la mente: si tienes eso, el resto se deriva de ahí". ¿De dónde viene la seguridad? Me gustaría decir que del corazón, pero me temo que ese sitio es vulnerable a nuestros sentimientos y condiciones, por lo tanto está expuesto a los cambios. En contraparte, la mente es como un ancla que nos centra y puede convertirse en el timón que nos dirige. Por eso tengo que estar de acuerdo con Vreeland en que justo donde reside nuestra autoestima se encuentra la elegancia.

Una mujer elegante es mesurada, no se maquilla excesivamente, no revela su cuerpo del todo, conoce sus defectos y los acepta, incluso es capaz de llevarlos con orgullo. Un poco como es la mujer francesa, según Doré: "una vez que encuentra el estilo que funciona para ella, se apodera de él".

La mujer elegante es íntegra, no busca parecerse a nadie, pues se siente cómoda en sus zapatos. Sabe sacarse partido. Siempre viste y se comporta de acuerdo con la ocasión. Prefiere la calidad a la cantidad. Conoce y maneja el encanto de su misterio. Es precisa al vestir y al actuar, no duda de sí misma. Le da tanta importancia a los demás como a su persona. Hace de la dignidad un emblema. La amabilidad, la educación y la discreción son sus grandes compañeras. Es una delicia verla, tenerla cerca y que nos contagie su aura de lujo y poder.

Lo contrario de una mujer elegante es la que es ordinaria. Una persona grosera, vulgar, mal educada, que grita al hablar o resulta molesta con sus fuertes carcajadas. La que se viste exagerada, quien muestra excesivamente su cuerpo a través del escote o una falda indiscreta. A ella la ropa se le ve barata y fuera de lugar. Es una chica que imita a alguien más al vestir o actuar, perdiendo así su propia identidad. Quien no viste ni se comporta de acuerdo con la ocasión. La indiscreta, la que maltrata a quien le sirve, la que pierde el control con sus palabras y actos. Es ordinaria porque exalta sus defectos y nadie puede dejar de notarlos.

La elegancia a veces se aprende desde la cuna, con una educación y una cultura que la inculque y la venere. Sin embargo, es accesible para quien la desea alcanzar, pues no depende de la riqueza, de ser parte de la nobleza, ni de haber viajado por el mundo ni de haber estado en los mejores hoteles y comprado en las boutiques más selectas. No, es una nueva óptica y una actitud que se va puliendo y sólo se alcanza cuando hay atención, voluntad, disciplina y seguridad. Es un trabajo que, como sucede con la mujer guapa o atractiva, se realiza de adentro hacia fuera. En el polo opuesto está la mujer ordinaria, quien no pone atención a su físico ni alimenta su autoestima, con lo cual se torna miope, pues no reconoce las facetas que debe pulir.

La regla de oro para encontrar tu propia elegancia en el vestir es: si no sientes correcta la elección de tu atuendo, no lo es.

ESTILO EN CONSTRUCCIÓN: GUARDARROPA EFICAZ

"Conocer tu estilo te lleva por el camino indicado. Te da el poder de comunicarte sin decir una palabra; te convierte en una compradora exigente, la editora en jefe de tu guardarropa".

Garance Doré, bloguera, fotógrafa, ilustradora y escritora

Si en lugar de vestirnos con lo primero que se nos ocurre, lo hiciéramos con la ropa que estamos seguras de que causaremos una buena impresión, pero ante todo que nos hace sentir poderosas, estaríamos subiendo por la escalera del triunfo.

Porque la vida es un casting y todos los días se nos pone a prueba para ver si somos coherentes entre lo que somos, lo que hacemos y cómo nos vestimos. Yo siempre digo que hay que elegir la ropa que sea capaz de llevarte a cenar con una editora de moda o a comer con tu ex. Nunca se sabe a quién te vas a encontrar y qué compromiso surgirá intempestivamente. ¿Por qué no estar preparada y verte de la mejor manera?

Algunas veces ha sucedido que llega un cliente a la oficina y quiere reunirse con mis editoras y conmigo en la sala de juntas. Al anunciarlo ante mi equipo, he visto palidecer a algunas de las chicas porque no pensaban recibir a nadie importante y, por lo tanto, vestían excesivamente casuales. Eso está mal desde cualquier punto de vista, pues nunca debes vestirte como si estuvieras en tu casa si vas a trabajar. El solo hecho de que tengas que cumplir con tu empleo, cualquiera que éste sea, amerita que vistas con cierta formalidad como muestra no sólo de tu profesionalismo, sino también del respeto que te merecen tu jefe y tus colegas.

Pero no todo consiste en vestir menos casual, sino en usar la ropa que corresponde a tu ambiente laboral y, de ser posible, al de tu jefe. Observa las claves culturales de tu profesión. Sí, porque estarás preparando tu ascenso al ponerte la ropa indicada no para el puesto que tienes, sino para el que deseas obtener a largo plazo. Eso significa eliminar las piezas que lucen baratas, que no te quedan bien o que no son adecuadas para tus planes profesionales. Deja las prendas reveladoras, excéntricas o vanguardistas para reunirte con tus amigos y arma un guardarropa elegante y poderoso. Mezcla prendas de diseñador con otras menos caras. Comienza siguiendo las reglas y, cuando estés lista, remata rompiéndolas.

PILARES Y CIMIENTOS: LOS BÁSICOS

Imagínate que tu clóset es un terreno en el que vas a construir una casa. Como suele suceder con cualquier edificación, hay que empezar por los cimientos, de manera que la estructura se arraigue y asegure su estabilidad, para después avocarse a levantar muros, techos, diferentes pisos, etc. Los pilares, por su lado, tienen también la función de cargar el peso de la construcción, permitiendo que al construir muros y integrar ventanas, la casa no se derrumbe. Bueno pues ésa es, precisamente, la esencia de los básicos.

A nadie le agrada el nombre de básicos, porque se les resta importancia y suenan casi prescindibles. Pero no hay nada más equivocado que esta primera impresión. Un guardarropa lleno de básicos no sólo puede subsistir perfectamente, sino que es probable que sea más práctico, clásico y duradero.

Los básicos son los cimientos y los pilares de tu guardarropa porque te permiten construir tu estilo, manteniendo la solidez que otorgan las prendas de silueta simple, así como telas y colores neutros o clásicos. Estas prendas suelen ser perfectas para combinarlas con piezas novedosas y lujosas, porque su sencillez permite que otras prendas sean las protagonistas. De ahí que es importante comprar básicos de buena calidad, pues ellos nos habilitan para coordinarse una y otra vez, sobrevivir las diferentes temporadas y, en algunos casos, utilizarse en cualquier clima. Invertir en básicos de calidad hará la diferencia en tu guardarropa de poder.

* El vestido

Entre los vestidos básicos el favorito de todos es el pequeño vestido negro. La razón es simple: puede usarse formal o casualmente, con tan sólo cambiarle los accesorios, es atemporal, elegante, gracias a su color estiliza la figura y no se ensucia fácilmente. Este vestido mientras más sencillo sea, mayor posibilidades de uso tendrá. Debe ser liso, es decir, sin estampados, encajes, bordados, ni brillos, para que realmente se considere un cimiento.

Otros modelos en diversos colores, pueden llegar a ser básicos, la condición es que tengan una silueta clásica.

Algunos vestidos pueden omitir el corte la cintura, pero suelen tener pinzas que definen la silueta. También los hay con talle imperio que tiene el corte debajo del pecho, los de corte a la cintura o los de corte en la cadera. Los vestidos tipo columna son rectos desde los hombros hasta el ruedo. El envolvente se abre en el centro y se enrolla alrededor del cuerpo, atando con un cinturón que es parte del modelo.

Esta prenda es la más femenina y suele ser muy práctica porque no requiere de mayor esfuerzo para combinarla, si acaso se necesitará pensar en el complemento para cubrirte si hace frío así como en los accesorios. Años atrás se le relegaba al uso personal, por el temor de verse débil en un mundo laboral dominado por hombres. Pero ya hemos llegado al punto en el que no tenemos que disfrazarnos de machos para sentir nuestro poder. De hecho, una mujer con vestido abraza su género y da un mensaje a sus jefes, colegas, subalternas y clientes, de sentirse maravillosamente bien en sus tacones.

Los vestidos son prendas fantásticas para trabajar, pues suelen ser más formales que los conjuntos de falda/blusa, pantalón/blusa y más suaves que un traje sastre. Viajar con ellos, por ejemplo, es genial, pues ocupan menos espacio y son capaces de llevarte a una junta, una conferencia, una comida y hasta una cena el mismo día luciendo siempre fabulosa.

Los vestidos en telas naturales, especialmente de buen peso, serán tus mejores aliados para conquistar tus metas laborales. Prefiere la seda, el lino, el algodón y la lana. Algunas combinaciones con Lycra o Spandex ayudan a que la tela sea más cómoda y se ajuste mejor al cuerpo. Sin embargo hay que evitar los modelos que contienen exclusivamente esas fibras, pues no serán propias para el trabajo.

Aunque no parezcan pertenecer a la categoría de trabajo, vas a necesitar un vestido de coctel y otro largo. Quizá nos los vas a usar siempre, pero es probable que en eventos o fiestas debas lucirlos y más vale que sean divinos. Pero para sacarles mayor provecho, lo mejor es que sean oscuros, de preferencia negros y simples en su silueta. De esa manera podrás hacerles un *look* diferente utilizando diferentes accesorios. Recuerda que aunque sean fiestas o reuniones, serán de trabajo, por lo que no se permiten escotes profundos, aberturas indiscretas ni estilos en los que requieras omitir el bra.

* Las blusas

Las blusas básicas son variadas en materiales y diseños. Éstas son muy parecidas a las camisas de los señores, pero las que llamamos blusas tienen telas más suaves con ciertos cambios en forma de cuello y distintos largos en las mangas. Todas las básicas tienen un corte sencillo y no obedecen a ninguna tendencia en particular, pero aportan presencia. Piensa en todo lo que ha hecho Carolina Herrera con sus camisas blancas, las usa con falda lápiz, con pantalones y hasta con una falda de noche; luciendo siempre elegantísima.

Las blusas claras son muy elegantes, pero requieren más cuidado pues se ensucian con más frecuencia, necesitan servicio de lavandería o tintorería constantemente. En colores como el blanco, crema y beige, son fantásticas para la mujer que tiene poco busto y amplia cadera. También para quien no tiene muy acentuada la cintura, pues el hecho de poner un tono claro en la prenda superior y uno oscuro en la inferior, dará el efecto de que el cuerpo tiene forma de reloj de arena.

Las blusas claras pueden usarse también por encima de una camisola oscura. Eso dará el efecto de que tu cuerpo es sólo la parte oscura y te verás un tanto más delgada.

Cuando optas por una blusa básica los colores a elegir son negro, gris, marrón y azul marino. Algunos tonos profundos como el vino, ciruela y morado, pueden también formar parte de este grupo. Usar la prenda superior oscura favorece a las mujeres con espaldas amplias o mucho busto.

Las blusas en materiales naturales como el algodón, la seda, la lana, el *cashmere*, el lino o el ramie, suelen ser más elegantes y amables con el cuerpo, pues le permiten respirar y no propician el sudor.

* Las camisolas

Estas prendas son blusas sin manga o incluso con tirantes, cuyo propósito es servir de base para poner arriba un saco, blusa o vestido. Cuando un vestido es escotado, si la chaqueta tiene el cruce entre botón y ojal muy abajo o si quieres aplicar el truco de verte más delgada usando la camisola oscura y una blusa clara, este top es ideal. También funciona perfectamente cuando la blusa o vestido es transparente y si la chaqueta o abrigo de verano es calado.

Las camisolas esenciales en cualquier guardarropa son blancas, negras, azul marino y color piel.

* Las T-shirts

Presentan distintos tipos de cuello, siendo los más frecuentes el redondo o en forma de V. Las mangas pueden omitirse o ser cortas, tres cuartos o largas. El material con el que están confeccionadas es siempre el tejido de punto.

Justo porque su material es suave al tacto y a la vista, la t-shirt no es tan formal. Eso sí, es comodísima, porque permite que el cuerpo se mueva libremente y no hace volumen bajo una chaqueta, un vestido, un suéter o abrigo. Por lo tanto es ideal para vestir con capas, como cuando hace mucho frío o cuando quieres usar un vestido sin manga, pero necesitas cubrirte más.

La t-shirt suele ser la prenda consentida de las mujeres con puestos creativos y hasta cierto punto informales. Mas no son recomendables para casos en donde se necesita demostrar autoridad o prosperidad.

Las estampadas son aún más casuales, dignas de un viernes casual o un puesto en donde no hay trato con el público. Pero, por favor, que tu t-shirt esté en buen estado y nunca jamás sea de un equipo de futbol.

La mayor parte de las t-shirts están confeccionadas en algodón con un poco de Lycra o Spandex para entallarse al cuerpo. También hay unas divinas cuyo tejido de punto es de seda. Pero hay que tener cuidado, pues muchos materiales sintéticos tienen la textura y el brillo de la seda o el algodón fino, pero en cuanto se lavan pierden ambas cosas. Lo mejor es optar por fibras naturales, así como lavar las prendas a mano y tenderlas a secar en una superficie plana para alargar su vida y preservar su belleza.

* Las faldas

Las faldas estrechas estilo lápiz son pegadas al cuerpo, por lo que son fantásticas para las mujeres sin abdomen prominente. Resultan ideales para usar con blusas, suéteres y chaquetas voluminosas. Su largo debe ser alrededor de la rodilla, un poco arriba si eres joven y debajo de ella, si ya estás madura. La elegancia de la falda de lápiz consiste en que se abrace al cuerpo sin estrangularlo, nada de llevarla excesivamente ceñida, porque eso se ve vulgar y es muy incómodo. Puede lucir elegante con una blusa femenina y tacones, un poco más casual con un suéter de *cashmere* y zapatos de tacón medio o ballerinas. Si quieres llevarla al extremo de lo informal, siempre puedes usarla con una t-shirt y unos bonitos flats.

Las que se abren como una A, son las faldas más favorecedoras, pues disimulan el *derrière*, el abdomen prominente y los muslos gruesos. El ancho de la falda debe ser de acuerdo a tu altura. Si eres alta, puedes darte el lujo de llevar metros y metros de falda, pero si eres baja, lo mejor es ser conservadora y mantener la falda más cerca del cuerpo.

Las circulares y las plisadas, son muy femeninas, pero dan bastante volumen, por lo que hay que cuidar que te favorezcan.

Estas prendas vienen en materiales variados. Una vez más te invito a que elijas colores neutros primero y después vayas ampliando la gama.

Si te sientes cómoda con falda, compra una lápiz para coordinar con tus chaquetas, una en línea A, circular o plisada, para llevar con blusas suaves o suéteres, cuando quieras verte guapa, sin tratar de impresionar a nadie.

* Los pantalones

Los pantalones suelen variar no sólo en cuanto a la pierna: ancha, recta, en tubo, tipo pescador o de pata de elefante, sino también pueden tener pliegues o ser totalmente lisos alrededor de la cadera, con pretina o sin ella, de cintura alta o a la cadera. Estas prendas son, sin duda, susceptibles a cambios por tendencias de moda y, por lo tanto, no suelen viajar tan bien de un año al otro o pasar décadas luciendo a la moda. Sin embargo, el pantalón sin pliegues en la cintura y de pierna recta, es probablemente la mejor apuesta si quieres invertir en una pieza que dure mucho y se vea siempre actual.

Los pantalones de tela suave como la seda son femeninos y elegantes, los que usan telas clásicas para trajes: casimir, paños de lana, etc., son formales. En cambio los de lona o sarga en algodón, comúnmente llamados caquis o chinos, se destacan por lucir casuales y relajados.

Si eres alta y delgada todos los pantalones te favorecerán. Cuando tienes sobrepeso, es preciso elegir pantalones de tela con buena caída y que no lleven bolsillos, pliegues ni valencianas. Para las bajas de estatura, los de pierna recta o pegada funcionan muy bien, pero si elijes una pierna amplia, que no lleve valenciana.

El pantalón obviamente es una prenda menos reveladora, más cómoda y un tanto masculina. Lo mejor es comprar tonos oscuros para lucir más formal y claros si trabajas en una ciudad de clima caliente.

Los materiales varían muchísimo. Dale prioridad a los naturales o a las mezclas en donde éstos imperan.

* Los jeans

Los jeans generalmente son azules, aunque existen versiones en color gris y negro, pero siempre deben ser de mezclilla. El tipo de lavado que se les dio, suele responder a las tendencias de moda. Para que unos jeans se consideren básicos, sin embargo, deben de ser lisos: sin estampados, bordados, huecos o lavados especiales. Su silueta se modifica constantemente con el afán comercial de desplazar muchos pantalones de éstos en el mercado. La cintura puede ser alta, arriba del ombligo o a la cadera. Las piernas van de anchas a estrechas, pasando por todas las variantes. Incluso el largo de los jeans puede cambiar con cierta frecuencia. Por eso, a pesar de ser una prenda básica que se incorpora perfectamente como cimiento o pilar en un guardarropa, su estilo debe actualizarse con cierta frecuencia. Eso significa que no hay que invertir demasiado dinero en estas piezas y usarlas muy seguido una vez que has encontrado la que te queda increíblemente bien.

Hay que reconocer que los jeans son prendas muy ingratas. Están hechos para la batalla, pues son resistentes y duran mucho, pero su silueta no perdona fácilmente un cuerpo con defectos. Prefiere los oscuros si quieres lucir un poco más estilizada y formal. Los de lavado medio pierden bastante elegancia y son mejores para un viernes casual o un trabajo relajado. Los totalmente desgastados resérvalos para los fines de semana.

* Los shorts

A pesar de que estas prendas son parte de los cimientos de un guardarropa, no corresponden al de trabajo, pues no es recomendable mostrar demasiada piel en un ámbito laboral. Sin embargo, existen unas variantes de los shorts que pueden llevarse a trabajar y lucir perfecta: los *culottes*. Se trata de un pantalón de pierna ancha pero corto. Suele llegar cerca de la rodilla o a la pantorrilla. Estos pueden ser en colores variados y materiales de ligeros a gruesos, como algodones, lanas, sedas, linos y mezclas de fibras textiles.

Los shorts, en cambio, son unos pantaloncillos cortos ideales para el verano o la playa. Su material ideal son las telas naturales como el algodón, el lino y el ramie. Los colores preferidos son los claros, por su utilidad en sitios con clima cálido. En su versión más larga, fantástica para las mujeres maduras cuyas piernas ya no son tan firmes, se llaman bermudas.

* Los suéteres

Los suéteres pueden ser abiertos, como el cárdigan que tiene botones al frente, o cerrados con cuello de tortuga, redondo o en V. Rara vez un suéter tiene manga tres cuartos, pero existen.

Yo adoro los cárdigans porque pueden combinarse con vestido, falda o pantalón y además van de maravilla bajo una chaqueta, pues parecen un chaleco.

Los suéteres de cuello de tortuga son ideales para usarse en época de frío. Mientras que los de cuello redondo o en V, se pueden llevar en entre tiempo, con o sin blusa abajo, dependiendo del modelo. Cuando se usan sin nada abajo, lucen sexys y brindan la oportunidad de accesorizarlos con una mascada, un collar o dejando caer unos aretes candil.

Los suéteres más suaves y confortables son los de *cashmere*. Compra primero los de colores neutros: negro, gris oscuro, azul marino, marrón, beige, crema y blanco. Después puedes incrementar el colorido de acuerdo a tu gusto y guardarropa.

El cuidado de los suéteres suele requerir lavado en tintorería, aunque algunos tienen en la etiqueta la instrucción de que se pueden lavar en casa, por lo que es importante hacerlo a mano, con un jabón suave y dejarlos secar en una superficie plana. Los suéteres no deben colgarse, pues se estiran.

Recuerda que la suavidad visual y táctil que ofrece un suéter, suele dar la impresión de que la persona que lo lleva es más amigable, cercana y menos autoritaria. Es importante tomar esto en cuenta, porque si quieres mantener a las personas a tu alrededor en una cercana colaboración, esta prenda es fantástica. Si, por el contrario, deseas imponer tu liderazgo o autoridad, lo mejor es dejar tu suéter en casa, para usarlo en familia.

* Los sacos

Los sacos van desde el tipo masculino, hasta la forma cuadrada que puso tan de moda Chanel, pasando por algunas siluetas más femeninas. Algunos estilos tienen cinturón, mismos que son fantásticos para las mujeres que no tienen cintura marcada. Cuando la abotonadura es doble, como sucede con los modelos cruzados, hay que tomar en cuenta que se hace más volumen en la parte del frente y no favorece a las que tienen el abdomen prominente. En cambio las simples, con una línea de botones, son mucho más amables. Las mangas de los sacos van cortas, tres cuartos o largas, lo que antes respondía a las estaciones del año, pero últimamente pueden llevarse los de manga corta o tres cuartos con guantes hasta el codo para cubrirse del frío.

Los blazers suelen confeccionarse con telas de caída pesada y llevar pinzas y entretelas que favorecen a estilizar el cuerpo, ocultar los kilos de más, así como enfatizar tu poderío y liderazgo. Un saco de calidad vale oro, porque te estiliza, combina con la mayor parte del guardarropa, te aporta estilo y puede durarte toda la vida.

Definitivamente son una gran inversión en colores oscuros y materiales naturales. Busca siluetas que favorezcan tu cuerpo. Con cinturón si sientes que necesitas enfatizar tus curvas, corta si eres baja de estatura, largas si quieres disimular tu prominente *derrière*.

* Las chaquetas

Las chaquetas de cuero, especialmente las de motociclista que se llevan tanto ahora, pueden inyectar a tu *outfit* un aire moderno y hasta rebelde, pero son definitivamente casuales, así que evita usarlas en ocasiones en donde requieres posicionarte como una persona responsable y elegante.

Algunas mujeres apuestan por usar la chaqueta de cuero sobre un vestido corto e incluso encima de una largo. Esto, aunque es una manera de romper reglas, puede darle un twist a tu *look*, haciéndolo más divertido e irreverente.

La ventaja de invertir en una chaqueta de cuero fino es que se pone más linda mientras más vieja está.

Hay chaquetas rellenas de pluma, por ejemplo, que son exclusivas para usar en un clima frío. No están diseñadas para halagar a la silueta, sino para cubrir el cuerpo y protegerlo del clima, por lo que sólo deben usarse en exteriores.

* Los abrigos

Los abrigos, tanto de verano como de invierno, llevan también un corte clásico y pueden ser cruzados o de una sola hilera de botones, con cuello o sin él, pero deben ser de aspecto sencillo para pertenecer al grupo de los básicos.

Esta prenda está diseñada para proteger al cuerpo del frío del invierno o del viento del verano, por lo que se espera que el uso se reserve para exteriores.

Cuando el abrigo es de verano, también lleva el nombre de ensamble y suele tener el propósito de complementar un vestido o conjunto. Las telas son ligeras e incluso pueden estar hechas con encaje o guipur. Pero como sucede en todos los casos dentro de la categoría básica, debe ser un clásico atemporal.

En cambio, el abrigo de invierno suele ser de lana, *cashmere* y hasta pieles exóticas. Su función primordial es cubrirte del frío, pero hay que evitar que el grosor del material con el que está hecho, produzca un volumen excesivo. Por ello se debe buscar que tenga pinzas que ajusten el torso y delimiten la cintura. Incluso el cinturón es útil para estilizar la figura.

Para invertir en tu primer abrigo poderoso, opta por uno oscuro: negro, gris Oxford, azul marino o marrón. Elige materiales naturales o mezclas que tengan la mayoría de lana o *cashmere*. El largo ideal es bajo la rodilla, para que te cubra y puedas llevar botas de manera que quedes totalmente protegida.

Un abrigo por el peso visual y su estructura más rígida, suele ser una pieza que demuestra autoridad y poder, casi como si fuera una armadura.

* Los impermeables

Los impermeables suelen tener un largo debajo de la rodilla, abotonadura doble o sencilla y a veces llevan un cinturón, lo cual favorece a la figura. Su tela protege contra la lluvia porque es resistente al agua (fíjate que así lo especifique la etiqueta) y es una pieza que debe usarse exclusivamente en exteriores.

El impermeable clásico es beige, pero a decir verdad, es más práctico que sea negro, pues es menos fácil que se ensucie. Algunos modelos tienen una cubierta interna, que protege contra el frío en temperaturas bajas, y no ameritan usar un abrigo.

En algunas ciudades que llueve mucho como Bogotá, Londres, Nueva York, París o México, un buen impermeable es una estupenda inversión, pues debe durar toda la vida y su silueta nunca pasa de moda.

* La ropa interior

No se ve, pero se nota. Empezaré por lo más sexy, porque no hay mujer que no quiera ese elemento en su estilo. La lencería hermosa tiene un efecto fabuloso en nuestro cuerpo. Pero lo mejor es que no es un arma obvia, sino algo oculto que sólo tú conoces y puedes usar a tu favor. Elige llevar ese bra que lejos de cumplir un papel utilitario, te hace sentir increíblemente atractiva. Los demás podrán ver un traje sastre, pero tú sabes que adentro habita una mujer sexy.

Pero no todos los días quieres seducir al mundo sin que los demás se percaten de tu estrategia. Algunas veces lo único importante es que tus prendas íntimas cumplan con su función, sean cómodas, prácticas y si están bien seleccionadas, pasen totalmente desapercibidas.

Parece increíble, pero más del 80% de las mujeres desconocen su verdadera talla de *brassiere*. Ya sea porque compran una copa más chica o no conocen la medida de su espalda, el efecto es desastroso: se marca el resorte en la espalda, se salen los tirantes bajo la manga, se abren las copas formando un hueco entre la piel y el bra o mantiene demasiado apretado el pecho y éste se desborda por donde puede. El caso es que es imprescindible entender y comprar la medida correcta, porque esta prenda debe alzar y separar, pero nunca ser notada.

El bra no debe tener encajes ni costuras que se delaten. El color también debe fundirse bajo la ropa, nada de llevar el bra rojo bajo la t-shirt blanca porque no tienes uno color piel. Ahora que si buscas un efecto rockero y va con tu tipo de trabajo, está perfecto. Pero en un ambiente de oficina tradicional, lo menos que se pueda dirigir la atención a esa prenda, mejor.

Tienes que comprarte, cuando menos, un bra negro, blanco y color piel. También será de gran ayuda contar con uno de tirantes cruzados por atrás, conocido en inglés como *racerback*, que sirve para que los tirantes nunca se asomen bajo las blusas o vestidos sin mangas. Así como un buen *strapless* (sin tirantes), por si algún día tu blusa tiene alguna transparencia o si, por razones de trabajo, estás usando ropa para la playa.

Los calzones también son un tema complicado, primero porque muchas mujeres ignoran que el material es determinante para su salud. Las telas como el poliéster, el rayón y algunas lycras no permiten que el aire traspase y puede provocar una irritación o infección en la vulva. Por ello es importante que se usen de algodón o, cuando menos, que el puente que queda cubriendo esta parte del cuerpo sea de algodón.

La otra cosa que suele ser complicada es la talla. Por qué la mayor parte de las mujeres se empeñan en ponerse los calzones una talla más chica de la que necesitan es un misterio. No funcionan como fajas y, en cambio, la carne al ser apretada hace bultos que se notan bajo la falda, vestido o pantalón. Esta prenda íntima debe quedar justa, pero no ceñida.

El uso de la tanga resulta también un tema, pues muchas chicas piensan que esa prenda es incómoda o peligrosa, cuando en realidad el modelo adecuado puede ser igual o más confortable que el calzón entero o tipo bikini. Las tangas son ideales para llevarse bajo los pantalones y shorts, pero funcionan con las faldas pegadas si los glúteos son firmes y no tienen celulitis.

Pero para las que tienen un poco de flaccidez o celulitis que se distingue por debajo de la ropa, lo mismo que para las chicas con sobrepeso, no hay nada como las prendas elásticas que estilizan, reafirman y permiten que la ropa caiga lisa. Estoy hablando de lo que mi mamá llamaba faja, pero sin la tortura que a la que ella se sometía para subirla y bajarla. Ahora con la tecnología y versiones para todo tipo de efecto (para hacer cintura, contener el abdomen, restringir el *derrière*, etc.), las prendas modeladoras se han convertido en esenciales en cualquier guardarropa femenino.

No puedo entender por qué ya no se venden los fondos o medios fondos. Me refiero a esas prendas que se ponen bajo una falda para que no transparente o con un vestido para que la tela no se pegue al cuerpo. Cada vez es más difícil encontrarlas en las tiendas y, cuando las he visto, suelen pertenecer a una marca carísima de lencería, por lo que el precio es imposible. Así que cuando me topo con uno a un costo razonable, lo compro, aunque no lo necesite. También me los he mandado a hacer con el sastre, así son a mi gusto y de acuerdo con mis necesidades.

El fondo es una de las piezas más olvidadas y difíciles de encontrar, pero de lo más útil y recomendable. Si es entero cubre prácticamente toda la zona del torso, la cadera y parte de las piernas, es fantástico para los vestidos que se transparentan, pues no permite indiscreciones y evita que la estática haga que se pegue la tela a tu cuerpo. En su versión de medio fondo, se ajusta con un resorte a la cintura y cubre la cadera y parte de las piernas con la misma finalidad de no permitir transparencias ni la molesta electricidad en la tela. Con su doble propósito: evitar que una prenda se transparente y se pegue al cuerpo, el fondo es mucho más eficiente que el spray antiestática, además de que una vez que lo tienes como un básico en tu guardarropa, puede durarte toda la vida.

Las medias transparentes, caladas u opacas estilo malla, las favoritas de Donna Karan, pueden ser muy favorecedoras y aportan soporte al cuerpo. Por muchos años se han olvidado las transparentes porque se ha dado preferencia a las piernas desnudas. Pero no es raro ver a las mujeres más maduras ayudarse de su elasticidad para lucir una falda pegada o un vestido de seda. Las medias, mientras más opacas, resultan más casuales. Lo mismo va por su grosor: las delgadas son elegantes y las gruesas, informales. Nunca lleves las medias jaladas.

Siempre he tenido la idea de que si algún día me muero en un lugar público, y la oficina es sin duda una posibilidad, debo tener una lencería impecable. Por eso, me gusta comprar juegos de bra, calzón y fondo lindos. Pero hace poco una amiga posteó una frase en Facebook que sólo aumenta mi ansiedad al respecto, pues dice: "Hay que vestirse bien todo el tiempo porque si mueres, la ropa que lleves en ese momento será la que vista tu fantasma para siempre". No sé tú, pero yo no me puedo dar el lujo de que mi fantasma vaya con una lencería mal combinada, vieja o fea.

LADRILLOS Y ACABADOS: PRENDAS DISTINTIVAS

Una vez que el guardarropa ya tiene cimientos y pilares, es momento de divertirse eligiendo prendas originales, protagónicas y de última moda. Si tienes el presupuesto para comprar un abrigo de lentejuelas de Prada, por ejemplo, es preciso que lo uses tanto como sea posible, para desquitar el alto costo. Pero, como imaginarás, esas prendas distintivas suelen llamar tanto la atención que una foto en tu Instagram con esa pieza puede desgastar su impacto y limitar su utilización en el futuro. Las redes sociales suelen ser un escaparate interesante para lucir nuestro estilo, pero terriblemente cruel para las personas que enseñamos nuestra ropa en cada foto.

De cualquier modo, si vas a invertir en ropa de diseñador, ya sea en básicos o prendas distintivas, procura elegir algo que te guste mucho y puedas coordinar con gran parte de tu guardarropa. Una vez ya en tu poder, sigue el consejo de Karl Lagerfeld y lleva esta pieza hasta el supermercado con tal de disfrutar esa compra y convertirla en una buena inversión.

Desde luego existe la posibilidad de comprar ropa original o de gran tendencia en tiendas más económicas. Eso es, según mi juicio, una gran idea, pues se usa mientras esté en boga y no duele deshacerte de ella cuando ya no se vea moderna o te haya aburrido. El problema aquí puede ser que no aprecies las piezas porque no gastaste mucho en ellas. Yo alguna vez compré un pantalón de H&M en 10 dólares. El pantalón era precioso, pero me quedaba ligeramente grande. Jamás hubiera gastado en una prenda cara que no fuera exactamente de mi talla. Pero, como era barata, me pareció que valía la pena. Tengo que reconocer que si lo usé dos veces fue mucho. Eso comprueba mi teoría de que no hay nada más caro que comprar algo barato que no te vas a poner.

Las prendas de diseñador, por el contrario, cuestan mucho dinero. A veces, incluso, más de lo que realmente valen. Pero hay una magia al comprar una pieza que te encanta y es costosa: la valoras para siempre. Puede que ya esté pasada de moda y la tengas que regalar a alguien menos fashionista, pero que aprecie la calidad en una prenda y, créeme, vas a sufrir al sacarla de tu clóset. Pero si en lugar de ello elegiste una prenda clásica que luce divina al pasar de las décadas, vas a lograr que todo el dinero que gastaste en ella valga la pena. Es decir, no hay prenda cara si le sacas todo el provecho del mundo.

Las prendas distintivas son aquellas que llaman mucho la atención, que están totalmente en tendencia o cuyo diseño es muy poco común. Si te quisieras comprar una chaqueta en color neón, por ejemplo, sabrías que esa prenda no durará mucho a la moda, que es probable que antes de que se vea vieja ya la habrás desechado. Así que, ¿por qué gastar mucho dinero en ella? Mejor invierte en los básicos y sé muy cuidadosa comprando las piezas que complementarán tu guardarropa.

PIEZAS DE PODER

Hay muchas tentaciones cada temporada, pero los clásicos no tienen pierde ni edad. Invertir en accesorios atemporales es uno de los secretos de las fashionistas de hoy. Las ediciones especiales y los caprichos de cada estación son una magnífica compra si piensas usarlos todos los días o tienes el dinero suficiente para estar al último grito de la moda en París. Pero, si estás comenzando a construir tu guardarropa poderoso, debes concentrarte en las piezas que te llenarán de orgullo y reconocimiento. Sí, porque parte del propósito es que te hagan sentir como un millón de dólares y el plus es que la gente reconozca tu estilo y dominio a través de estos accesorios.

LOS SIETE FANTÁSTICOS

En todo guardarropa de una mujer poderosa se necesitan ciertos accesorios que funcionan como escaleras sociales y laborales. He elegido siete de mis favoritos porque son llaves que abrirán muchas puertas.

La bolsa 2.55

Hay centenares de variantes, todas hermosas, pero la primera compra debe ser la bolsa icónica, en cuero capitonado y cadenas para colgarse al hombro. La versión de piel caviar es la más resistente, pues no se raya. La de piel de becerro es hermosa y deliciosa al tacto, pero es mucho más frágil y podrá verse maltratada con el uso frecuente.

Los zapatos de Mr. Big

El creador era famoso antes de *Sex and the City*, pero sin duda le debe a Carrie haberse convertido en un indispensable del guardarropa fashionista. Manolo Blahnik hace los zapatos más hermosos y cómodos. ¡Lo juro! Y, a pesar de su fama, no son los más caros. El modelo que Big le regaló a Carrie, en lugar de un anillo de compromiso, es de satín y viene en espléndidos colores, pero es reconocible por su lujosa hebilla de brillantes. Un par de éstos es indispensable para el guardarropa formal y rompedor si lo llevas con jeans.

El reloj con números romanos

Muchas carátulas son atractivas y clásicas, pero ninguna cuenta con la distinción de las de Cartier. El tipo de reloj que necesites dependerá de tu estilo de vida. Para una mujer creativa, cuyo guardarropa suele ser casual, el indicado es el Tank. Si tú eres más clásica y buscas un modelo que luzca fantástico en la oficina y puedas llevar también a una cena formal, elige el Ballon Bleu.

La mascada de seda pesada

Si sólo fuera para enredarla en el cuello, ya habría cumplido su cometido y consolidado su valor. Pero la mascada puede tener más de una función: abriga, adorna, ilumina y aporta el punto focal de cualquier atuendo. Marcas que las ofrecen hay muchas, pero ninguna con la caída de las de Hermès. Escoge un diseño y colorido que contraste bien con tu ropa y prepárate para jugar con ella al colocarla como cinturón, collar, bufanda y hasta identificador de tu bolsa.

Las gafas que no necesitan del sol

Siempre he dicho que un par de lentes oscuros es una gran inversión. Los usas todos los días para conducir el auto, no puedes viajar a la playa sin ellos, cuidan tu piel, así como tus ojos, y la dejan libre de manchas y de arrugas; además, son el complemento perfecto para un *look* increíble. ¡Ah!, ¿y mencioné que son indispensables en tus selfies al aire libre?

Tres anillos para hacer uno

No basta con uno ni con dos, tienen que ser tres, ése es el número mágico del modelo de Pomellato deseado por todas y con la combinación de piedras que cada mujer elija. El Nudo es un trío con mucha energía y un golpe de color que luce elegante en cualquier ciudad del mundo y hablará maravillas de tu buen gusto.

La maleta VIP

No importa qué tan lejos vayas o el asiento que ocupes, tienes que viajar como una mujer chic y nada dirá eso de ti como una maleta Louis Vuitton. Sí, de las que han sido personalizadas con tus iniciales como parte de su gran estilo y un candado cuya llave es sólo para ti. La calidad y la tradición son una garantía para que tus pertenencias lleguen a salvo a su destino.

Escalera: clóset eficiente

La clave para organizar el armario y optimizar su espacio, según Verónica Chapa, interiorista de *Decorandoyordenando.com*.

* Deshazte de lo que no usas y libera el espacio. Si te detienes un momento a pensar qué es lo que te impide desechar cosas, te darás cuenta de que en el fondo sólo hay dos razones: apego al pasado o miedo al futuro.

* Separa las prendas que necesitan ir colgadas de las que requieren almacenaje especial, ya sea en estantes o cajones, y guarda todo doblándolo o haciendo rollos y colócalos de manera vertical. Evita hacer pilas de cosas porque olvidarás lo que tienes hasta abajo y puedes dañar la ropa.

* Si es necesario invertir en algún accesorio o aditamento para el guardado de tus prendas, adquiérelo. De esta manera, lo que tienes estará más disponible y se conservará en mejores condiciones.

* Cuelga la ropa en el mismo sentido. Por ejemplo: todos los botones mirando hacia el mismo lado, igual los ganchos.
* Acomoda la ropa iniciando por los colores claros y hasta el fondo los más oscuros, tanto en la que va colgada como la de los cajones. Esto ayudará a tu energía, pues, según el Feng Shui, al abrir cualquier cajón y ser recibida por colores claros te sentirás de mejor ánimo, más calmada y con mayor claridad.
* Una vez seccionada la ropa por colores, sepárala por tipo: sin manga, manga corta o manga larga, vestidos cortos, largos y al final los trajes de fiesta. Procura que las blusas queden en la parte superior del clóset y en la parte inferior las faldas y pantalones para facilitar coordinarlos y hacer tu atuendo diario. En otra sección pon la ropa de complemento: sacos, suéteres, chaquetas, abrigos, chalinas y bufandas.
* Las bolsas son de los accesorios que más espacio ocupan en el armario. Aunque todas quisiéramos guardarlas como si estuvieran exhibidas en un aparador, no siempre es posible hacerlo. Así que la mejor manera de conservarlas, es ponerlas en forma vertical para que no pierdan su forma e ir introduciendo las más pequeñas en las más grandes, sin colocar más de dos o tres piezas por bolsa, ya que esto nos ayudará a rellenarlas y que no se maltraten.
* Es muy importante hacer grupos de bolsas por tipo: de trabajo, para ocasiones especiales, fin de semana o vacaciones. Así sabrás dónde buscar la ideal para cada ocasión. También puedes organizarlas por tipo de material o gama de color.
* Evita guardar los zapatos en sus empaques originales, pues el cartón conserva la humedad y puede albergar bichos. A menos de que sean de un material delicado, como de tela o gamuza, tenlos a la vista y disponibles para su uso inmediato, de lo contrario los olvidarás. Lo indicado es colocarlos encontrados en cajas de plástico transparentes: el derecho con la punta al frente y el izquierdo a la inversa. De esta manera, te cabrán dos o tres pares más. Adicionalmente, si la altura te lo permite, pon uno sobre otro incrustando la punta del zapato derecho sobre la talonera del par izquierdo, así duplicarás la capacidad de tu armario.
* Cuando ya usaste un *outfit*, debes dejarlo en el fondo del clóset. Esto sirve porque te obligará a darle vuelta a tu guardarropa y notarás qué prendas usas mucho y cuáles pueden ser desechadas.

RECURSOS DE UNA COMPRADORA INTELIGENTE

Las piezas de poder no tienen que ser caras ni de diseñador, pero deben reflejar tu buen gusto y su calidad a todas luces.

Recientemente, un amigo muy querido me pidió que le comprara la primera bolsa Chanel a su hija. La afortunada destinataria había terminado su licenciatura en Harvard con extraordinarias calificaciones y estaba lista para arrancar una serie de entrevistas para obtener un buen puesto. Lo lógico, según yo, sería comprarle una bolsa clásica que la hiciera ver muy elegante en sus entrevistas y a la altura de su puesto, cuando se presentara a trabajar. Pero no contaba, sin embargo, con que la opinión de la chica difería completamente: lo que deseaba era una bolsa negra suficientemente grande y práctica para cargar su computadora. Me llevó un par de días y mis mejores argumentos para convencerla de que una bolsa negra para la computadora no debería valer 4,000 euros ni ser de firma. Ella argumentaba que la bolsa 2.55 sólo la utilizaría para salir, mientras que si servía para llevar la computadora podía usarla todos los días.

Sin duda, el uso frecuente era una buena razón para elegir un modelo grande y utilitario, pero mi punto era que su primera bolsa Chanel debía convertirse en una pieza de poder. Entonces le mandé un mensaje de voz: "Una bolsa Chanel, generalmente, dura para toda la vida. Así que imagínate que esta bolsa te acompañará cuando te comprometas con tu novio para casarte, cuando vayas a conocer a tu familia política, cuando tengas una entrevista para el puesto de tus sueños, en el bautizo de tu hija y hasta en el entierro de tu suegra". ¿No es mejor invertir en ella que en la que puedes comprar por 200 dólares para transportar tu computadora? Al final, se decidió por la 2.55 y es probable que la use mucho más que si le hubiera comprado la de batalla. Pero lo más importante es que ella tiene su primera pieza de poder a la mano, justo cuando más la va a necesitar. Ya cuando esté en la cúspide de su carrera, seguramente comprará todas las bolsas Chanel que le dé la gana, incluso la del ordenador que me negué a concederle.

Si no te da el presupuesto para comprar tus accesorios de poder en la Quinta Avenida, no te preocupes. Siempre habrá la posibilidad de hacerte de fantásticas piezas *vintage* o de segunda mano. Las tiendas de consignación tienen mercancía nueva o seminueva que venden a precios mucho más razonables. Hay otros lugares en que la ropa y accesorios, no necesariamente de marca, se venden a precios bajísimos. Yo soy fan de explorar esas pequeñas boutiques en mis viajes a París o Nueva York. También he hecho muchas compras en Internet, pero ahí hay que tener sumo cuidado para elegir los vendedores confiables y con buenas referencias. Ebay es una página adictiva porque siempre hay ofertas increíbles y las subastas suelen ser en los peores horarios, pero cuando logras que una pieza sea tuya, la satisfacción es fabulosa.

Los *outlets* también son una respuesta a las oraciones de todas las fashionistas que no pueden comprar a precio regular sus objetos del deseo. Claro que la mercancía que se encuentra en estos lugares no siempre cuenta con la variedad de tallas, colores o diseños que uno desearía, pero es sorprendente lo que puedes descubrir en un golpe de suerte. Recuerdo que un día caminaba por mi *outlet* favorito en Nueva York y la amiga que me acompañaba me dijo que tenía que parar porque ya había gastado mucho dinero. A lo que respondí: "No pienses en lo que he gastado, sino ¡en lo que me he ahorrado comprando aquí!"

ABAJO LAS IMITACIONES: NADA PIRATA

Nada sabe como una original. No importa si en lugar de 4,000 euros te cuesta 40 dólares, incluso si realmente parece la real. Cuando compras una pieza pirata, aunque confundas a las personas y las hagas creer que vistes de diseñador, en el fondo de tu alma sabes que llevas una imitación barata. No la apreciarás ni la tratarás igual. Sin embargo, lo que más me preocupa es que jamás te otorgará el poder que mereces.

Una bolsa pirata se reconoce porque la calidad de su piel no es óptima, porque los estampados no son simétricos o no tiene solidez en su color y los remaches de las asas se ven muy industriales. Los cierres se ven ordinarios y la cremallera no tiene el logotipo de la marca grabada. Lo más elemental para distinguir un original es pedir ver la tarjeta que garantiza su autenticidad (lucen como tarjetas de crédito). Algunas marcas llevan la tarjeta numerada para que coincida con las cifras grabadas dentro de la bolsa.

Hay que especificar también que la piratería está prohibida y puede estar sujeta a penalizaciones como multas y cárcel. Además, las personas que sabemos de moda detectamos una imitación inmediatamente.

Una pieza de piratería es la gran serpiente en todo guardarropa.

Pero ¿qué sucede con las piezas inspiradas en las colecciones de diseñador? Sí, de ésas que son casi idénticas, pero que tienen precio Zara. Me temo que son copias y así se ven. ¿Por qué no elegir prendas que tengan su propia personalidad, en lugar de la versión barata de las que admiramos en la pasarela? No te dejes tentar por esa serpiente. Viste de ti misma. Nunca de una prenda *wannabe*.

ESPECTRO DE COLORES: TONOS QUE FUNCIONAN

La ropa habla a gritos sobre quiénes somos. Pero los colores clarifican cómo nos sentimos. Hay tonos mejor calificados para expresar responsabilidad, seriedad, autoridad, liderazgo y poder, mientras que otros son más emocionales o funcionan mejor para trabajos menos formales.

Negro

Es el favorito de las fashionistas porque estiliza, es elegante y muy fácil de combinar. Pero también es ausencia de color, lo que significa que puede pasar inadvertido. No es gratuito que cuando no tienes ganas de pensar en tu *outfit* te pongas algo de ese tono o que vayas a un velorio justo con ese color. Es severo y sin luz, por lo que puedes utilizarlo a tu favor cuando quieres verte seria, responsable y autoritaria. También funciona excelente para engañar al ojo, como cuando llevas un vestido negro y una chaqueta de color encima y te ves delgada, pues la mente lee que eres tan angosta como la franja oscura que es visible.

Ya decía el diseñador industrial Massimo Vignelli: "No hay mejor color que el negro. Hay muchos otros colores apropiados y alegres, pero son para las flores". Yo opto por empacar el 80% de mis prendas negras cuando viajo porque puedo usar y reusar las mismas piezas una y otra vez y lo que se nota es el toque de color que le agrego con otra prenda o accesorio.

Blanco

Al otro extremo está este tono lleno de vida, que es fantástico para usar durante el verano y en el exterior. Resulta muy práctico para combinarse con cualquier otro color, pero tiende a absorber tanta luz que da la impresión de ensanchar la silueta. Es un tono más espiritual que corporativo, por lo que se recomienda para ocasiones más casuales y relajadas. Ideal para usar en convenciones o viajes de negocios en la costa o lugares donde hace mucho calor.

Rojo

Está comprobado que este tono eleva la presión sanguínea de quien lo lleva puesto. Se relaciona con pasión y es tan protagónico que nunca pasa inadvertido. Ideal para llamar la atención. Un vestido rojo en una fiesta será inolvidable para todos. "Un vestido rojo [...] es el color de la violencia, la pasión, el infierno, el amor, el sexo y la sangre: fuego bajo el hielo", dice el modisto Alexandre Vauthier a Isabelle Thomas y Frédérique Veysset en su libro *Estilo parisino*. En la oficina es favorecedor y dramático, pero sólo para la mujer que es tan segura que no se siente opacada por él. ¿Vas a hacer una presentación en grupo y quieres destacar? ¡Éste es tu color!

Rosa

Si el rojo es amor, el rosa es amistad y tiene una apariencia casi infantil. Sin duda, funciona perfectamente para una rubia, pues matiza el brillo de su pelo e ilumina el tono de su piel. Pero lo cierto es que es un color al que le falta contundencia, por lo que no demuestra autoridad, sino cercanía. Si quieres lucir amigable porque eres una psicóloga, maestra o consultora, ésta puede ser tu opción.

Morado

Hillary eligió este tono para su discurso de derrota en su campaña presidencial de 2017, y no es para menos porque el morado es color de reyes y obispos, pero también de duelo. Es un tono suntuoso y combina la firmeza del azul con la pasión del rojo, dando como resultado un color lujoso y llamativo. Es para personalidades fuertes, que aman los reflectores, para una mujer resuelta. Ideal para una presentación en público, una conferencia o un programa de televisión.

Azul

En oscuro, como el marino, tiene mucha autoridad y poder, por lo que ha sido elegido para un sinfín de uniformes militares de alto rango y es común verlo en trajes sastre y vestidos que son formales e incluso austeros. Comparte las características que favorecen la silueta con el negro, pero, a medida que se va aclarando, se acerca aún más a las virtudes del blanco. El azul bebé pierde todo señorío y obtiene la dulzura propia de los pasteles, lo cual le resta liderazgo y credibilidad.

Marrón

A pesar de ser un tono rico y armonioso en la naturaleza, en situaciones de trabajo no tiene poder alguno. Si tu trabajo es al aire libre, en cambio, es fantástico. Suele verse bien combinado con tonos beige y verdes.

Naranja

Este color es difícil de usar en situaciones laborales porque se ve casual y hasta cierto punto deportivo, pero nunca ejecutivo. Su intensidad suele aprovecharse para actividades al aire libre, especialmente durante la primavera y el verano. Es un buen tono para contrastar con negro y azul marino. Acompañado con el blanco o marfil es ideal para la playa.

Gris

Una elegante combinación de negro y blanco, se constituye como un color neutro muy útil y con cierto grado de elegancia y austeridad. Entre más oscuro sea mejor funcionará para un trabajo en áreas legales, financieras y de negocios. Denota confiabilidad y seriedad, pero no tiene mucha presencia, a menos de que sirva de base para contrastar con un color más protagónico.

Amarillo

Irradia felicidad, pero su brillantez dificulta su posición en el mundo laboral, pues es un color lúdico y divertido, mas no proporciona ningún atributo útil para el profesional. En cambio, para el plano personal suele ser un tono relacionado con la alegría, por eso, es constante usarlo en las vacaciones y durante el tiempo libre que sirve para relajarse.

Beige

Discreto y delicado, fantástico para ser utilizado al aire libre o en escenarios naturales. Puede ser una opción elegante para utilizarlo durante el verano en la oficina e incluso en situaciones como congresos. Pero hay que accesorizarlo bien para que no pase inadvertido.

COMPLEMENTOS DE LUJO: ACCESORIOS DE ENVIDIA

"**Mantén la cabeza, los principios
y los tacones altos**"
Coco Chanel

Dirán lo que quieran, pero las mujeres nos vestimos para las otras mujeres. No para nosotras ni mucho menos para ellos, queremos ser notadas y halagadas por nuestras colegas y amigas. Nada más sabemos que va a estar presente esa chica que representa competencia, entonces nos esmeramos doblemente para vernos espléndidas. La manera más sencilla de lograrlo es a través de los complementos de nuestro atuendo: una mascada, cinturón, collar o reloj, que se convierten en los mejores aliados.

* Las bolsas

¿Qué pasaría si tu jefe te descubre usando un accesorio falso? Perderías credibilidad y confianza y por lo tanto también poder.

Hablemos de bolsas porque a las mujeres nos encanta tenerlas o verlas en las otras chicas. Con este accesorio se aplica la misma regla que con las telas: mientras más estructuradas sean las bolsas, mayor formalidad representan. Es decir, una bolsa tipo sobre (también conocida como *clutch*), una que parece caja o la que es rígida y tiene asas cortas o cadenas para colgar, funciona de maravilla para ocasiones en las que deseas lucir elegante, clásica y con autoridad. En cambio, una bolsa hobo, el tipo morral, tipo cubeta o con forma de *shopping bag* o tote, resulta informal, aunque práctica para llevar fólderes, libros y la computadora, si eres una maestra, por ejemplo.

El tamaño de la bolsa también determina su utilidad: las pequeñitas son más formales, ideales para un coctel o una gala. Las medianas son perfectas para el día, pero suelen tener un aire de formalidad. Mientras que las grandes se convierten en algo funcional, pero eso las hace verse más casuales.

Las bolsas básicas son la negra, azul marino, marrón, arena y blanco. Yo, sin embargo, creo que una metálica funciona de maravilla con todo. Después puedes aumentar tu selección e incluir, poco a poco, la gris, la roja, la beige, etcétera.

Sin duda, un buen modelo de bolsa te hará lucir y sentir poderosa. Muchas veces eso hace la diferencia. Alguna vez tuve una entrevista de trabajo para un puesto que yo esperaba fuera como coordinadora editorial de una revista. Obviamente, me había vestido para la ocasión y llevé lo que se llama un *book*, que es la recopilación de mi trabajo publicado, para presentarlo y demostrar mi capacidad y experiencia para el puesto. La entrevista fue concreta y breve, aunque noté que mi *book* no estaba siendo observado con el cuidado que requería por mi entrevistador. Al despedirme, sin embargo, el hombre, quien después sería mi jefe, me anunció que no me iba a dar el puesto de coordinadora, sino de directora editorial. Por supuesto, salí de ahí felizmente sorprendida. Tiempo después, comentando la entrevista con mi jefe, me confesó que cuando vio la bolsa que llevaba le pareció que era de una directora y no para una coordinadora. La bolsa, aparentemente, tenía más que decir sobre mi gusto y certeza que mi *book*.

Para construir tu guardarropa básico necesitas una bolsa de trabajo para llevar la computadora, otra estructurada más femenina y una pequeña, también con cierto cuerpo, para ocasiones formales. Ésta última puede ser de satín o pedrería.

Las bolsas se dividen en formal, que es pequeña y generalmente estructurada. Puede tener cadena o una pequeña correa, pero a veces está diseñada para llevarse en la mano. Está hecha de un material brillante, a veces adornada con pedrería, lentejuelas u otro tipo de aplicaciones que la hacen ver elegante.

El *clutch* es una bolsa tipo sobre o cartera, sin cadena, que debe llevarse en la mano o pegada al cuerpo con la presión del brazo. Es distinguida y se usa en ocasiones formales o semiformales, pues, al tener que portarla en la mano, se reserva para eventos sociales.

Con la bolsa de asa corta hay un sinfín de variedades, desde la bolsa estructurada que llevaban las estrellas de cine en los años sesenta y que hoy se ha reinventado en diferentes versiones, pasando por las hobo, cuya característica es que tienen una forma redondeada, muy ergonómica y cómoda, hasta las famosas Baguette, de Fendi, que siguen siendo una obsesión para las fashionistas. Este estilo es generalmente de tamaño mediano, aunque hay las minis y las jumbo. Pero suelen ser versátiles, pues, al tener un cuerpo firme, lucen más elegantes y por eso pueden verse fantásticas tanto en el trabajo como en un evento social.

La *messenger* es una bolsa de tamaño pequeño a mediano, plano, que va colgada cruzada al cuerpo. Es práctica para viajar o para las personas que tienen que caminar o transportarse con frecuencia.

La cubeta, se llama así porque es cilíndrica y, aunque suele cerrarse en la parte superior a través de una jareta, cuando está abierta parece una cubeta. Por su tamaño y suavidad, este modelo es más casual y menos propio para un ambiente serio o en el que quieras mostrarte con poder.

La tote o shopping bag simula justo una de esas bolsas que recibes en las tiendas, pues tiene dos asas y el cuerpo es espacioso y flexible. Esta bolsa es usada con frecuencia para llevar la computadora, pero no es formal ni transmite poder. No obstante, es relajada y puede funcionar perfectamente para profesiones en las que se busca cercanía, como para una psicóloga, maestra o trabajadora social.

El morral es la bolsa cuya correa larga se usa colgada en el hombro. Suele ser suave y espaciosa, por lo que es utilizada con frecuencia por las personas cuya profesión es más casual y creativa.

El portafolios es un poco más estructurado y, por lo tanto, preferible para impactar con tu profesionalismo cuando tienes que llevar tu computadora. Este modelo fue creado para cargar fólderes, carpetas y tu laptop. Suele llevar una correa larga y dos asas pequeñas para cuando prefieras cargarlo con las manos, en lugar de colgarlo en el hombro.

El material más recomendable para las bolsas es el cuero. Los colores deben estar relacionados con tu guardarropa. A mí, por ejemplo, me funcionan mucho las bolsas negras, color arena y azul marino. Tengo ya una gama de grises y hasta marrones, que no son colores frecuentes en mis atuendos. Pero, para empezar, elige el color que más coordine con tu ropa y poco a poco ve agregando otros tonos, incluso contrastantes, porque la bolsa no siempre tiene que ser del mismo color que tu *outfit*. Las bolsas metálicas, por ejemplo, se convierten en neutras al contrastar, lo mismo sucede con las de colores brillantes. Imagina, por un instante, una bolsa fucsia. Quizá pienses instintivamente que no te la debes comprar porque no tienes ropa de ese tono. Bueno pues, te invito a que vayas por el contraste. Esta bolsa se vería divina con unos jeans y una t-shirt blanca, pues le agregaría interés a tu *outfit*. Con un atuendo monocromático, todo en beige por ejemplo, rompería la monotonía. O si prefieres romper los esquemas, llévala con un vestido rojo, ambos colores juntos producen un efecto fabuloso.

* Los zapatos

La otra locura de todas las mujeres son los zapatos. Nunca como en esta década estos accesorios han tomado un protagonismo y despertado tanta creatividad.

Años atrás, era impensable ver a una mujer con sandalias en el trabajo. Hoy en día, las oficinas son recorridas por botas, botines, zapatillas, sandalias, ballerinas y hasta tenis. El calzado de tacón, sin embargo, sigue imperando como el más poderoso, pues, además de ayudar con una postura erguida, aumenta la altura y estiliza las piernas, luce formal y hasta sexy con falda, vestido o pantalón.

Los zapatos cerrados, es decir, que no sean sandalias ni tengan huecos en la punta o el talón, son mucho más formales y clásicos. Pero actualmente se pueden llevar los modelos más abiertos, incluso llegando a las sandalias de tacón. Botas y botines también son bienvenidos cuando el clima es frío.

Imprescindibles en todo guardarropa son los zapatos cerrados de tacón. La altura del *stiletto* depende de tu gusto personal, pero los de gran altura suelen verse más elegantes, y mientras menos centímetros tengan, su poder irá disminuyendo. Los zapatos de medio tacón o estilo perinola llevan unos pocos centímetros de altura, pero ayudan a conservar la postura del tacón. Son ideales para labores en las que tendrás que caminar mucho o estar parada largas horas.

Los zapatos con abertura en punta o talón pueden funcionar perfectamente bien si tus pies tienen un buen pedicure. Todas las variantes de los zapatos tipo jaula resultan novedosas, pero no se consideran básicos, pues cambian conforme a las tendencias.

Los zapatos en colores neutros (negros, grises, azul marino, marrón, beige y blanco) son los primeros que deben aparecer en tu guardarropa. Otro indispensable es el color carne, que, al ser justo del tono de tu piel, coordina con todo y da la impresión de alargarte las piernas. Invierte en pares de calidad, mantenlos siempre brillantes y que su piel esté en perfecto estado. Todos ellos en piel. Nunca de imitación cuero. Mientras más sencillos sean los modelos, mayor tiempo de vida tendrán. Los zapatos de piel de poca calidad saltan a la vista, lo mismo aquellos que se han maltratado con el tiempo y están cuarteados, deformados o gastados. Por eso, hay que renovarlos constantemente y cuidarlos mientras forman parte del guardarropa.

Una vez que tengas esos cimientos, opta por los metálicos, que son facilísimos de combinar y muy elegantes. Después comienza a complementar con colores más protagónicos. Yo adoro ponerme zapatos rojos con un atuendo negro, por ejemplo. También me divierto mucho tratando de encontrar combinaciones para los zapatos que tienen más de un color. Cuando alguna de mis amigas me cuestiona si debe comprarse un par de zapatos de un color raro porque no tiene nada de ese tono en el clóset, mi respuesta es: "Si no queda con nada, va bien con todo". Por ejemplo, mis Manolo Blahnik, estilo los que le regaló Mr. Big a Carrie, los elegí verde esmeralda. ¿Qué tengo de ese tono en mi guardarropa? Nada. Pero los uso muchísimo con jeans, con ropa clara, oscura e incluso contrastante, como con un vestido morado.

Las ballerinas son un calzado inspirado en el ballet y ofrece comodidad a través de un zapato suave y de suela plana, ideal para personas que caminan largas distancias, para viajes en los que puedes darte el lujo de verte femenina, pero casual o cuando no estás expuesta al público.

Los flats o zapatos de piso se han vuelto tan sofisticados y caros como los tacones de diseñador, pero nunca debe perderse de vista que el tacón mientras más alto, mayor poder confiere. Si definitivamente no puedes subirte a unas plataformas o no quieres, unos flats con pedrería, por ejemplo, contrarrestarán lo casual del calzado.

Los tenis ya son indispensables en el guardarropa de todas, sin importar la edad, el trabajo o el estilo. Aquí el punto es que hay estilos para hacer ejercicio y otros para vestir casual.

Las ballerinas, las sandalias de piso y los tenis, por mencionar sólo unos modelos más casuales, son perfectos para el fin de semana, pero para un ambiente laboral hay que dosificarlos. Generalmente, se pueden usar el viernes casual si el protocolo de tu empresa permite que lleves un *outfit* relajado. Pero nunca debes confundir viernes casual con atuendo relajado, como el que usarías para mudarte de casa. En tu trabajo, siempre debes lucir profesional y estar vestida para lo que se ofrezca: la visita de un cliente, la presentación de un proyecto o una charla en la oficina de tu jefe.

Las botas sin herrajes y un tacón de medio a alto suelen ser más prácticas y subsisten bastante tiempo en el guardarropa. Negras y marrones son las primeras que hay que elegir. Ya después pueden llegar otras variantes.

En cuanto a los botines, que son botas que llegan al tobillo, también resultan una buena inversión si son sencillas y de buen cuero. Igualmente, en negro y marrón son funcionales, pero yo recomendaría unas en vino, azul marino o incluso metálicas para completar el guardarropa.

Las puntas de los zapatos y el uso de tacón grueso, delgado o con plataforma van variando año con año. Pero, como se gastan con facilidad, no esperes que duren por décadas. Por el contrario, es mejor comprarte unos pares de diseño y calidad que tener cientos que luzcan baratos o estén maltratados.

En la industria de la moda se usa mucho llevar zapatos de noche para el día. Esto se ve muy bien especialmente cuando el *outfit* es muy neutro y los zapatos destacan. A mí me encanta la idea porque de otra manera esos zapatos con cristales o satín no se utilizarían más que un par de veces al año. En cambio, combinándolos con ropa lisa pueden causar un gran impacto y convertirse en una formidable inversión.

Los zapatos se maltratan mucho más que otros accesorios. Sin embargo, no hay que gastar menos en ellos por esta razón, es preferible tener menos y que sean de buena calidad. Los zapatos baratos se notan a leguas. ¿Qué los delata? Generalmente, la punta está levantada, la piel se ve dura y el tacón, exagerado.

* Los cinturones

Su nombre lo dice todo, pero, aunque en su momento su utilidad pudo haber sido mantener los pantalones en su sitio, ahora son accesorios más bien estéticos que prácticos. Cuando una persona no tiene cuerpo en forma de reloj de arena, es buena idea que se coloque un cinturón. Eso creará el efecto deseado y adicionará un punto focal al atuendo. Los delgados son fantásticos para las pretinas de los pantalones, en tanto que los anchos funcionan para adornar un *outfit* sencillo, acinturar un saco, suéter o vestido y para estilizar la figura.

En su modalidad ancha, los cinturones son perfectos para dar énfasis al talle delgado y largo. Cuando una mujer tiene un torso corto o amplio, lo mejor es usar los que son más estrechos.

Resultan de gran utilidad cuando se quiere dar más forma al cuerpo cortando un vestido o un traje de baño a la mitad, sugiriendo la curva deseable en la silueta. Los hay de muchos materiales, siendo los favoritos los de cuero o cadena.

* Las mascadas

Éstas son de mis accesorios favoritos. Es una pena que los bancos y las líneas aéreas las tengan como parte de un uniforme porque han causado que muchas mujeres no se las quieran poner. Yo encuentro que al usarlas agregas no sólo un toque de interés y color a tu ropa, sino también de luz a tu rostro. Hay diversas maneras de usarlas y todas ellas ayudan a que el atuendo luzca más elegante, pulido y lujoso.

* La joyería

Nada como la joyería para expresar tu feminidad y elegancia. Alguna vez alguien me dijo que una mujer sin aretes es como un altar sin ramilletes. Así lo creo. Grandes o pequeños, los aretes enmarcan el rostro y le proporcionan interés y luminosidad. Los aretes largos, que antes se usaban sólo de noche, se pueden encontrar en toda clase de materiales. Pero debes tratar de llevarlos con el área despejada: sin pelo alrededor, cuellos con holanes o mascadas. En cambio, los cortos, pegados a las orejas, son mucho más versátiles y prácticos, aunque, definitivamente, menos vistosos.

Los collares también se convierten en una gran inversión porque pueden cambiar por completo un vestido y hacer del de día uno de noche o viceversa. Los collares protagónicos piden estar solos para lucir al máximo, así que nada de agregar competencia sumando aretes largos o cuellos elaborados. En cambio, los simples o largos, pensemos en uno clásico de perlas que baja hasta el pecho, le da un toque de distinción al atuendo y le va fantástico a toda clase de mujeres: con cuello corto, pelo rizado y suelto, etcétera.

Yo amo los anillos y estos accesorios también han gozado de una oleada de creatividad últimamente. Eso significa que puedes usarlos en solitario o ponerlos en cada dedo o más de uno en todas tus falanges. Hace tiempo que se rompieron las reglas que tenían que ver con usar un solo tono de metal. Hoy en día, se permite mezclar el oro con la plata y todas las piedras posibles. Para manos pequeñas, lo mejor es ser moderada con los tamaños de los anillos. No obstante, se vale elegir uno extragrande y dejar que sea el único que reine en tu mano.

Las pulseras son divinas, pero no siempre prácticas para trabajar en la computadora, especialmente si hacen ruido. En todo caso, elige usar tantas pulseras como quieras, mezclando metales, materiales, gruesos y tejidos. Sólo evita usar las que suenan en ocasiones donde se requiere silencio, como en la redacción de una revista, una entrevista de trabajo o la reunión de ejecutivos.

Los accesorios en esta época han roto cánones de uso y se podría decir que con ellos la norma es "más es más". No obstante, es primordial que conozcas la regla básica, por si quieres romperla, después de dominarla. Se puede elegir una pieza de joyería como punto focal (el objeto al que se dirigen las miradas por ser el más llamativo). Si te animas a llevar más de un punto focal, que estén tan lejos como sea posible: el arete y la pulsera, el collar y el anillo, pero no el collar y los aretes, o el anillo gigante y mil pulseras en la misma mano.

Como dije, ya no se guarda respeto a la monocromía. Se vale combinar diferentes tonos de oro, llevar plata, madera, hilo, cerámica y cuerno, si así te apetece. Tampoco se estila llevar todas las piezas coordinadas, como se usaba antes. Juega con estos accesorios, diviértete en grande y experimenta. Pero, sobre todo, si gastaste mucho en un collar o en un reloj, sigue la regla de oro: úsalo mucho para que se convierta en una gran inversión.

Escalera: editar

Chanel decía que, antes de salir de casa cada día, debías quitarte un accesorio. Pero siempre me ha llamado la atención que esa cita sea de ella, pues si alguien tenía gracia para llevar varios collares, aretes de perla y un broche de camelia, al mismo tiempo, era Coco.

Pero hay que admitir que poner es más sencillo que quitar y a veces restar un accesorio puede hacer la diferencia. Este arte se llama "editar". A veces vas a decidir que hay demasiados colores en tu *outfit* y te verás obligada a dejar uno fuera, eso es editar. Otra ocasión puedes notar que el collar que te pusiste estropea el efecto de tu blusa y preferirás omitirlo, aunque dejes sin accesorio el atuendo, también eso es editar.

Habrás escuchado que en las revistas hay editoras y su trabajo es... justo editar. Pero no creas que sólo hay que aprender a omitir cosas, también hay una labor de corregir, cortar, descartar y elegir lo que funciona. Lo mismo tienes que hacer tú con tu guardarropa: arreglar las prendas que necesitan un ajuste con el sastre, eliminar lo que ya no usas o no va con tu estilo personal, seleccionar los accesorios que pueden aportar un elemento distintivo o de lujo a tus prendas, etcétera.

Al principio puede parecer difícil romper tus esquemas. Si estabas acostumbrada a usar siempre tus zapatos negros con tu ropa de ese mismo tono, tendrás que jugar a la editora y buscar alternativas. ¿Qué tal unos zapatos plateados o con estampado de piel de leopardo?

Cuando estudié Diseño de Aparadores, me llamó la atención que había siempre una regla de tres para decorar las ventanas. No estoy hablando de la fórmula de matemáticas para sacar porcentajes, sino de una receta para hacer composiciones agradables a los ojos. Se trata de elegir tres elementos, no dos, ni cuatro, ni uno. Tres accesorios, por ejemplo. Pueden ser los zapatos, la mascada y la bolsa. Éstos serán los que debes integrar para que vayan armónicamente en tu composición. Eso no significa, de ninguna manera, que deban ser del mismo color o estampado. Por el contrario, puedes jugar con los tres tonos de azul o con diferentes texturas, el punto es que luzcan como los complementos perfectos entre ellos y con tu ropa. Tres prendedores para la solapa, en lugar de uno solo, le darán mucha fuerza e impacto al usar la repetición.

Capítulo 3

VESTIR CON PODER:
imagen de líder

El *Oxford English Dictionary* define vestir con poder como la práctica de usar la ropa con un estilo que pretende mostrar que uno tiene una posición importante en los negocios, la política, etcétera. De ahí que las mujeres se vieron forzadas a usar trajes y recogerse el pelo, tratando de lucir menos femeninas y más aptas para los retos del trabajo; así comenzó la evolución del guardarropa del poder.

Margaret Thatcher tuvo que rediseñar su imagen, además de modificar su voz, para convertirse en la Dama de Hierro, como se le conoció en la época en la que gobernó el Reino Unido como Primera Ministra. Su peinado al estilo casco, los clásicos trajes sastre de hombrera prominente, el detalle femenino del broche en la solapa y la bolsa poderosa construyeron un patrón para ser una mujer triunfadora en el mundo político regido por hombres.

Hoy en día, por fortuna, la seguridad de una mujer se impone como su mejor accesorio. De ahí que la regla número uno que debes seguir antes de salir de tu casa es sentirte cómoda con lo que llevas puesto, y la dos es: saber que vas a triunfar con ese *outfit*.

Jonathan Saunders, el nuevo director creativo de la marca Diane von Fürstenberg, ha formulado sus propias siete reglas de la vestimenta del poder, que compartió a la revista Porter y que interpreto para tu propósito de mejorar tu imagen:

1. Abraza la expresividad de la vestimenta del poder. ¿Por qué las mujeres tienen que vestirse de cierta forma para ser tra-

tadas como hombres en el trabajo? El poder moderno se expresa a través de la ropa que es elegante, favorecedora y creativa. Se trata de que te sientas bien, tanto física como emocionalmente y que te permita expresarte a ti misma con seguridad.

2. Los estampados y los colores requieren un toque sutil. Puedes llegar a un territorio complicado si combinas colores y estampados en ropa que es arquitectónica o pesada. Cuando hay movimiento en las telas, es más fácil usar esas combinaciones.

3. La funcionalidad es importante, pero la creatividad y tomar riesgos es imperativo. Cuando construyes un guardarropa moderno, la clave está en encontrar piezas que tocan tus emociones y funcionan prácticamente. Así que puedes divertirte con el color, las mezclas, las texturas, pero también debes encontrar algo con lo que puedas expresarte sin sentirte abrumada.

4. Selecciona piezas con verdadero valor. La manera en que interpretas el vestir de forma poderosa ya no se reduce a un *look* específico. Ahora lo importante es identificar la ropa que tiene un valor intrínseco. Algo tiene valor cuando lleva un trabajo artesanal en su esencia, posee detalles y diseño que puedes ver y sentir.

5. El optimismo es fundamental. Busca piezas que simplemente te den el empuje. Las mujeres modernas son pragmáticas, están ocupadas y quieren inspiración. Así que se trata de que la ropa sea optimista y logre que ellas sonrían.

6. El impacto de la moda poderosa tiene sus raíces en la autoexpresión. Las mujeres que inspiran más son aquellas que tienen opiniones fuertes y que aman expresarse.

7. Colores fuertes, siluetas simples y una actitud desenfadada. Los colores y estampados son expresivos, así que si la prenda es simple, resulta más versátil. Hay que encontrar la manera de traducir los *looks* para que puedas usar la ropa, en lugar de que la ropa te use a ti.

NO TODO ES PARA SIEMPRE: LO QUE HAY QUE ELIMINAR

En el libro *El poder de la ropa*, Antonio González de Cosío y yo hablamos de la carga emocional que tiene un guardarropa, por lo que resulta complicadísimo editarlo para dejar únicamente prendas útiles que vayan con tu estilo y tus metas. Pero es necesario hacerte un recordatorio de que tu ropa de trabajo debe lucir impecable, quedarte perfecta, ser apropiada para tu carrera y el ambiente, así como dar un aspecto de que es fina y está bien cuidada.

Las prendas demasiado holgadas o excesivamente ceñidas deben eliminarse, lo mismo que las rotas, con *peeling* (bolitas en la tela), raídas o pasadas de moda. Sé muy estricta respecto de las prendas que lucen baratas, que ya no deben estar nunca relacionadas contigo. Lo mismo las que consideras que no tienen que ver con tu estilo personal, así como los dobladillos u otro tipo de costuras que se encuentren sueltas.

La lencería debe estar en buen estado: los bras con copas intactas y las telas de todas las prendas sin manchas, rasgaduras o decoloraciones.

Las bolsas y zapatos no deben estar rayados o gastados, tampoco sin brillo.

La joyería debe estar limpia y completa. Nada de ponerse un collar cuyas piedras estén incompletas.

Si sientes que necesitas ayuda, hay profesionales que pueden auxiliarte a armar *looks*, construir tu nueva imagen, organizar un armario profesional e incluso para empacar o vestir en un importante evento de trabajo. Contrata un profesional si así lo requiere tu camino hacia el triunfo.

Escalera: kit de mantenimiento.

Todos los guardarropas profesionales deben contar con los siguientes elementos para mantener la ropa y accesorios impecables:

* Una plancha de vapor para alisar la ropa.
* Un cepillo para la ropa.
* Una esponja de ropa para eliminar manchas de desodorante, talco y maquillaje.
* Una rasuradora de suéteres para quitarle las bolitas de estambre.
* Un plumón limpiador de detergente para las manchas de último momento.
* Un costurero con agujas, tijera, hilos y botones de colores, en caso de requerir una compostura inmediata.
* Una crema desmaquillante para limpiar las manchas y rayas oscuras de chaquetas, bolsas o zapatos de cuero.
* Un borrador de migajón (usados para eliminar la escritura del lápiz), por si requieres limpiar manchas de tus zapatos claros.
* Un rollo de cinta engomada para eliminar las pelusas y el pelo de mascota.
* Una cinta doble cara (de doble pegamento) para fijar la ropa en el cuerpo.
* Un kit para pulir y dar brillo a los zapatos.
* Un calzador para no maltratar los zapatos.
* Un pegamento fuerte para fijar suelas y pedazos de cuero suelto en zapatos.
* Una franela especial para limpiar joyería de plata.
* Un portatraje largo de plástico.
* Una maleta de tamaño mediano para llevar zapatos y joyería.

GUARDARROPA PARA ASCENDER

"**Puedes tener todo lo que quieras en la vida,
si te vistes para ello**"
Edith Head, diseñadora de vestuario

La clave está en vestir, no para el puesto que tienes, sino para el que quieres. Pero la única manera de lograrlo, sin sentirte disfrazada de alguien más, es encontrando primero tu estilo, después la ocasión y el lugar para el que debes vestir y, por último, el puesto que quieres proyectar.

Empecemos por el principio. Cuando se trata de estilo, hay una parte importantísima que tiene que ver con tu personalidad. Algunas mujeres son clásicas, otras prefieren la ropa cómoda con un toque masculino, hay chicas para las que lo femenino es mucho más preponderante, también está la que quiere siempre estar a la vanguardia o la que gusta de todo lo elaborado.

A continuación, vamos a explorar algunos estilos que son muy claros y distintos entre sí. Es posible que una mujer vaya entre un estilo y otro. También puede ser que haya una chica que no se parezca a ninguno. Pero, para efectos de explicación y también de lo que funciona mejor en un ámbito de trabajo, te presento unos estilos claros y definidos que pueden inspirarte para que te sea más fácil visualizarlos.

* La mujer chic (conócela en las páginas 216 y 316)

Esta chica parece salida de una revista europea. Su aspecto podría decirse que es mesurado, como si no hubiera hecho mayor esfuerzo para arreglarse. La ropa es simple, pero se ve impecable y le queda perfecta. Los colores que usa son, en su mayoría, neutros: negro, marrón, gris, marino, arena y blanco. No hay mayores joyas, logos, tacones o pieles. Incluso el maquillaje es mínimo, sólo enfatizando los ojos o la boca. El pelo nunca luce como recién peinado ni con un corte específico, pero cae como una cascada sexy dispuesta a dejarse despeinar por la brisa del mar.

Esta mujer, como Angelina Jolie o Gwyneth Paltrow, prefiere los materiales naturales: el algodón, la seda, la lana, la alpaca, el lino y el ramie. Ella siempre busca calidad y no le importa pagar un alto precio por conseguirla. No obstante, jamás parece que se ha gastado una fortuna en su atuendo. Sabe vestir de acuerdo con la ocasión, pero siempre lo hace de manera simple, aunque con mucha gracia.

La mujer chic puede escalar fácilmente porque su arreglo no provoca suspicacias ni envidias. Ella luce fantástica en cualquier altura de la escalera al éxito y puede lidiar naturalmente con hombres porque muestra su elegancia y sofisticación a través de su inteligencia y capacidad, en lugar de con su cuerpo y sex appeal.

El atuendo para:

♦ Un día normal de trabajo: un vestido camisero color caqui, con cinturón ancho de cuero y zapatos de tacón medio marrón.

♦ Una presentación a clientes: un traje sastre de pantalón y saco en seda suave color marino. Unas sandalias de plataforma en ante negro y una bolsa tipo hobo de cuero brillante negro. Su único adorno es un hilo de cuero negro amarrado al cuello.

◆ Un evento formal: un vestido de seda negro, suelto, con una cadena que termina con un dije en forma de hoja. Lleva una bolsa tipo sobre de seda color gris rata y zapatillas de ante de tacón en el mismo tono.

* La mujer bohemia (conócela en la página 132 y 336)
Como sacada de una escena de los años 70 del siglo pasado, esta mujer ama los vestidos largos, sueltos, floreados, con *paisleys* o vestimentas tradicionales elaboradas a mano por artesanos locales. Su clóset está lleno de sandalias de piso, algunas con tiras o pedrería y otras de suela de goma. En lugar de usar sacos, prefiere las capas y los chales. Tiene fascinación por los tejidos de abuelita tipo crochet. Imagínate al personaje de Friends, Phoebe Buffay.

Sus accesorios no son estructurados, le gustan los suéteres de punto suaves y holgados, los sombreros de ala en palma, los morrales y, en lugar de collar, se pone un atrapasueños colgado. El pelo lo lleva suelto, largo y salvaje. Usa poco maquillaje y jamás se pinta las uñas.

Si bien esta chica luce relajada, natural y cercana, no parece que ocupe un lugar alto en el organigrama ni que tenga mayores responsabilidades y problemas. Es un *look* que podría quedar perfecto para una maestra de yoga o meditación.

El atuendo para:

◆ Un día normal de trabajo: una blusa de algodón crudo bordada a mano y una falda amplia color arena, acompañadas de unas sandalias de cuero marrón y un morral tejido.

◆ Una presentación a clientes: un vestido holgado con flores, unas sandalias con pedrería y una bolsa tote de cuero. Aretes en filigrana colombiana.

◆ Un evento formal: un vestido de algodón negro, liso. Sandalias de tacón medio en cuero negro y una bolsa negra de asas cortas.

* La mujer clásica (conócela en la página 22)

Piensa en Coco Chanel y estarás muy cerca de lo que esta chica podría usar. Sin lugar a dudas, su ropa tiene un corte impecable, pero con cierta estructura. Otras representantes pueden ser Audrey Hepburn y la diseñadora Carolina Herrera. Esta mujer adora los sacos y abrigos, de verano e invierno. Si usa pantalón, es recto y con caída pesada. Las blusas suelen ser lisas y se da el lujo de llevar algunas con textura de vez en cuando. Para ella, la joyería puede ser ya sea minimalista o un adorno discreto con base en perlas, diamantes y otras piedras finas montadas en oro amarillo, rosa o blanco. Un buen reloj de carátula lisa o con números romanos la acompañan. Las pieles, ya sea en detalles o en la prenda completa, así como las mascadas, no pueden faltar en su *look*.

El peinado que la caracteriza está siempre pulido, sin un pelito fuera de lugar. El maquillaje luce impecable y lleva la medida correcta de delineador, *blush* y labial. Sus bolsas son estructuradas y los zapatos, que parecen nuevos, son femeninos y a la moda.

Esta mujer destila elegancia, pero es tan femenina y se ve tan próspera que nunca le faltan piropos y miradas celosas de sus colegas. Ella ama la buena vida y, por lo tanto, compra ropa cara y de diseñador. Desde luego, lleva la combinación emblemática de Chanel como un estandarte: negro y blanco. Sin embargo, se da el lujo de usar muchos colores, especialmente en sus accesorios.

Su *look* resulta poderoso, por lo que su transición a un puesto como líder y responsabilidades que llevan autoridad es parte de su proyección.

Su atuendo para:

- Un día normal de trabajo: una camisa de algodón almidonado blanco, una falda plisada azul marino, zapatos de tacón alto blancos con azul marino, un collar de perlas alrededor del cuello y aretes dorados. La bolsa es estructurada de charol craquelado azul con cadena dorada.

- Una presentación de trabajo: un traje sastre de falda y saco, en *tweed* color crema con vivos negros. Zapatos de tacón con herraje dorado. Aretes colgantes con perlas y un gran anillo de diamantes.

- Un evento formal: un pequeño vestido negro en mezcla de lana y seda. Una gargantilla de perlas y cadenas doradas, con aretes pequeñitos de perlas pegados a las orejas. Zapatos de raso negro altísimos. Una bolsa de lentejuelas diminutas y un abrigo de zorro gris.

* **La mujer dandy (conócela en las páginas 104 y 250)**
Esta chica adora la ropa masculina y la usa tantas veces como sea posible. Por eso, prefiere los pantalones, los sacos estructurados, las chaquetas de cuero, los chalecos y las camisas. Los zapatos que usa tienden a tener un tacón ancho y va de medio a bajo. Cinturones, bolsas suaves tipo *backpack* o tote y *foulards* son sus accesorios favoritos. Entre sus representantes están Diane Keaton y Ellen DeGeneres.

El pelo lo puede llevar corto o largo, pero nunca excesivamente peinado. Las colas de caballo o recogidos le funcionan de maravilla para su vida práctica y su *look* intelectual. El maquillaje también es muy discreto, incluso su fragancia sólo la descubre quien tiene la suerte de acercarse a ella.

Esta mujer tiene un aire de poder masculino que no pasará inadvertido. Quizá no resulte atractivo para provocar miradas o piropos entre su colegas y los superiores que sean hombres, pero sin duda les inspirará confianza. Y, por otro lado, a las mujeres no les representará un conflicto, pues no la sienten como competencia directa. Sin embargo, subirá libre y audazmente por la escalera, ascendiendo hacia el éxito.

Su atuendo para:

◆ Un día normal de trabajo: una camisa de algodón o una polo en color oscuro, un pantalón de gabardina verde militar, botas con herrajes y suela de goma, un reloj extragrande. Lleva una *backpack* con un estampado divertido.

◆ Una presentación de trabajo: un pantalón de casimir en raya de gis, combinado con un suéter de tortuga negro. Botas de cuero de tacón ancho y media altura. Tres aretes tipo broquel en la oreja derecha y dos en la izquierda.

◆ Un evento formal: un esmoquin negro con una t-shirt blanca. Zapatos de charol de tacón ancho con altura media y agujetas de satín. Una bolsa tipo sobre. Un par de aretes asimétricos y un poco de *gloss* en los labios.

* La mujer transgresora (conócela en la página 168)

A esta mujer le fascina revelarse y lo primero que piensa hacer es romper las reglas de vestimenta en su trabajo. Adora los colores oscuros, por no decir que su guardarropa es, en su mayoría, negro. No suele usar muchos vestidos, pero sus blusas pueden ser tan largas como túnicas y siempre lleva pantalones con botas o zapatos altos que lucen peligrosos.

El cuero, los estoperoles, las pieles exóticas y los cierres son fáciles de identificar en su atuendo. Gusta mucho de las prendas asimétricas, las bolsas prácticas que le permitan llevar la computadora cuando va al trabajo o tener sus básicos en una bolsa *crossbody*.

Madonna y Lady Gaga pueden considerarse transgresoras, pero, en un mundo fuera del espectáculo, la mujer que pertenece a esta categoría y lleva bien su estilo no parece disfrazada o lista para una fiesta de Halloween.

Su pelo, maquillaje, uñas y joyería generalmente tienen tintes oscuros. Le fascinan los tenis y las botas. Todo ello puede conformar un *look* vanguardista, fantástico para carreras creativas o que estén relacionadas con el mundo del espectáculo. No obstante, para una labor en la típica oficina, se situará como una outsider inmediatamente. Para los jefes con más edad, esta imagen puede despertar desconfianza y ser tachada de rebelde o inmadura.

Su atuendo para:

- ◆ Un día normal de trabajo: un pantalón de lona gruesa con *zippers* plateados, una t-shirt negra estampada y una chaqueta de cuero con estoperoles en las solapas. Botas puntiagudas y una bolsa extragrande de lona rayada. Un arete en la nariz y uñas negras.

- ◆ Una presentación de trabajo: un pantalón pegado de cuero negro, una t-shirt negra lisa y un saco con *zippers* en los bolsillos. Botas a la mitad de la pantorrilla. Un arete en la nariz.

- ◆ Un evento formal: una túnica asimétrica de satín de algodón. Mallas negras con botas a la rodilla de cuero, bolsa de cuero negro con estoperoles y una chaqueta corta de peluche rojo. Delineador negro grueso, boca roja, uñas negras, arete en la nariz y un *ear cuff* en la oreja derecha.

* **La mujer lady (conócela en las páginas 50 y 304)**
Esta chica adora las prendas vaporosas de telas fluidas en colores pastel. Las flores, los pájaros y los brocados la vuelven loca. También los encajes y la pedrería como adorno de ropa y accesorios.

El peinado de esta mujer es suave, a veces con ondas, otras veces con un corte redondeado que lleva las puntas hacia abajo. El maquillaje es muy favorecedor: sombras y pestañas enfáticas, rubor rosado o durazno, labios bien delineados y un intenso color. La joyería también lleva perlas, brillantes, listones, cadenas y destellos plata u oro. Los zapatos y las bolsas son femeninos, incluso en los colores que elige.

Esta mujer suele percibirse como una amiga, una hermana y hasta una mamá, si su edad lo permite. Pero difícilmente se lee como una mujer líder o agresiva. Eso definitivamente la ayuda a hacer lazos de amistad en el trabajo, pero se le dificultará subir en la escalera hacia un puesto en el que tenga que manejar un equipo y tomar decisiones determinantes.

Así se vestía lady Diana Spencer y el personaje de Charlotte York en *Sex and the City*.

El atuendo para:

◆ Un día normal de trabajo: una falda circular en gasa de seda color rosa y una blusa vaporosa blanca. Aretes de perla, bolsa en cuero rosa y zapatos plateados.

◆ Una presentación a clientes: un vestido azul marino con cuello blanco y corbata en forma de moño azul. Zapatos de tacón y traba en charol azul marino. Bolsa en charol azul marino con cadena dorada. Aretes de oro.

◆ Un evento formal: un vestido de encaje dorado claro, acompañado de una estola en piel blanca. Lleva una bolsa pequeña de cristales y unos zapatos de satín dorados.

* La mujer barroca (conócela en las páginas 234 y 272)
Siempre hay una persona que cree en el maximalismo, ama ponerse estampados, texturas, joyería enorme y pestañas postizas

para rematar. El riesgo de este estilo es que puede verse exagerado y hasta ridículo. Pero bien encaminado se define con mucha originalidad. Pensemos, por ejemplo, en Diana Vreeland, la famosa directora de *Vogue* y *Bazaar*, quien compensó su físico siempre con un estilo fuera de lo común.

Otra representante es la fabulosa Iris Apfel, a quien ni la edad le ha restado creatividad y ganas de divertirse con la moda. Esta mujer adora combinar encajes, plumas, cueros y pieles. No escatima en nada para adornarse y tiene la personalidad para llevarlo todo sin que desaparezca su fuerza interior. Esa creatividad que la hace vestirse así, generalmente se ve reflejada en otros campos de su vida, desde luego, el laboral es uno de ellos.

Al principio puede incomodar o sorprender su *look*, pero en un terreno laboral de moda, arte, relaciones públicas o la televisión puede triunfar por su originalidad, que la destaca y la hace ser admirada.

El atuendo para:

- ◆ Un día normal de trabajo: una falda tipo circular a rayas blancas y azules, una blusa de encaje azul y zapatos de tacón alto rojos con estoperoles del mismo tono. Aretes enormes y una bolsa cuya correa parece una estola de peluche roja.

- ◆ Una presentación a clientes: un vestido estampado *vintage*, adornado con collares de cuentas coloridas extragrandes. Mallas opacas color mostaza y zapatillas de traba color fucsia. Su bolsa es una Baguette, de Fendi, en pedrería en tonos mostaza.

- ◆ Un evento formal: un vestido de seda azul turquesa, con un cinturón anchísimo dorado. Sus aretes cuelgan hasta la altura del busto. La bolsa es de cristales en rojo y turquesa. Lleva una capa de plumas blancas para taparse.

* La mujer preppy (conócela en las páginas 200 y 264)
Porque parece que está saliendo del dormitorio de Hogwarts, junto con Hermione, Ron y Harry Potter, completamente uniformada y casi infantil. A esta chica le fascinan las camisas de hombre que coloca junto a sus faldas de tablas, pantalones de cuadros y hasta shorts. Lleva un suéter en cuello V sobre la camisa o abrazando sus hombros. Como zapatos prefiere los mocasines o los bostonianos. Es clásica, sencilla y con un toque colegial, tal como los diseñadores estadounidenses Tommy Hilfiger, Ralph Lauren y la marca francesa Lacoste.

Algunas veces puede incluso usar corbata, parkas y abrigos, cubriéndose con una bufanda, sombrero y hasta orejeras, si hace mucho frío. Las medias gruesas hasta las rodillas o las mallas opacas le van perfectamente.

El atuendo para:

◆ Un día normal de trabajo: una camisa de popelina azul claro, con un suéter azul oscuro y pantalón de mezclilla hasta el tobillo. Mocasines marrón y un portafolios color miel.

◆ Una presentación a clientes: mismo portafolios, pero ahora lleva un traje sastre de falda y saco a cuadros, acompañada de una camisa rosa y unos zapatos de piso y traba estilo Mary Jane.

◆ Un evento formal: un vestido de crepé grueso en azul marino, mallas opacas y zapatos de traba en charol.

En cada uno de estos arquetipos hay un valor y una fuerza. Pero resulta más poderosa la que transmite más formalidad, elegancia y pulcritud que quien viste para llamar la atención o prefiere su comodidad por encima de su imagen. El punto es que el liderazgo y el poder llevan un costo que no todas estamos dispuestas a pagar.

Serpiente: ¿cuándo es demasiado?

Considero que las mujeres latinas le ponemos más importancia a nuestro arreglo personal, y eso es bueno. Sin embargo, a veces corremos el peligro de vernos exageradas y un tanto plásticas. Ya no hablemos de las personas cuya adicción a la cirugía las deja muy poco naturales, sino del exceso de maquillaje, de la sobrepoblación de elementos que la adornan o de que todo es grande: las pestañas postizas, el collar, los aretes, el cinturón, las uñas y los tacones. Eso, lejos de sumar, resta.

La elegancia es también mesura. Con ello no quiero decir que el minimalismo es mejor que el maximalismo. Ambos estilos bien aplicados funcionan de maravilla.

En mis conferencias sobre moda y en mis dos libros anteriores hablo de algo fundamental para evitar el efecto exagerado. Me refiero al punto focal en un atuendo: el lugar en el que se detiene el ojo, después de viajar por todo tu *outfit*. Me explico: cuando ves a una persona, inmediatamente tu ojo recorre su ropa y se detiene en algo que le llama la atención. Ése es el punto focal. En ese descanso hay interés, atracción y un leve momento de deleite. Por ejemplo, cuando una mujer lleva una colorida mascada, el ojo observa de manera rápida el conjunto que tiene frente a sí, pero se dirige a la mascada para analizar su textura y colorido. En este caso, es interesante saber que, por la cercanía de este accesorio al rostro, el siguiente punto en el que el ojo va a reparar es en la cara. ¿Quieres llamar la atención así? Pues provoca al ojo, poniéndote unos aretes divinos, un collar muy suntuoso o un sombrero original. Para llamar la mirada a tu estrecho torso, nada como un buen cinturón o unos botones de pedrería.

Cuando empieces a practicar el uso del punto focal, es importante que te límites a uno. Porque si pusieras una mascada, los botones de pedrería, un cinturón ancho y un sombrero, por decir algo, el ojo no podrá decidir en dónde parar y terminarás sintiendo una saturación que destruye el impacto deseado. Un solo objeto de admiración es suficiente. De ahí que si vas a usar una joya de grandes dimensiones, la mantengas aislada de otros accesorios.

Una vez que domines esta técnica, puedes comenzar a practicar usando dos puntos focales que no se compitan y que no confundan al ojo. Para lograr que funcione, lo mejor es que no haya demasiada información en un área determinada. Si llevas el pelo suelto y con volumen, no te pongas un cuello de piel sobre el abrigo porque esa cantidad de pelo no sólo lucirá exagerada, sino que el ojo se cansará al no distinguir dónde comienza uno y dónde termina el otro.

Un cinturón atractivo y unos aretes bellísimos, en cambio, se complementan, pero no compiten. Ésa es la única manera de que dos puntos focales convivan y te hagan lucir el estilo sofisticado que quieres proyectar.

EL MEJOR ACIERTO: VESTIR DE ACUERDO CON TU EDAD

"La moda puedes comprarla, pero el estilo lo posees. La clave del estilo es aprender quién eres, lo que toma años. No hay un mapa para el estilo. Se trata de autoexpresarte y, ante todo, actitud"

Iris Apfel

Con los avances médicos y tecnológicos, la posibilidad de vivir más años es ya una realidad. Pero lo que hace que una mujer se vea joven, tiene más que ver con su actitud que con su edad o la cantidad de tratamientos a los que se ha sometido.

Cuando nací, mi mamá acababa de cumplir los 40 años. En esa época, como ahora, se considera que a esa edad la mamá es muy madura, y si tomamos en cuenta que tuve otros ocho hermanos y que además mi madre perdió cinco bebés antes de mi nacimiento, me sigue sorprendiendo que ella jamás se vistió como una persona mayor. De hecho, muchas de sus amigas envejecieron en alma más velozmente y su manera de comportarse o de referirse a ellas mismas era como si estuvieran a punto de irse a un asilo. Pero mi madre nunca. Aunque no se vestía como sus hijas, siempre supo encontrar ropa que la hiciera verse vital y muy guapa, pero el largo de su falda, el tipo de escote o de sus zapatos eran de una mujer elegante y sin edad detectable, aunque muy propia.

Pero vestir sin edad es un estilo fantástico para las que ya pasamos los cuarenta. ¿La razón? Porque, salvo algunos casos contados, a partir de la cuarta década el cuerpo comienza a sufrir cambios que tienen que ver, en algunas mujeres con flacidez, en otras con kilos de más, celulitis, artritis, venas aparentes, etcétera.

Las jóvenes gozan, en su mayoría, de cuerpos firmes y todo parece estar en su lugar: los senos no se han caído, los glúteos están compactos, las piernas lisas y el rostro sin arrugas. De ahí que a esa edad la ropa pueda ser más ceñida y es más natural mostrar una buena cantidad de piel. El asunto es que, para el tema que aquí nos ocupa, el trabajo, ni llevar un vestido pegado ni mostrar el ombligo ayudarán a que esta chica sea tomada con seriedad en su carrera profesional. Por lo que, si bien puede aprovechar las ventajas de un cuerpo y un rostro juvenil, será conveniente que vista con un poco más de seriedad y discreción que si estuviera en una reunión de amigas o en clase en la universidad. Nadie quiere que luzca más grande, sólo que se vea más madura y responsable. Así que hay que evitar la ropa embarrada al cuerpo, eliminar las microfaldas, los shorts y las prendas con huecos o escotes. A cambio, puede darse el lujo de llevar colores y texturas más divertidas. Jugar con los accesorios y hacer combinaciones originales será parte de su reto. El maquillaje debe ser natural. Hay que eliminar el *glitter* y el *nail art*.

Para una mujer en los treinta, la transición es suave. Quizá las faldas bajen un poquitín hacia la rodilla y habrá algunas siluetas que no sean tan reveladoras. Pero, en general, son las mismas reglas que para las más jóvenes: se trata de verte elegante, cuidada, responsable y lista para ser líder. En esta edad ya tienes mayores posibilidades económicas, por lo que podrás invertir en mejores básicos y accesorios poderosos. "Es una edad en la que la mujer debe diferenciarse con piezas bonitas, no con los las piezas *it* del momento, sino con los vestidos y accesorios que le gustan y aportan personalidad", dicen Isabelle Thomas y Frédérique Veysset en su libro *Estilo parisino*.

Después de los cuarenta habrá cambios importantes. Suele suceder que las mujeres comen igual o menos y su cuerpo retiene más grasa. Las hormonas y la maduración empiezan a dar sorpresas y me temo que no todas positivas. Pero la buena noticia es que es tu espíritu el que jugará el papel más relevante para que conserves un *look* juvenil, sin que te pongas la ropa de una adolescente.

De los cuarenta en adelante, las mujeres se verán beneficiadas con la ropa con más estructura: vestidos y pantalones con telas más gruesas y pesadas que no permitan que se note la piel flácida o con celulitis. Sacos y chaquetas con forma para que abracen el cuerpo. Faldas un par de centímetros arriba y tantos como se desee debajo de la rodilla. Cinturones lindos para estilizar la silueta. Accesorios fabulosos para colocar el punto focal justo donde tenemos nuestro orgullo: un brazalete si tus brazos están firmes, un par de zapatos espectacular si tus piernas siempre han sido tu fuerte, un collar majestuoso para que tu rostro sea el protagonista.

"Envejecer es un pecado", dice Madonna, refiriéndose a una sociedad que no tolera las arrugas y los años que las acompañan. Por desgracia, lejos del ambiente del espectáculo, la situación no mejora. "La cultura en general y los medios en particular les dicen a las mujeres que pueden ser jóvenes más tiempo. No les dan la bienvenida a las mujeres maduras", asegura Rhodes. "Este especial escrutinio sobre la apariencia femenina pone a las mujeres en una situación de fracaso: las penaliza por querer demasiado o no lo suficiente y les resta atención a su mérito y desempeño". Por esto y otras razones, hay una necesidad, más allá de la vanidad, para desear vernos jóvenes, y si bien ya tenemos muchos recursos externos, como las cirugías, los tratamientos, el ejercicio, una buena alimentación, por nombrar únicamente algunos, sólo nuestra actitud puede darnos ese empuje para mantener la vitalidad, la curiosidad y la alegría de una chica joven.

Conservarse en el rango de edad al vestir, sin embargo, es importante porque no hay peores serpientes que ver a una jovencita vestida como una viejita o, peor aún, una mujer madura que quiere hacernos creer que, por tener un buen cuerpo, puede vestirse como una chica de 22 años sin verse fuera de lugar.

El margen de error suele ser mayor en un ambiente laboral, en el que todas, tengamos la edad que sea, debemos hacer patente que nos cuidamos y parte de ese trabajo tiene que ver con proyectarnos como mujeres inteligentes, prósperas, capaces de cumplir retos y entregar los mejores resultados. La única manera de lograrlo es vistiendo para triunfar.

JUVENTUD A PRUEBA
DE LOS AÑOS

Uriel Hedding es médico estético y en su clínica Hedding se dedica a regresar la esperanza de lozanía al rostro de sus pacientes, lo cual resulta muy importante para las mujeres que deseamos vernos guapas y sentirnos vigentes en nuestro mundo laboral. En Latinoamérica hay una gran cantidad de países obsesionados con los tratamientos que preservan la juventud, entre ellos Brasil, México, Colombia y Argentina. A continuación, este doctor dice el porqué.

Los estándares de belleza se han modificado con el tiempo, pero siempre hemos visto como una prioridad el hecho de verse bien. Así era desde las terapias de rejuvenecimiento en el antiguo Egipto, hace 2000 años, cuando Cleopatra utilizaba los palos de rosas para producir colágeno.

Actualmente, el procedimiento más común en las mujeres que quieren verse jóvenes es la toxina botulínica (botox), la cual, sin duda, sigue siendo el tratamiento más solicitado en todo el mundo, seguido por rellenos y después por aparatología. Sin embargo, hay que saber que los procedimientos no deben ser estandarizados de acuerdo con la edad, pues el proceso de envejecimiento no es el mismo en todas las razas, etnias y situaciones geográficas. Además, tenemos factores externos que pueden influir en la velocidad con la que envejecemos, tales como la actividad física, la alimentación, la exposición a los rayos solares, la calidad del sueño, el tabaquismo y el alcoholismo, entre otros. Pero si bien no podemos encasillarnos en las edades para recomendar ciertos tratamientos, sí es posible generalizar respecto de los que más comúnmente nos ayudan a retrasar el proceso de envejecimiento por décadas.

En los 20: en esta etapa de la vida todos los procesos metabólicos se encuentran al 100%, por lo que los únicos abordajes necesarios serán aquellos que hidratan y protegen del medio ambiente. La hidratación se realiza con ácido hialurónico inyectado, faciales desintoxicantes y la aplicación de una crema hidratante acompañada de una protección solar insistente; estos factores pueden prolongar la juventud. No obstante, la COLIPA (The European Cosmetic and Perfumery Association) recomienda hacer procedimientos preventivos en esta década, como la aplicación de dosis conservadoras de toxina botulínica para evitar la creación de arrugas.

Los 30: si bien todavía podemos considerar a la piel joven y plena, es aquí donde los primeros signos de envejecimiento se hacen visibles: encontramos deshidratación y aparición de las primeras líneas de expresión. En esta etapa, el abordaje preventivo y, en algunas pacientes, mínimamente correctivo nos permitirá prolongar los años de juventud. La utilización en casa de cosmecéuticos con un contenido medio de ácido retinoico o alguno de sus derivados y la hidratación con ácido hialurónico serán de gran utilidad para conservar la piel joven y prolongar los resultados de los tratamientos que se hagan en una clínica. Asimismo, la aplicación de hidratación profunda con ácido hialurónico, dosis medias de toxina botulínica e inyección de factores autólogos de crecimiento (plasma rico en plaquetas) son de alta utilidad para prevenir que progresen las líneas de expresión. También sería una edad ideal para preservar las células productoras de colágeno (fibroblastos) en un banco de criopreservación para ser utilizadas en una edad más avanzada.

Los 40: es aquí cuando los estragos de una piel que no ha sido protegida adecuadamente pueden verse o cuando la piel que ha llevado los cuidados necesarios saca lo mejor de sí. Al igual que en el resto de las edades, la hidratación es indispensable. Se puede elegir ácido hialurónico y agregar ácido lactobiónico en las cremas, además de la inclusión de antioxidantes, como q10, omega, y vitaminas C y E. Éste es el momento para pensar en terapias que no sólo previenen, sino que también restauran: como las de luz pulsada intensa y el láser, que hacen su trabajo promoviendo la regeneración de la piel; los *peelings* que recambian las capas superficiales y medias de la piel y la inyección de factores autólogos de transferencia. Por último, la reposición de volúmenes perdidos con inyección de rellenos basados en ácido hialurónico y la aplicación de dosis estándares de toxina botulínica para arrugas en las patas de gallo, entrecejo y frente permitirán retrasar aún más la aparición de otras.

En los 50: llegó el momento de corregir lo que haya que corregir. Definitivamente, por muy intensos que hayan sido los cuidados previos, en este momento notaremos los estragos del metabolismo. La presencia de una piel más fina, sin tanta hidratación y con signos de envejecimiento, es evidente. Los procedimientos preventivos siguen teniendo lugar, pero es tiempo de pensar en algo más. Si congelaste tus células, es momento de usarlas. La aplicación de volúmenes distribuidos en distintas partes de la anatomía facial nos ayudará a mantener la piel en su lugar. Se puede utilizar el legendario ácido hialurónico, pues es ideal porque hidrata, rellena y tensiona la piel. Pero también podemos echar mano de otros dos materiales de relleno que tienen un poder de *lifting* superior, como la hidroxiapatita de calcio o la policarpolactona, que promete producir cantidades nunca antes vistas de colágeno. La inyección de toxina botulínica dos veces al año es ideal, además de no limitarla sólo al tercio superior de la cara, pues es factible trabajar en el cuello y escote para prevenir la formación de nuevas líneas de expresión o arrugas. Todo lo anterior, aunado a los procedimientos utilizados en las décadas anteriores, permitirá llegar al siguiente nivel con una piel más firme.

Los 60 y más: es la edad de oro, pues hay que sacar provecho de la experiencia y mostrar lo mejor de ti. Si has cuidado tu piel de manera adecuada, notarás que, a pesar de esto, los signos de envejecimiento y la fuerza de gravedad no pasan desapercibidos. Sin embargo, no todo es malo. El día de hoy contamos con tanta tecnología, que, bien aplicada por las manos de un profesional, te permitirá seguir sintiéndote joven. Si bien sería el momento de considerar un procedimiento quirúrgico, no todo es quirófano. Hay reposición de volúmenes, tracción de tejidos, hilos tensores, rellenos, toxina botulínica, tratamientos regenerativos, que van de la mano contigo. Aunque los procedimientos que se ofrecen para rejuvenecer ahora no sustituyen a la cirugía, sí amplían el panorama para las mujeres que no habían considerado operarse, pero que quieren lucir mejor. No todos los procedimientos terminan aquí. Los avances en medicina estética y dermocosmética nos han alcanzado y hoy se pueden elegir alternativas de rejuvenecimiento prácticamente para cada etapa de la vida... hasta los 120 años.

Lo que resulta contraproducente es acudir con un profesional de la salud que no está actualizado o tratar de incidir el abordaje terapéutico para convencer al médico de que necesitas más de lo que él considera favorable. La sobrecorrección, volúmenes excesivos e inyección de toxina botulínica en grandes cantidades no permitirán que tengas tus expresiones normales, lo que te hará lucir antinatural. Es preferible tener unas pequeñas líneas de expresión antes que parecer artificial. Pero hay que recordar que un beneficio de los procedimientos no invasivos es que todos son reversibles, a diferencia de los procedimientos quirúrgicos.

Sabemos que este tipo de procedimientos únicamente ayudan a reparar el paso de los años en la piel, así como los signos de envejecimiento. Pero eso es sólo el 50%, el otro 50% es la actitud. En conjunto con tu forma de hablar, de vestir y de conducirte, los procedimientos estéticos pueden hacerte lucir mucho más jovial, pues no se trata sólo de lucir más joven, sino de verte lo mejor posible.

En el mundo de la medicina estética usamos el dicho "menos es más". Esto quiere decir que es preferible ir haciendo pequeños procedimientos a lo largo del año y verse natural, que querer corregir y reparar todo en una sola sesión, lo que podría conducir a resultados no estéticos. En la consulta diaria yo prefiero una paciente que regrese a la semana y me diga: "Me faltó un poco de botox" a una paciente que diga: "Perdí la expresión porque fue demasiado". ♦

Capítulo 4

REGLAS NO ESCRITAS:
tu medio ambiente

Así como cada país tiene una cultura, en toda profesión y ámbito de trabajo prevalece un código de vestimenta. ¿Alguna vez te has preguntado por qué no hay médicos tatuados o con las uñas pintadas de barniz negro? Bueno, pues se debe a que la pulcritud y la salud van de la mano. No es que alguien tatuado sea sucio o si lleva las manos perfectamente manicuradas y la elección de esmalte sea oscuro tenga que dar mala impresión. Pero para efectos de una consulta médica, el doctor, sea hombre o mujer, debe lucir impecable, sus uñas cortas, sus manos tersas y libres de manchas para darles a sus pacientes la confianza y así permitan que los revisen.

En un despacho de abogados es preciso encontrar a los hombres vestidos de traje y a las mujeres con un atuendo de una formalidad similar. Quizás un vestido oscuro y liso, acompañado con joyería discreta y unos hermosos zapatos de tacón.

Entonces, hay que aprender a entender esa cultura y a detectar el tipo de guardarropa que hay que construir para encontrar la escalera al siguiente nivel. "Cuando construyes un `uniforme laboral´", dice Karen Homer en su libro *The Well-Dressed Lady's Pocket Guide* (El libro de bolsillo de la dama bien vestida), "es esencial tomar en consideración la naturaleza de tu profesión y encontrar pistas de lo que otras mujeres (particularmente tu jefa) están usando". Ante la duda, no pierdas más tiempo ni sumes estrés: pregúntale a una mujer que ocupe un puesto mejor y déjate guiar.

Para vestir no para el puesto que te han asignado, sino para uno superior, siempre recuerda que la ropa justa o reveladora le resta a tu imagen profesional. Pero no se trata de llevar la ropa que te ayude a lograrlo sólo cuando viene el jefe o hay junta con los directivos, sino todo el tiempo. Te sorprenderías de las veces que me he fijado en cómo viste la asistente o la recepcionista. No importa cuál es tu lugar en el organigrama, nunca eres transparente. Por el contrario, tu ropa siempre será una herramienta de trabajo que te hará subir más escalones de los que puedas imaginar.

A las chicas que trabajan en mi equipo siempre les digo que vistan como si fueran a cenar con el director de la empresa. Nunca se sabe cuándo llegará esa oportunidad y hay que estar listas para ella. Pero no falta la ocasión en la que sales a comprar comida y te topas con tu peor enemiga y, tienes que sentirte poderosa. O incluso, puedes tropezarte con tu ex y obviamente es imperativo que luzcas divina. Un día sucedió, que una importante cliente invitó a viajar a una de las chicas de mi equipo para asistir a un evento. Mi editora se sentía nerviosa y me preguntó qué debía ponerse. Traté de sugerirle algunas opciones seguras que la harían verse a la altura de su puesto y de la ocasión. Pero, para mi sorpresa, a su regreso mi cliente llamó para comentarme que la editora no había llevado la ropa adecuada. "Quería verme un tanto casual", me dijo la editora. Entonces, aunque fuera demasiado tarde tuve que remarcarle: "Debiste espejarte, si nuestra cliente siempre va arreglada formalmente, hay que replicar su código de vestimenta".

La sincronía o el efecto espejo de la imagen profesional es la mejor fórmula para tener éxito.

De hecho, en el trabajo siempre es mejor formal que informal. Siempre. Tal como sucede cuando una

persona te invita a cenar, si llegas muy elegante se siente halagada, si vas como si acabaras de llegar del gimnasio, parecerá que
no tienes respeto ni le das importancia a su hogar y a su esfuerzo
por recibirte. Lo mismo sucede con tus jefes: ellos esperan que
vistas a la altura de su confianza y profesionalismo, aunque sea
durante un almuerzo o una fiesta.

Todas las mañanas tienes que vestirte, ¿por qué no hacerlo
con el ánimo de triunfar? Sin embargo, hay cuestiones que debes
considerar: si vas a caminar mucho ese día, si debes tomar un
avión y eres friolenta, si tienes una cena inmediatamente después de que salgas de la oficina. Estas cuestiones van a ser determinantes para que la elección de tu ropa sea adecuada. Planea y
opta por tus mejores opciones para cada escenario. No hay lugar
o situación en la que debas bajar la guardia.

HABLAR ANTE TODOS: PRESENTACIÓN EN PÚBLICO

Si hablar frente a tus jefes es ya un reto, hacerlo con un público
más amplio es verdaderamente el sitio en donde está la escalera
para subir o la serpiente para descender al cuadro uno en el tablero del éxito.

Más adelante hablaremos de la mejor forma de preparar el
contenido de lo que vas a decir al hablar en público. Pero por
ahora nos concentraremos en tu imagen al hacerlo, pues tú serás
tu mejor apoyo visual durante tu exposición.

"La ropa es en última instancia el traje de armadura con el
que librarás la batalla con el mundo", dice Amoruso y agrega: "la

seguridad es más atractiva que cualquier cosa que puedas poner en tu cuerpo". Cierto. Pero es necesario conjugar ambas cosas: un atuendo de 10 y la seguridad que te da llevarlo puesto.

Para el momento en que te asignan dar una presentación ante una audiencia especializada o una conferencia en una convención, has subido algunas escaleras y logrado utilizar tu imagen para que tus jefes, clientes o colegas crean en ti. Ahora te toca tomar el escenario y consumarte como la líder que eres.

¿Qué debes considerar? Bueno, lo primero es ser coherente y consistente con la cultura profesional en la que estás inmersa. O, por decirlo de otra manera, vestir como la mejor versión de una investigadora, periodista, editora o doctora, lo que exija tu carrera. Ya cuentas con un guardarropa eficaz y conoces el código profesional, así que únicamente resta elegir el *outfit* para cumplir tu papel frente al público.

Los colores oscuros son fantásticos porque denotan autoridad. Pero si te mueves en un ambiente laboral de creativos, moda, medios de comunicación, espectáculos y hasta política, puedes darte el lujo de robarte una tonalidad de las piedras preciosas: esmeralda, rubí, zafiro o amatista, que son lujosas, pero no escandalosas.

Debes elegir una silueta con estructura y eliminar transparencias, brillos, encajes o asimetrías, pues tu ropa debe favorecerte, pero sin llamar en exceso la atención. Un traje sastre de falda o pantalón, un vestido sencillo, pero elegante son mejores opciones que una coordinación de falda o pantalón con blusa. Porque el saco te confiere autoridad y credibilidad.

Elige unos zapatos altos, pero que no sean una tortura durante el tiempo que tienes que estar parada. Una vez más apuesta por un estilo que sea hermoso, pero no protagónico. No es momento de ponerte los Manolo de hebilla de brillantes, sino los Louboutin color piel que te alargan la pierna y mantienen tu postura erguida. Eso sí, que sean zapatos que te hagan sentir maravillosa y te permitan estar parada por una hora completa.

Restringe tus accesorios al mínimo. Elimina todo lo que hace ruido o estorba visualmente para moverte o cuando te colocan un micrófono inalámbrico o uno con diadema. Prefiere aquello que complemente a tu atuendo y te dé luz al rostro.

Elige algo que te haga sentir poderosa y que, al mismo tiempo, te dé libertad de movimiento. Si es un saco, recuerda que al moverte se puede deformar, por lo que necesitarás verte al espejo para definir si debes llevarlo abierto o cerrado.

Conserva el maquillaje con el mismo estilo que lo usas, pero acentuando ligeramente su intensidad para que bajo los reflectores y en las pantallas luzcas preciosa. Procura que tu peinado sea suave, pero pulido. Es decir, no quieres que se vea como un casco lleno de spray o gel, ni tampoco tener muchos pelitos al aire que distraigan de tu charla.

HABLA MIENTRAS TU ROPA CALLA

Gwen Marder trabajó como editora de Moda de varias revistas, como *Vogue México, Lears y Cosmopolitan*. Hoy en día es directora de Moda en el canal *Fox News*, en el que viste aproximadamente a 90 mujeres para que aparezcan en la televisión estadounidense todos los días. Enseguida, lo que ella recomienda para vestir con credibilidad frente o detrás de la cámara:

Una mujer debe tener en su guardarropa un vestido espectacular, preferentemente negro o azul marino, con un maravilloso saco que le quede perfecto y coordine con el resto de sus prendas. También es importante poseer un traje sastreado negro o azul marino que use con zapatos cerrados de tacón. Ese traje de pantalón y saco estructurado puede llevarlo con una camisola ceñida al cuerpo. Asimismo, debe agregar algunas piezas sueltas fáciles que combinen con lo anterior, como chaquetas, vestidos, pantalones y camisolas.

Lo más importante es que la ropa te quede bien y demuestre la forma en que te presentas a ti misma.

En tu guardarropa puedes agregar color de vez en cuando. Amo esos vestidos que tienen cuello redondo o en V, sin mangas, pues siempre puedes ponerles un cárdigan de *cashmere* encima si hace frío. Eso es importante porque, si no quieres usar un saco o deseas ser menos formal, un suéter abierto funciona muy bien.

Pero el estilo no tiene que ser nada elaborado, creo que cuando comienza a ser más complicado hay mayor riesgo de equivocarse. Un guardarropa debe ser minimalista.

Para aparecer en un programa de televisión, la ropa debe quedarte muy bien porque eso es lo que te dará credibilidad. Porque si estás frente a la cámara y tu chaqueta es demasiado grande, tu ropa está arrugada, tus mangas son demasiado largas, algo se te asoma bajo la ropa o la falda está muy corta, esos detalles te restan presencia y distraen de lo que tienes que decir. Y la gente va a poner atención sólo al cuello chueco, así que creo que el fit es muy importante.

En caso de que tengas sobrepeso, no debes usar ropa ceñida. Es mejor optar por prendas más holgadas y generosas. Pero también creo que las chaquetas con una falda funcionan, lo mismo que un vestido en línea A, en una tela pesada que no muestre los kilos de más. Si quieres verte más delgada, debes usar colores oscuros. Ah, y no olvides llevar algo debajo de la ropa, como las fajas, que son una prenda íntima con control.

Cuando pretendes verte más alta, usa zapatos de tacón o plataforma con unos pantalones que los cubran para que la gente no los note. Debes usar tops más cortos y el talle imperio te ayudará. También mostrar piel puede favorecerte, pero hay que tener cuidado si tus brazos no están firmes.

No necesitas bolsa en la TV, pero si vas a una entrevista en la alfombra roja, por ejemplo, debes tener una bolsa bonita, nada de flecos colgantes ni detalles por el estilo. También debe ser estructurada.

Además, considero que, en la TV, el color toma una importancia que quizá no tenga en tu vida real. Esto es porque la gente realmente tiene una reacción visceral ante el color. Hay algunos estudios sobre la manera en que nos afectan emocionalmente y, sin duda, hay ciertos tonos que hacen que la gente se sienta bien, más contenta. Por ejemplo, cuando ves un amarillo, internamente hay una sensación de felicidad. Por eso, para las conductoras de televisión, yo siempre busco ropa en tonos brillantes.

Pero hay que tener cuidado de que la ropa no sea excesivamente protagónica. Cuando te entrevistan en la tele, especialmente si estás en un noticiero, hay que usar joyería simple. Yo siempre recomiendo a las mujeres que usen aretes colgantes, pero nada demasiado llamativo. En cambio, no funciona que usen collares ni pulseras porque hacen ruido e interfieren con los micrófonos y no quieres que nada distraiga al televidente de lo que tienes que decir. La otra noche estaba una de nuestras conductoras de noticias en la tele, ella llevaba un traje hermoso y tenía un broche grande en la solapa y yo no podía concentrarme en lo que decía, pues era imposible dejar de ver su broche y me preguntaba: "¿Por qué está usando ese estúpido accesorio?". Es un elemento que te distrae y te hace ruido en el cerebro.

Si tienes el pelo largo, debes usar un cuello muy simple, como uno redondo o en V y eliminar los holanes. Si tienes el pelo muy corto y no interfiere con tu cuello, puedes darte la libertad de usar estilos más elaborados con escarolas. En las noticias, en donde la toma de la cámara es de la cintura para arriba, creo que funciona un moño o nudo en el cuello. Pero procura que sea del mismo color y material de tu blusa o top, no diferente. Eso siempre agrega un poco de drama, pero sólo funciona con un peinado corto, de otra manera hay demasiada información en esa área.

Para mí, elegancia es una actitud. Es la manera en que te presentas. Cada vez que oigo la palabra elegante quiero corregir mi postura: ponerme derecha y llevar mi cabeza en alto. La elegancia viene de tener cierto decoro. La persona que es cálida y agradable, lo es porque hace sentir a las personas confortables. No se trata necesariamente del físico. Pero si no estás vestida correctamente, la ropa te lleva a ti y no al contrario.

El estilo habla de creatividad, de una persona que toma algo inesperado y lo usa de una manera que se ve estupendo.

En cambio, poder es confianza, seguridad, no sólo en lo que tienes que decir, sino en lo que eres y en lo que crees. ♦

PRESENTACIÓN A COLEGAS: EL ARTE DE DESPUNTAR

Es verdad que hablar ante un público es un reto increíblemente fuerte, pero no hay que minimizar el impacto que tiene hacerlo ante tus jefes y colegas en una junta o cuando estás exponiendo un proyecto. No sólo son la adrenalina y el estrés que genera un evento así, porque de esa presentación puede depender tu futuro, pero también puedes despertar celos, envidias o comentarios negativos cuando no estás a la altura de tu tarea. Adicionalmente, hay una cuestión de cercanía que hace más familiar la situación y puede llegar a confundirte al pensar que es un día como cualquier otro. ¡Error! Si vas a hacer una presentación, no importa si es a tu equipo, a tus colegas, a tus jefes, a los jefes de tus jefes o a todos a la vez, debes tomar este asunto seriamente. Un estudio en Harvard determinó que los colegas suelen medir tu competencia en milésimas de segundos, basándose únicamente en tu apariencia.

Ya hablaremos de la preparación del material más adelante. Por lo pronto, nos enfocaremos en la forma en que te presentarás ante todos. ¿Recuerdas la pose de la Mujer Maravilla? Pues es un buen momento para practicarla. Debes entrar a la sala de juntas con la cabeza en alto, hombros echados para atrás y espalda erguida completamente.

Tu peinado bien pulido, un maquillaje cuidado y tus uñas impecables. La ropa debe ser de semiformal a formal. Un vestido, por ejemplo, con zapatos de tacón y un saco encima. Si tu ambiente de trabajo es muy casual, no caigas en la tentación de ir en jeans. Lleva un traje de pantalón y saco, con una blusa linda.

Al momento que tienes que hablar, lo mejor es que te levantes porque así podrás proyectar tu voz, mirar a todos a los ojos y también te facilitarás el movimiento de un lado al otro del escenario.

Pero nada de lo anterior será relevante si no vives el momento. Deja de lado esos pensamientos sobre si estás suficientemente guapa o delgada, olvídate de los juicios de valor respecto de tu manera de decir las cosas. No pienses por los demás, eso sólo te llevará hacia las serpientes. Mejor goza por estar ahí, siéntete agradecida de la oportunidad de hacer esa presentación y de la gran experiencia que eso te dará. Habita tu cuerpo con todo tu espíritu y sube segura la escalera al éxito.

DIVERSIÓN CON LÍMITES: FIESTAS DE TRABAJO

Podría escribir un libro sobre lo que he visto en las fiestas de trabajo. Pero me temo que estaría en la categoría del terror.

Una de las peores combinaciones que pueden darse son el mal gusto y el alcohol. Hablemos de la primera: mucha gente cree que si se trata de una fiesta puede echar al bote de basura el protocolo y la elegancia que requiere un trabajo. Entonces llevan ese vestidito con el que parecen un embutido y prácticamente todo queda a la vista: transparencias, escotes, ropa interior que se asoma, prendas excesivamente cortas, maquillajes exagerados y peinados alborotados. Me pregunto qué pretenden al vestirse así. ¿Destrozar su reputación en una sola foto de Instagram o llevarse a la cama a alguien que está en su misma nómina?

Es probable que las intenciones sean buenas: que las chicas decidan tomar la oportunidad de mostrar sus atributos, sacar el vestido que tanto les gusta llevarse al antro y divertirse un poco, nada más. Pero lo cierto es que una de esas serpientes puede ser peligrosamente resbalosa y llevar todo el trabajo que se ha hecho al fondo del tablero.

Si a eso le sumamos que todos, los bien vestidos y los pésimamente mal arreglados, beben alcohol, están relajados e incluso un tanto eufóricos con las fiestas y la llegada de las vacaciones, el resultado puede ser una bomba atómica. Se generan romances en donde antes había relaciones cordiales de colegas, pero duran una noche y se pagan el resto del tiempo que pasan en ese empleo. Al calor de la noche hay baile, besos, peleas y muchas cosas más que jamás sucederían si los asistentes a esas celebraciones mantuvieran su cabeza enfocada en la realidad: no se trata de una fiesta entre amigos, sino de un evento laboral. Disfrazado sí, pero es una prueba de profesionalismo tan importante como cualquier junta o presentación de trabajo.

Empieza con una escalera segura: vístete bien, como la dama que eres. Elegante, quizás un labial más subido de tono, tal vez te das el lujo de ponerte un perfume caro, pero tu ropa y arreglo no son para conquistar las miradas de uno o más hombres. Por el contrario, lo que quieres es demostrar que en todas las situaciones eres igualmente responsable, confiable y profesional.

Te puedes divertir, pero debes cuidarte de no beber mucho. Se vale bailar, pero siempre guardando la cordura y buen juicio. Créeme, es mejor parecer más aburrida de lo que puedes ser con tus amigos íntimos que arrepentirte por siempre al confundir ambientes y terminar siendo la burla de tus compañeros al día siguiente.

Algo importante para recordar es que si eres la anfitriona debes redoblar tus cuidados para verte radiante, estar bien arreglada y beber poco o nada para sentirte en control en todo momento.

CASUAL FRIDAY: NO SIGNIFICA DESALIÑADA

Vivir en Nueva York me permitió deleitarme con la elegancia
que impera en esa gran ciudad. Sus mujeres visten toda clase
de lujosas prendas en pieles, cueros, lanas y *cashmeres* para el invierno, pero cuando llega el verano y su terrible humedad, la vestimenta de las oficinas sufre un franco deterioro. Lo que fueron
suéteres de punto grueso acompañados de sacos totalmente estructurados se convierten en camisolas de algodón con tirantes
de spaghetti y ya, sin nada más. Las botas de cuero negro se vuelven sandalias, en el mejor de los casos. Digo en el mejor porque
no falta la mujer que llega a trabajar en flip flops, las sandalias
plásticas conocidas popularmente como chanclas de pata de gallo. Es como si hubieran transportado la playa a su trabajo.

Perder el estilo el viernes es una trampa igualmente común. Se
asume que Casual Friday significa vestir como si ya fuera sábado
y ahí está el error. El hecho de distinguir el último día laboral del
resto de la semana lleva sólo el propósito de que los hombres se
vistan sin corbata, incluso con una polo estilosa, mientras que a
las mujeres se les da luz verde para bajarle un par de centímetros
a sus tacones y también relajar un poco más la ropa.

Los jeans, tanto para hombres como para mujeres, están per-
mitidos. Pero hay que tener cuidado de coordinarlos para subir-

les el nivel de sofisticación. "Nosotros no podemos quejarnos del código de vestimenta de lunes a jueves, pues trabajamos en *Vogue.com* después de todo, y podemos experimentar con un vestido *vintage* o unas botas locas que nos sorprendan", dice la directora de noticias de esa publicación, Emma Elwick-Bates. "Pero para el momento que llega el viernes, ya estamos listas para algo más sencillo. Eso casi siempre incluye mezclilla, ya sea unos skinny jeans elásticos, una chaqueta extragrande o unos Levi´s muy usados. Algunas editoras de *Vogue* tienen estrategias específicas: `Mientras más elegantes sean los jeans, más casuales serán los zapatos´".

Retomando lo que dice Emma, lo opuesto también funciona de maravilla: si llevas unos jeans gastados o con hoyos, coordínalos con unos zapatos elegantes, pueden ser tan vestidores como un par de zapatillas de noche. También debes poner el énfasis estiloso en los accesorios: amárrate una hermosa mascada al cuello, lleva un collar protagónico de pedrería, ponte un chaleco de piel lujosa.

Cuando el ambiente es creativo y se presta a que uses tenis en ese día, procura que no sean los que utilizas para hacer ejercicio. Éste es el momento de llevar ese par de tenis dorados, con aplicaciones o que son simplemente de cuero.

Arréglate como si fuera lunes, en una versión más cómoda, pero jamás parezcas como si estuvieras en el supermercado el domingo por la mañana. Los pants para hacer ejercicio son una serpiente segura, lo mismo que las chanclas de plástico y las t-shirts viejas o de equipos de futbol.

Prendas en denim que te ayudarán a vestir en viernes:

◆ Los skinny jeans: los puedes coordinar con un blusón, una chaqueta amplia o un blazer tipo masculino. Pero sigue la regla de arriba: si el *outfit* luce casual, inyéctale glamour con unos zapatos altos. Si la blusa o el saco es formal, puedes optar por unos lindos flats o darle un twist creativo con un par de tenis.

◆ Los rotos: a pesar de que son portables por estar de moda, su vida es pasajera, pero habrá que considerarlos en tu guardarropa del viernes siempre que los lleves con una prenda superior más formal: una camisa de algodón, una blusa de seda, una chaqueta de *tweed*. Los zapatos deben ser más sofisticados para no verte desaliñada: unos flats con pedrería o unas sandalias metálicas que muestren tu impecable pedicure.

◆ Los *boyfriend*: este modelo ancho, que puedes robarte de tu novio, siempre será menos revelador y tendrá un toque irreverente. Cásalo con un top ceñido para que se note que alguien delgada habita allá adentro. Súbele el nivel con unos botines altos o hazlos totalmente masculinos con unos zapatos bostonianos.

◆ Los acampanados: son fantásticos para darte altura si debajo de ellos colocas unas altísimas plataformas y haces que las piernas amplias del pantalón las cubran en su totalidad. Combina con prendas superiores más estrechas para balancear la silueta.

◆ Los *bootcut*: que bajan rectos, pero amplían su pierna ligeramente para permitir que te pongas unas botas abajo. Suelen ser más favorecedores para las chicas de caderas amplias o demasiado *derrière* porque no las hacen lucir tan voluptuosas. Hay que aparearlos con una blusa femenina y accesorios lujosos.

◆ Los rectos: el estilo más clásico y también favorecedor, cae derecho sin ajustar en exceso, pero queda muy cerca del tobillo. Por su silueta estrecha permite darte vuelo con volumen, holanes o mucha tela en la prenda superior. Ayuda a estilizarlo si lo llevas con tacones sexys.

◆ Los de color: son un buen toque para la primavera y el verano. Pueden funcionar de maravilla para encarnar el estilo marinero, pero dales la oportunidad de superar ese estereotipo coordinando tus jeans con un buen saco, una blusa sedosa, zapatos divinos y tu mejor bolsa de diseñador.

◆ La camisa: para que luzca pulida, llévala con una falda lápiz que marque tu silueta o con un pantalón de vestir. Dale luz con una mascada colorida, un collar hermoso o unos aretes tipo candelero. Para un *look* más casual, llévalas como si fueran un saco sobre tu vestido o t-shirt.

◆ La chaqueta: entre más ceñida y cercana a la cintura, lucirá más chic. Úsala combinada con un suéter de *cashmere* y una mascada. Agrégale prendedores de pedrería para darle un *upgrade*. Lleva una camisa blanca impecable para un *look* casual chic.

Prefiere la mezclilla oscura a la clara, desgastada o con algún lavado tipo nieve porque resulta más versátil y es más favorecedora para cualquier tipo de cuerpo. Evita los bigotes, los desgastes demasiado evidentes y los que llevan remaches.

¿CÓMO VERTE DE UN MILLÓN DE DÓLARES SIN HIPOTECAR LA CASA?

He trabajado en revistas de alta moda y adoro que estas publicaciones nos transportan a un mundo lujoso y exquisito. Pero me fascina el poder que inyectaba una revista como *Glamour* porque, al mostrar ropa cara y también accesible, nos hacía sentir que pertenecíamos a ese mundo y podíamos adquirir un gran estilo sin embargar nuestra casa para conseguirlo. Mi amigo Antonio González de Cosío, colega y coautor de mi libro *El poder de la ropa*, dice algo que me encanta: "Cuando me siento mal, me visto bien". Toma su ejemplo e inyecta actitud y energía a tu autoestima con el *outfit* perfecto.

Hoy en día hay tal cantidad de marcas finas como masivas y la moda puede conseguirse a todo precio, en cualquier talla y para cada estilo de mujer. Ya no es necesario vestir de pies a cabeza de un diseñador, mostrar los logos para demostrar que eres próspera ni llevar el último grito de la moda para sentirte feliz con tu estilo. La mujer inteligente para comprar sabe construir un guardarropa con piezas caras y otras accesibles. Conoce la manera de coordinar estas prendas y que se vean como de un millón de dólares. También se vale intervenir las prendas agregándoles bordados, aplicaciones, encajes o simplemente accesorios que les suban el nivel y las conviertan en una prenda personalizada y con tu propio estilo.

Pero ¿en qué tienes que fijarte antes de comprar una prenda, sea del precio y marca que sea, para que se vea cara en ti?

◆ Los materiales: la tela que se ve fina y tiene un buen tacto se distingue por su calidad. Un *tweed*, una tafeta, un crepé y hasta una mezclilla fina son, a todas luces, la escalera que necesitas para darle un *upgrade* a tu atuendo. El material corriente tiene un tacto rasposo, luce duro u ordinario, incluso se ve desgastado en las tiendas, jalado o decolorado.

◆ Las siluetas: las prendas que tienen un gran *fit* al cuerpo, pues no quedan demasiado justas ni excesivamente holgadas, que enfatizan la cintura y favorecen brazos y piernas, son ideales para verse y sentirse millonaria. El misterio es el mejor amigo de la mujer, así que una prenda lujosa no debe nunca revelar demasiado el cuerpo. Insinuar sí, pero siempre con elegancia y discreción. Por cierto, el mejor amigo de una buena silueta es el sastre. Visítalo cuando necesites ajustes en la ropa, no te arrepentirás.

◆ Los acabados: el buen corte, la excelente confección, que los ojales estén bien hechos, las hombreras estén en el lugar apropiado, las mangas caigan ligeramente hacia delante, si hay rayas o cuadros deben coincidir al unirse en una costura y los *zippers* no estén fruncidos o se ondulen y tanto los botones como los herrajes se vean de buena calidad harán que cualquier prenda se vea costosa. Las costuras deben ser firmes, si volteas la prenda al revés podrás comprobar que el trabajo de confección se ve limpio.

◆ Los colores: hay tonos elegantes por excelencia, como el negro, el gris Oxford, el azul marino, el arena y el blanco. Los colores de las piedras preciosas, como el rubí, la amatista, el zafiro y la esmeralda, también impactan por su suntuosidad.

◆ Los complementos: una mascada de seda pesada, una estola de piel suave, una bolsa de cuero impecable, unos zapatos de tacón y punta estilizados siempre serán perfectos para elevarte a una mejor posición laboral.

◆ Las joyas: desde un reloj de marca hasta los anillos de cristales que simulan diamantes son escalones firmes para ascender. Lo importante no es sólo que se vean hermosos, sino que también resalten tu belleza y distinción.

Compra con inteligencia. Empieza por los básicos, invierte en ellos, elígelos por calidad, pero también porque van con tu estilo y el resto de tu guardarropa. No caigas en la tentación de comprar lo último en la pasarela sólo para demostrar tu poder. Piensa si esa pieza sobrevivirá más de una temporada, si te queda fabulosa y si te hace sentir divina. Lo mismo va por tus productos de belleza, el tinte de tu pelo o el aroma de tu perfume. Tienes que buscar esa seguridad que te brinda sentirte cuidada y estilosa. Si a todo contestaste sí, pues hazlos tuyos.

Serpiente: cuando no hay justo medio

La exageración es una gran serpiente. Esto sucede si usas mucho maquillaje, cuando tu perfume huele a kilómetros de distancia o has decidido llenar de cristales de colores tus uñas largas y puntiagudas. Yo no voy a tratar de convencerte de que siempre menos es más, pero la mesura lleva a la elegancia.

La clave, como hemos visto, tiene que ver con el manejo del punto o los puntos focales. Pero en tu *look* también están incluidos tu elección del tinte para el pelo, del corte y peinado, maquillaje, tatuajes, uñas, fragancia y todo lo que, sin hablar, dice tantas cosas de ti.

Edita, dosifica y elige las prendas, accesorios y el arreglo que trabajarán para ayudarte a subir más escaleras.

DEL DÍA A LA NOCHE: TRANSICIÓN A FORMAL

Si vives en una ciudad grande o tu trabajo no queda cerca de tu casa, será preciso que hagas planes desde la mañana para salir de casa con un atuendo que pueda transformarse en un *outfit* de tarde o noche.

Lo más funcional es tomar un *outfit* básico y llevar los complementos puestos para el día y en un portatraje para la noche. Un abrigo de brocado, un saco en *tweed* o una chaqueta de piel pueden darle ese *upgrade* a un vestido liso, sin contar con que los zapatos metálicos o con pedrería, así como unos aretes fabulosos, lograrán el efecto deseado.

El negro es el color más fácil para hacer la transición del día a la noche y, sin duda, un vestido de ese tono es lo primero que se viene a la mente. Pero también funciona un traje de saco y falda o pantalón. Hay que considerar que la prenda base debe lucir impecable después de varias horas de trabajo, por lo cual es indispensable que no se ensucie ni se arrugue en ese lapso.

También debes tener un kit de maquillaje y peinado en la oficina, que transforme tu *look* hacia uno más elaborado. Por ejemplo, recoge tu pelo y rodea tu cabeza con una diadema delgadita de cristales, ponte un poco de sombras en los párpados para rematar con un *cat eye* más largo y pronunciado, afina tu rostro con iluminadores y *blush*, aplica un labial tipo laca en un tono llamativo y... *voilà!*

EMPACA Y TRIUNFA

Ya sea que empaques hasta el perico o seas muy ahorrativa cuando se trata de viajar, es importante que consideres que no estás planeando un paseo placentero en familia ni con amigos, sino un trabajo fuera de casa, y tu estilo profesional debe ser la clave para elegir las prendas y accesorios adecuados.

Lo más fácil, y reconozco que yo lo hago cuando estoy cansada, si el viaje es demasiado largo o, simplemente, no quiero pasar horas empacando es tener el color negro como base. Es decir, los básicos más importantes serán de ese color: un vestido convertible para el día o la noche (ideal para trabajar, pero también para salir a cenar), una falda formal, un pantalón de vestir, unos jeans, un cárdigan, una blusa, una t-shirt, una chaqueta de cuero, un saco, un par de zapatos de tacón, unos flats y unos botines; todos negros. Después agrega toques de otro tono básico, como el blanco: una t-shirt, una camisa, un saco y unos tenis. Por último, agrega otro color fuerte, digamos el rojo: una mascada, un par de zapatos, una blusa, un abrigo y una bolsa.

Cuando viajo a los desfiles en París, por ejemplo, no me puedo dar el lujo de vestirme con tal monocromía. Sin embargo, como la mayor parte de mis piezas básicas son negras y las distintivas tienen color, hago una sana mezcla entre ellas. Puedo llevar dos faldas metálicas que no se arruguen mucho, un cárdigan liso (que puedo usar debajo de mi saco si hace frío o en el avión cuando quiero relajarme), un par de sacos lisos y muchas blusas para combinar con jeans y pantalones de vestir. Para no cargar miles de zapatos que pesan y se maltratan, elijo un par de zapatos para ocasiones formales, por ejemplo, unos dorados de tacón alto. Después agrego unos de tacón medio con los que pueda caminar y me vea formal si entro a un restaurante o tengo que ir a citas en oficinas. Pero nunca faltan los flats o tenis con los que iré a visitar museos, tiendas o usaré para perderme en las calles de esa gran ciudad en busca de tesoros para mi guardarropa. Siempre incluyo una bolsa de noche, otro *crossbody* para ir de turista y el de trabajo para llevar mi iPad, mi cámara y mi pasaporte mínimamente. Muchos accesorios: la gargantilla dorada (en vista de que mis zapatos marcaron el toque metálico), aretes de noche, un *foulard* con pedrería, unas pulseras doradas y un buen cinturón.

Hay personas que empacan haciendo rollos toda su ropa, esto funciona maravillosamente con los tejidos de punto, según las enseñanzas de la diseñadora colombiana Pepa Pombo. Mi madre me enseñó a poner todas las prendas planas y sacar provecho de los huecos en las orillas de la maleta para meter ahí lo que no se arruga, como cinturones y bolsas. Rellenar zapatos con joyería, medias o incluso cremas mantendrá su horma y protegerá los artículos que llevas ahí dentro.

Pero mi técnica favorita para empacar consiste en doblar todo y colocar la ropa en sobres de nylon con *zipper* que se venden con este propósito. Encuentro que, de esa manera, la ropa no va de un lado a otro dentro de la maleta y, por lo tanto, no llega arrugada ni revuelta. Uso estuches para mis cosméticos y artículos de belleza. Los zapatos los llevo rellenos de cosas y siempre cubiertos con una funda de franela. Además, suelo llevarme una maleta *carry on* adentro del avión, con la ropa indispensable en caso de que se pierda mi maleta. Ahí van mi vestido y zapatos de gala, si es que voy a asistir a una cena de etiqueta, pero también llevo mi *outfit* completo con el que voy a trabajar con los clientes de la revista o para hacer mis entrevistas. Mis bolsas y zapatos caros van ahí sin duda porque no podría arriesgarme a extraviarlos y, menos aún, perderlos.

Antes de empacar, recomiendo poner todas las piezas sueltas sobre la cama y asegurarte de que llevas prendas coordinables, algunas cómodas, otras muy poderosas y accesorios que modifiquen tu *look* de mañana a tarde o de un evento a otro.

OPORTUNIDAD ÚNICA: ENTREVISTA DE TRABAJO

Una entrevista es la posibilidad para hacer la carrera que anhelas y llegar a esas metas que te has marcado. Pero no hay atajos. Hay que entrar por la puerta correcta y no desviarte por los caminos fáciles que prometen grandes salarios e increíble fama, cuando sabes que lo que necesitas es construir unos buenos cimientos que te sostengan sólida para escalar en tu profesión.

En la posición que ocupé como directora editorial de una revista, solía entrevistar a decenas de chicas que aspiraban a trabajar en lo que siempre habían deseado pero no siempre iban preparadas. No importa qué tanta experiencia tengan, es imprescindible que se presenten pulcras, bien vestidas y sin nada que pueda llamar más la atención del entrevistador que su personalidad y desempeño durante el encuentro. Nada de uñas plateadas, pieles de zorro, tacones de sadomasoquistas o el suéter consentido, viejito y lleno de bolitas que le regaló su mamá.

Elige la ropa adecuada para el trabajo y el ambiente laboral que hay en ese sitio. Tómate el tiempo para buscar por Google a la persona que te va a entrevistar, a quien sería tu jefe e incluso a las mujeres que admiras en la escalera más alta de esa profesión. Puedes esperar afuera de esa oficina durante la hora del almuerzo o la salida para ver cómo visten las chicas que trabajan ahí. Eso te dará claves importantes para elegir el guardarropa que necesitas, pero, lo más importante, te hará identificar la ropa que puede darte la llave de entrada al trabajo que deseas.

Algunas cosas básicas que debes considerar: viste formal dentro de tu estilo. Procura no llevarte algo excesivamente llamativo, como una blusa de lentejuela o una chaqueta de cuero llena de estoperoles, a menos de que estés buscando un papel en una película que requiera ese *look*. Lleva un atuendo que se integre con el ambiente laboral del lugar que visitas y que, al mismo tiempo, sea cómodo y congruente con tu personalidad. No quisiera verte en un traje sastre de una ejecutiva bancaria si llevas el pelo rosa, la piel tatuada y varios aretes en el rostro. Pero siempre tira hacia arriba, como si te fuera a pasar lo que a mí, y te terminarán dando un mejor puesto del que solicitas.

Usa accesorios sencillos y silenciosos. Como ya mencioné, no quieres que el ruido de tus pulseras ocupe un lugar importante en la conversación. Maquíllate cuidadosamente para que tu rostro se vea fresco y cuidado. Lo mismo va por tu pelo: que luzca recién lavado está fantástico, pero que se note que alguien lo peinó por la mañana.

Tu cuerpo también puede hacerte ver segura y capaz. Camina erguida y con la cabeza derecha. Al sentarte, adopta una postura en la que tu espalda esté recta y tus brazos se estiren a los lados o hacia el frente. Evita a toda costa jorobarte, agachar la cabeza o enredarte entre tus brazos. Mira a los ojos de la persona que te entrevista, sonríe y estrecha su mano con firmeza al saludar y despedirte. Vive ese momento con toda plenitud, sin pensar en lo que esperan de ti, sin proyectarte en el mañana. Concéntrate en el hoy y disfruta la experiencia.

LA INDUSTRIA DE LA MODA: LA MIRADA DE UNA *INSIDER*

El mundo de la moda, por fortuna, permite muchas licencias al vestir, sin embargo, no se trata de disfrazarse para llamar la atención ni llegar ataviada de pies a cabeza con prendas llenas del logotipos.

Cuando hay una vacante en mi equipo, la editora a cargo de la sección es la que busca y entrevista candidatos. Yo sólo conozco a los o las finalistas. Pero mi equipo conoce muy bien mis exigencias, que, para el ambiente en el que nos desarrollamos, incluyen la imagen como algo fundamental. Con ello no quiero decir que estoy buscando hombres o mujeres altos, delgados o ricos, como lucen los modelos de las revistas de alta moda. Pero sin duda necesito que sean personas que hablen de estilo sin tener que emitir una sola palabra.

Debo reconocer que he contratado profesionales dándoles mayor importancia a su experiencia y su capacidad antes que a su imagen. Pero siempre acabo hablando con ellos sobre lo esencial que resulta que una persona pueda llenar los zapatos de su puesto. Nadie puede creer en una editora de belleza que tiene acné y pelo graso. De la misma manera, el aspirante a trabajar en la moda tiene que pulir su estilo y entender que la credibilidad es indispensable en nuestro negocio.

Pero una cosa hay que aclararla desde ya: cada quien es dueño de su carrera y la manera en que una la dirige es, sin duda, una decisión en la que ningún jefe tiene injerencia. Por lo tanto, eres tú la única capaz de vestir para llegar a tu meta.

MAKEOVER DE UNA GANADORA: ARREGLO PERSONAL

Todas tenemos un momento en el que pensamos que necesitamos un cambio de imagen, ya sea porque ganamos peso o lo perdimos, porque hemos estado demasiado tiempo fuera del mercado laboral o simplemente para darle un *upgrade* a nuestro *look*. El problema es que no todas tenemos acceso a expertos en este tema y podemos sentirnos confundidas con la información de las revistas que mezclan pasarelas con ropa comercial o, peor aún, está la sensación de que no tenemos los recursos económicos para dar este paso.

Yo escribí este libro porque veo a muchas mujeres en ese caso y quiero comunicarles que para reinventarse lo único que necesitan es voluntad. Pero hay que ser realistas con las metas. No se trata de someterse a una dieta poco saludable o de querer operarse todo, mucho de lo que

Recuerda, ante la duda, menos es más en cuanto a ropa. Y más es más cuando se trata de estar presente y disfrutar la experiencia.

sucederá será desde adentro, con autoaceptación, amor propio y un cambio drástico de actitud.

Empezamos de afuera para adentro porque nuestra sociedad está influida profundamente por lo visual, y la imagen es lo primero que se capta. Las mujeres tenemos, además, una carga extra, pues se nos juzga por nuestro aspecto y arreglo personal mucho más que a los hombres. A un hombre sólo se le ignora o descalifica si es obeso, en cambio, a una mujer solamente por estar pasada de peso ya se le crucifica. Para colmo, sufrimos con el síndrome de Ricitos de Oro: tú nunca estás perfecta, estás demasiado esto o demasiado aquello. Nunca bien. Recordemos cómo ha sido criticada Hillary Clinton durante sus campañas: que si el pelo está despeinado, pasada de peso, la sonrisa muy exagerada, muy avejentada, con canas, etcétera. A los hombres no se les mide con esa misma regla y nosotras lo sabemos. Yo me levanto a las cinco de la mañana para llegar a mi trabajo a las ocho. La gente me pregunta qué hago durante tantas horas y seguramente imaginan que fui al gimnasio y pasé a desayunar a casa. Pero me temo que no. "Yo necesito ese tiempo para verme así", les contesto, y eso no cuenta el manicure, la depilación y mis clases de yoga, que tienen que ser nocturnas porque por la mañana prefiero desayunar con mi hijo que hacer ejercicio y enfrento horas de tráfico hacia mis citas.

Ah, pero cuidado cuando el maquillaje es demasiado o muy poco. No puede una vestir excesivamente elegante y mucho menos presentarse desaliñada. Nadie quiere que estés muy flaca ni tampoco con sobrepeso. Es verdaderamente imposible darles gusto a todos. Pero si empiezas por lo más básico: estar pulcra, cuidada y arreglada, de acuerdo con el lugar y profesión que tienes, ya estás en la primera escalera arriba.

MAQUILLAJE DELICADO PARA LAS TRIUNFADORAS

Nicolás **Berreteaga** es integrante del Makeup Pro Team Internacional de Dior, cuenta aquí las razones por las que los productos de maquillaje y su técnica pueden convertirse en una escalera al éxito para nosotras.

Cuando hablamos de una mujer que trabaja, podríamos pensar que tiene poco tiempo, días extensos, horarios complicados, citas imprevistas, etcétera. Si te sientes aludida por este ritmo/estilo de vida, lo mejor para ti son aquellos productos que subliman la piel en el retoque y que, por supuesto, dan la sensación de llevar la dosis exacta de maquillaje. El foco de atención tiene que estar en la piel y los labios.

El maquillaje que debe tener una mujer en su oficina tiene cuatro diferentes momentos: una base que puede ser compacta o un *cushion*, mascara de pestañas, un labial icónico y un *blush* en un tono neutro.

Para retocar un maquillaje de día y que se convierta en uno de noche, la idea general es cambiar la intensidad para diferentes momentos: reforzar el color se vuelve básico, profundizar las sombras, magnificar el efecto de las pestañas, volver a perfeccionar la tez y remarcar el color en los labios. ♦

A TU SALUD: ESTAR BIEN

Cuando eres joven no piensas mucho en tu salud y, conforme pasan los años, el mismo cuerpo te recuerda su importancia. Lo cierto es que la salud mental y física juegan un papel fundamental en tu carrera y jamás debes ignorarlas. Como es lógico, un empleador quiere contratar a personas que luzcan saludables y resistentes porque así podrán aportar muchas horas de trabajo, grandes proyectos y evitar gastos médicos y ausencias por enfermedad. De ahí que, además de tener un aspecto cuidado, debes fomentar los hábitos de buena salud dentro y fuera de tu oficina.

Para estar bien contigo misma y sentir que vives en un estado de tranquilidad se necesita que tu vida esté balanceada. Ni mucho trabajo ni tantas fiestas. El aspecto social de tu vida es tan importante como el profesional y en ambos debes poner atención. Se ha comprobado que tener una reunión con tus amigas resulta benéfico para tu salud, tus demás relaciones afectivas y, desde luego, tu trabajo. De la misma manera, encontrar a una persona que se convierta en tu pareja y tener con ésta una relación positiva puede aportarte estabilidad, armonía y un incremento en tu autoestima. Pero también necesitas trabajar la amistad contigo misma, brindándote placeres, como un *hobby*, leer tus revistas o libros favoritos, ir de compras o darte un baño de tina llena de deliciosas burbujas.

Otra cosa que resulta esencial es dormir. Seguramente has escuchado que mientras duermes tus células se regeneran y desde las de tu cerebro hasta las de tu piel se reparan durante esas horas de descanso. El problema es que, en esta vida que llevamos, tratamos de ahorrarnos el sueño, preferimos ver todas las series de Netflix, ganar unas horas para ver a los amigos o estar conectados 24/7 en los diferentes *gadgets* observando la vida de los demás a través de las redes sociales. Los *millennials* especialmente tienen tal apego a sus pantallas que no les importa reducir su descanso con tal de sentirse siempre conectados.

No dormir puede causar problemas serios: desde la obesidad, falta de atención, la ausencia de tolerancia, el decremento de los reflejos, un estado de depresión e incluso llevarte al suicidio. A nivel corporal, la falta de descanso y la hidratación que se realiza en el proceso de regeneración de células se traducen en una piel marchita: sin brillo, arrugada y descolorida.

Es fundamental, entonces, que te des el tiempo para dormir. Ocho o nueve horas harán la diferencia en tu estado de ánimo y en tu capacidad de trabajo. La mejor manera de fomentar el sueño es eliminando las pantallas de tu dormitorio: nada de celulares, *tablets*, computadoras y televisores. Mantén tu habitación fresca y oscura. Procura ir a acostarte a la misma hora y usa algunas claves para que el cuerpo sepa que es hora de desconectarse: ponte tu hermosa pijama, lee un par de páginas de tu libro y disponte a descansar.

Otras fuentes que propician paz son la meditación, el yoga y la oración. Personas tan reconocidas como Arianna Huffington y Oprah Winfrey se han vuelto fans de la meditación como una manera efectiva y accesible para relajarse, poder limpiar la mente e incluso encontrar la compasión. Yo, en cambio, me he refugiado en el yoga como una forma de ejercitar mi cuerpo y liberar mi mente, pues me tengo que concentrar tanto en equilibrarme y no caerme, que olvido todos mis problemas. Orar, reunirse en un templo y sentirse en contacto con un ser superior también tiene propiedades que confortan al espíritu.

El ejercicio cardiovascular, el que se realiza en grupo o individualmente, brinda grandes beneficios, especialmente cuando se lleva a cabo con alegría y vitalidad. Yo admiro a los corredores que, no importa dónde estén, sólo necesitan sus tenis para salir a recorrer las hermosas calles de París o el Parque Central de Nueva York. Sin embargo, me conformo con caminar con mi hijo y mis tres perros en el parque los fines de semana. A veces voy escuchando un audiolibro para aprovechar mis horas de descanso, pero siempre disfruto la naturaleza, y eso me hace sentir viva y agradecida. Quizá lo tuyo es jugar tenis, nadar o hacer pilates. Lo que prefieras es válido mientras mantenga a tu cuerpo en forma y feliz a tu alma.

Actitud

Capítulo 5

ALGO NO FUNCIONA:

puedes cambiarlo

En la belleza, la actitud es clave. Hay mujeres hermosas que no tienen personalidad ni trascendencia; en cambio, hay otras que podrían catalogarse como feas y se convierten en íconos de elegancia y distinción. Lo mismo sucede con las chicas que triunfan y las que fracasan; no es cuestión de talento, estudios o experiencia. La mayor parte de las veces es su actitud la que hace la diferencia.

Es fácil echarle la culpa a todo y a todos, menos a nosotras. Pero si quieres crecer en un mundo laboral, tendrás que enfrentarte a muchas serpientes ajenas y también a algunas propias.

Nunca me canso de decirles a los miembros de mi equipo que la actitud suma más que su talento. La ecuación 60% de actitud y 40% de talento funciona perfectamente para ser parte de mis proyectos. He conocido a personas cuyo talento es privilegiado, pero sin la pasión, el entusiasmo, las ganas de hacer equipo y hasta la alegría misma de trabajar pueden resultar un fracaso como compañeros o empleados. Es más, uno contrata a las personas por su aptitud y las despide por su actitud. Así que hay que estar mucho más atentas a lo que hacemos y decimos en nuestras horas laborales.

Desgraciadamente, el triunfo de una persona que se involucra en un proyecto o equipo no sólo depende de su disposición y su energía positiva, sino también de que éstas coincidan con las del resto de las personas con las que colaborará. Por ejemplo, hace

algún tiempo trabajé con una chica que tenía muchísimas virtudes, pero su comportamiento con los colaboradores, los clientes,
los compañeros de trabajo y hasta conmigo podía ser muy pre-
potente. Esto sucede algunas veces con los *millennials* (nacidos
al principio de los años 80 y hasta la mitad de los 90), pues su
educación tuvo un gran énfasis en sus logros y una gran red de
prevención contra los fracasos. Los maestros les aplaudían cada
acierto y los padres vivían para estimularlos y premiarlos. Joel
Stein, de *Time Magazine*, dice que los *millennials* recibieron tantos trofeos por participar durante su infancia que 40% de ellos
considera que debe ser ascendido de puesto a los dos años, independientemente de su desempeño. Pero, al encontrarse en un
ámbito de trabajo, resulta que no pueden distinguir jerarquías
ni le tienen respeto a la autoridad. Existen chicas que renuncian
a los pocos meses de haber comenzado a trabajar para poder irse
a Europa un par de semanas con sus papás. Nada hay de malo
en querer viajar, pero comprometerse con un trabajo requiere
poner prioridades en construir una carrera y darle la importancia necesaria a su nuevo puesto y empleador. Otras más se han
aburrido después de un año y quieren tener un ascenso inmediato porque "ya no tienen nada que aprender". Obviamente, no
sucede con todas, pero tampoco son casos tan aislados por lo que
auguro un ajuste en los organigramas, que se irán formando sin
tantas fronteras entre los que son jefes y los empleados, así como
cambios constantes en las empresas que los reciban.

También vienen otros millones de jóvenes que próximamen-
te estarán buscando oportunidades de trabajo: la generación Z
(nacidos a la mitad y al final de la década de los 90). Según David
Stillman, autor de libros y experto en el tema, esta generación
nació con teléfonos inteligentes, tabletas y fotografía de 360 grados, pero para ellos su capacidad de atención dura ocho segun-

dos, comparada con los 12 que puede concentrarse un *millennial*. De acuerdo con la revista *Forbes*, el trabajo social que haga la diferencia los incita a elegir voluntariados y carreras en donde la diversidad y la colaboración son claves. Sin embargo, Matt Stewart, cofundador de la Universidad Works Painting, asegura que mientras los *millennials* tratarán de obtener experiencia y subir por escaleras profesionales lo más rápido posible, los Z estarán más inclinados a formar su propia empresa.

Pero mientras eso sucede se debe entender que en cada industria, empresa o proyecto hay reglas. La más obvia y trillada: el jefe tiene la última palabra. El jefe unas veces será tu superior o el que ocupa un mayor rango que éste; también puede ser tu cliente. Porque el cliente, cualquiera que sea la naturaleza de tu negocio, es tu jefe, y tu jefe, ese personaje que está arriba de ti en el organigrama, es tu cliente. Nótese que no dije que el jefe siempre tiene la razón porque no necesariamente es así. Yo me he equivocado innumerables veces y estoy segura de que mis jefes y clientes, a lo largo de mi carrera profesional, también lo han hecho. Incluso los he visto cometer errores que son obvios para mí. Cuando esto sucede, si está dentro de mis posibilidades prevenirlos, doy mi opinión o sugiero un remedio. Pero algunas veces no es tan fácil ser escuchada.

Aunque, no todo es cuestión de organigrama ni del lugar que ocupas en él, pues muchas veces lo que hay dentro de ti es el mayor freno: inseguridad, no sentirte a la altura, incluso una emoción añeja no atendida y que cargas como si fuera una maleta llena de ropa pesada y maloliente. Mientras no te detengas a abrir ese equipaje, enfrentes lo que significa, te apropies de las emociones y seas capaz de nombrarlas, será prácticamente imposible que puedas deslizarte escalera arriba.

Ahora quiero contarte la historia de una amiga que conocí hace muchos años en la industria. Cuando una de las hermanas Cuéllar, Paola, comenzó a trabajar como publirrelacionista de algunas marcas, estuvo en contacto constante conmigo para promover a sus clientes en las revistas que he tenido a cargo. Ella llegó a la Ciudad de México tres años después de que murió su mamá y comenzó a trabajar en una empresa televisora, pero cuando me visitó la primera vez ya formaba parte de la agencia de relaciones públicas que lleva el nombre de su hermana: Sara Cuéllar. Paola siempre tuvo una personalidad fabulosa, es simpática, inteligente y, sin duda, muy amigable. Sin embargo, tuvieron que pasar muchos años para descubrir a la verdadera persona que se ocultaba bajo esa mujer que llegó a pesar noventa y tantos kilos. Paola empezó a cambiar su apariencia. Dice que una foto fue la causante, pues al observarse en la imagen, se dio cuenta de que ésa no era ella.

El primer paso en la transformación fue ir a una terapia especializada en desórdenes alimenticios. Se tomó su tiempo para perder ocho tallas, servir todas sus comidas en tazas para aprender a comer la porción adecuada y muchos libros de autoayuda para encontrar a esa mujer segura y decidida que necesitaba para independizarse de la empresa familiar y abrir su propia agencia de relaciones públicas: Mala Mujer. Ese nombre para ella es como un símbolo de su resurrección, en el que hoy, a sus cuarenta y un años, se ve más joven que nunca, se comporta con el aplomo y la certeza que le ha dado su nutrida autoestima; además se hace cargo no sólo de su bienestar, sino también de una vida social activa y estimulante, así como de su empresa con 10 cuentas sólidas.

El cambio en Paola vale cada kilogramo que perdió y cada batalla que ganó. Ya no se siente agradecida cuando se acerca un hombre a pretenderla porque se sabe una gran mujer. En el trabajo no necesita del nombre ni la protección de nadie, pues ella es dueña de su vida y de su carrera. Nada había malo en la Paola de hace unos años. No obstante, ella es la prueba más notable de que la reinvención es posible y, cuando se lleva a cabo, una persona fortalecida surge de sus cenizas.

Es indispensable entender cuántas emociones llevas adentro que obstaculizan el camino. Pero, ojo, hay que distinguir entre las verdaderas serpientes y las que has catalogado como tales y que quizá no tienen una carga negativa real. Tal vez sólo necesitas un nuevo enfoque y dirigirte con mayor aceptación hacia tu meta laboral.

HABLAR O CALLAR: INTROVERSIÓN O EXTROVERSIÓN

"**Siempre elígete a ti misma primero. Si te pones en primer lugar, hay un camino increíble que vas a forjar para ti**".
Rebecca Traister, autora del libro *All the Single Ladies*

En el libro *Quiet* (Callado) Susan Cain asegura que en Estados Unidos dos de cada tres personas son introvertidas, pero la sociedad, la educación y el sistema laboral les hacen simular lo contrario y se convierten en introvertidos de clóset.

A los extrovertidos se les adjudican virtudes como inteligencia, carisma y facilidad para relacionarse. A los introvertidos, se les acusa de ser tímidos, demasiado sensibles, antisociales, callados, lentos y hasta antipáticos. Incluso algunas definiciones de diccionario califican la introversión como una falta de aptitudes y la ubican como un defecto.

Así que, si eres extrovertida, agarra tu escalera y sube. Pero nunca olvides que parte de tu equipo o incluso tu jefe puede pertenecer al otro bando y necesitas considerar que su silencio no es de ninguna manera sinónimo de torpeza. Muchos personajes exitosos han sido introvertidos, entre ellos mujeres como J.K. Rowling, autora de *Harry Potter*; la famosa y distinguida actriz Audrey Hepburn y la cantante Christina Aguilera, por nombrar sólo algunas. Lo que en ellas parece muchas veces un obstáculo en su carrera, es una preferencia por estar solas o con un grupo pequeño íntimo de personas, en lugar de en fastuosos eventos rodeados de sus fans.

El mundo asocia al extrovertido con un ganador. Si se te facilita integrarte a un equipo, hablas hasta con las piedras y eres el alma de la fiesta, la gente te ofrece escaleras porque te considera simplemente encantadora.

Cuando reconozco ante mis amigos y colegas que soy introvertida, se ríen de mí, pensando que estoy tratando de hacer un chiste. Pero nada más distante de ello. Si amo tanto escribir es porque paso horas enteras ensimismada en mis pensamientos. La cara pública de mi trabajo ha necesitado de más esfuerzo del que jamás podrían imaginar los extrovertidos. He conquistado mi voz y mi seguridad hablando en público, no sólo con el rigor y la voluntad que me caracterizan, sino también con la práctica. Pero me siento mejor en una reunión que en una fiesta, en una junta con mi equipo que en una presentación ante mis clientes y, sin duda, elegiría una charla íntima y de interés personal que una cena de lujo en el mejor restaurante para ir a la primera cita con un hombre.

Así las cosas, tenemos que fingir y simular ser funcionales en empresas gigantescas en las que se espera que alcemos la voz y propongamos lo primero que nos venga a la mente durante las reuniones. Algunos de nosotros hemos logrado engañar a los demás, pero estoy segura de que muchas mujeres siguen intentando atreverse a subir la mano y pedir la palabra.

Las oficinas modernas de espacios abiertos se convierten en una carrera de obstáculos para los introvertidos. Sin las paredes para refugiarse, se sienten observados, invadidos y hasta violentados en su intimidad. También hay un énfasis para trabajar en equipo, como si sólo así pudieran llevarse a cabo los proyectos. No obstante, miles de negocios, iniciativas y no digamos obras de arte se desarrollan en solitario.

Como cabeza de mi equipo, he tenido que identificar a esas personas que prefieren callar que exponerse. Con el tiempo, puedo notar que su nivel de confianza ante el grupo les ayuda a integrarse más y a exponer sus opiniones. Pero siempre ayuda estar pendientes y preguntarles directamente si quieren aportar algo o qué piensan de lo discutido. No es sorprendente que grandes ideas provengan de esas personas que se sientan en el último sitio disponible del salón. Por ello, he fomentado las juntas con una mesa en la que nos sentamos unos al lado de los otros y se pierden las jerarquías.

Si tú estás luchando contra la barrera de sentirte cómoda en tu silencio o arriesgarte a hablar, a convivir o a levantarte frente a un grupo de personas a exponer un proyecto, tente paciencia.

No te recrimines sintiéndote una perdedora. Mejor toma un reto a la vez y ve superando tus propias metas.

La música es la conjugación de sonidos con silencios. Sin esas pausas entre una nota y otra, jamás podrían crearse las melodías. Lo mismo sucede con los introvertidos y los extrovertidos: somos complementarios. Tan indispensables unos como los otros. Lo importante es no llevarse la impresión incorrecta de ninguno. Cada persona tiene su valor y fortaleza, no los finquemos sólo en su facilidad de palabra.

CREENCIAS LIMITANTES: PENSAMIENTOS QUE FRENAN

¿Cuántas veces te has descubierto pensando que eres tonta, que no puedes con cierto encargo que hizo tu jefe, que ya estás vieja o eres demasiado joven o que simplemente no eres eficiente para el puesto o la empresa en la que trabajas? En mi libro *El poder de tu belleza* hablo de esa voz de madrastra malvada de cuento que te dice cosas espantosas frente al espejo. Bueno, pues ésta es su hermana gemela, igualmente diabólica, pero interesada en ver que te hundas en tu carrera. Lo peor del caso es que esa bruja la llevas dentro y te acompaña de un lado a otro intentando hacerte notar tus errores o tus tropiezos en el camino. Ésa es una conversación constante que no solamente va mermando tu confianza, sino también te resta presencia. Ese mismo discurso corrosivo se hace más patente justo cuando estás con estrés y necesitas demostrar tus fortalezas, no tus inseguridades. La única manera de escapar de esta serpiente es buscando una escalera hacia arriba, haciendo un esfuerzo por estar consciente de que tus pensamientos negativos no son la realidad.

De la misma manera que agarrarías la escalera para subir si alguien te estuviera persiguiendo, debes tomar tu seguridad, ponerla en su sitio y recordar que has llegado ahí porque eres muy capaz. Tienes que darle un giro de 180 grados a tu conversación interna para convertirla en algo positivo, que te recuerde de dónde vienes, qué sentido tiene estar ahí en ese momento y también a dónde te conducirás.

No dejes que esos pensamientos negativos te troquelen el cerebro o se vuelvan como una voz que se repite y se repite. Muchas mujeres nos han demostrado que no hay límites ni techos de cristal. Directoras generales, presidentas, ganadoras del Nobel o la gran cantidad de chicas que ascienden todos los días son quienes deben hacerte sentir acompañada. Todas tenemos a esa madrastra que nos atormenta. Pero mientras mejor la conozcas y encuentres la fórmula precisa para callarla, menor será el impacto que causará en tu autoestima.

Susan David, autora de *Emotional Agility* (Agilidad emocional), cuenta en su libro un experimento que hizo con algunos pacientes, en él les pedía escribir en un *post-it* el pensamiento que creían que los definía y los hacía sentir inseguros. Por ejemplo, ella se puso: "Soy aburrida", hubo quien escribió: "Nadie me quiere", "Estoy gorda", etcétera. Entonces, cada persona tenía que ponerse el *post-it* en el pecho y mientras la música sonaba, tenían que presentarse con los demás como si su nombre fuera lo que decía el papelito. Susan estrechaba la mano de sus pacientes diciendo: "Hola, soy aburrida" y ellos hacían lo propio con los nombres que se habían puesto. Este ejercicio hizo que sus pacientes se dieran cuenta de lo absurdo que era ponerse una etiqueta y vivir encarcelados en ella. La investigadora sugiere que, para salir de la prisión de un pensamiento negativo como ése, repitamos nuestro pensamiento en voz alta 10 veces: "Soy aburrida, soy aburrida, soy aburrida..." y después le cambiemos el orden a las palabras o de las letras (si es que tu pensamiento es una sola palabra como "fracasada", por ejemplo) y escuchemos lo lejana que resulta y la poca relación que de pronto adquiere. Las palabras son sólo palabras. Pero nosotros somos quienes les damos poder. "Hay que hacer espacio entre el pensamiento y tú para mirarlo con el telescopio", afirma David. "Empiezas a experimentar a los pensamientos como pensamientos, en lugar de como mandamientos que debes seguir".

Según la autora, la agilidad emocional consiste en tener toda clase de pensamientos negativos o problemáticos y aun así actuar de manera que corresponda a la forma que quieres vivir y no a lo que las frases negativas te dictan. También usar la tercera persona al hablar de tu pensamiento ayuda, asegura David. Como decir: "Vanessa es gorda" en lugar de "Soy gorda", para alejarte de la idea. Ella sugiere ver las historias que te haces como eso: historias que te fabricas, pero que no son tu destino. Sé contradictoria: puedes aceptar que hay sentimientos opuestos; por ejemplo, puedes amar tu ciudad, pero saber que tu oportunidad está en otro lugar. Tener sentido del humor también puede ayudarte a ver tu situación y reírte para encontrar la distancia con la realidad. Cambiar tu punto de vista, que consiste en intentar asumir el punto de vista de alguien más, tu hijo, tu dentista, etcétera. Identifica que el pensamiento es pensamiento y el sentimiento es sentimiento. Dales sus nombres y, al ponérselos de una manera correcta, les otorgarás la dimensión que merecen.

PROCESAR LOS PENSAMIENTOS Y SEGUIR ADELANTE

La agilidad emocional, asegura David, permite que podamos obtener la información necesaria de nuestras emociones, autoconocimiento y auto aceptación para darnos la oportunidad de sacar lo mejor de nosotros mismos o cambiar las situaciones. Ella menciona también que hay personas que, ante una emoción negativa, como una separación amorosa, prefieren evadirse y hacer cualquier cosa con tal de distraerse y no sentir o pensar en ello. Otras, en cambio, ante esa misma situación, optan por rumiar su pena por meses o años, hablando del tema, escribiendo, llorando, tomando terapia, etcétera. El problema del primer tipo de reacción es que la emoción se reprime, pero después surge de manera incontrolable de nuevo. En tanto que la segunda manera de actuar, finalmente se enfrenta al sentimiento, puede ser que a veces se deje vencer por él. Además, rumiar al pensar demasiado en lo que se ha hecho mal, disminuye nuestra confianza. Finalmente rumiamos por el deseo de ser aceptadas, ser amadas y ser perfectas, cuando es obvio que no existe la perfección y ese deseo irreal sólo nos aleja de poder llevar a cabo acciones o dar nuestras opiniones objetivamente.

Como habrás imaginado, los hombres suelen ser los que evaden los pensamientos y emociones negativos, en tanto que la mayor parte de nosotras, las mujeres, somos las que nos desgastamos pensando y rumiando hasta el infinito lo que hicimos mal, "¿por qué sucedió así?", regresando continuamente a la escena y sintiendo una gran amargura y frustración por estar atoradas en esta espiral.

Sin embargo, resulta que ninguna de las dos es la manera correcta de reaccionar, una porque evade el sentimiento y la otra porque se engancha peligrosamente en él. Cuando eres rígida emocionalmente, te dices historias o repites patrones una y otra vez que no te sirven y te limitan porque no reflejan lo que eres ni lo que quieres ser en tu vida. Es como decir: "Yo no tomo riesgos", "No bailo" o "Soy mala con los idiomas". ¿En qué te ayuda reafirmar una idea tan estrecha de ti?

De modo que, debes elegir ser valiente por sobre tu comodidad para poder poner una distancia entre lo que te has venido diciendo y lo que realmente quieres para ti, por lo cual es importante enfrentarte a tus pensamientos y emociones para experimentarlas voluntariamente de corazón. "Como cuando tienes sed, nunca dices 'yo no tengo sed', '¿por qué siento sed?', 'esta sed es mala'. Sino que sentimos sed, reconocemos la sed y hacemos algo al respecto", dice David. Pero con nuestros pensamientos nos cuestionamos por qué los tenemos, pues nos parecen indeseables y peligrosos. Eso no quiere decir que los pensamientos y las emociones sean correctas o verdaderas, pero nos otorgan importantes datos sobre nuestros deseos y valores. En ellos se encuentran las cosas que realmente nos importan. Como cuando una mamá se siente culpable cuando está en un viaje de trabajo porque realmente le importa estar presente en la vida de su hijo. Por eso, la investigadora sugiere que te tomes el tiempo y analices qué es lo que esa emoción o pensamiento te está tratando de decir para que, identificando los datos, puedas cambiar el rumbo hacia donde lo desees.

DESINTOXICA TUS HÁBITOS: CAMBIOS POSITIVOS

Tus hábitos negativos pueden mermar tu productividad, tu sociabilidad o, simplemente, la salud de tu carrera. Y los malos hábitos como revisar tus mensajes en WhatsApp, por ejemplo, mientras estás en una reunión con tu equipo no benefician a nadie. Eso sin contar la cantidad de tiempo de tu vida y de tus relaciones que desperdicias por estar viendo qué hacen los demás en las redes sociales. O el hecho de que tengas que tomar un café todas las mañanas y eso represente perder media hora de trabajo mientras caminas a la cafetería, haces fila para pagar tu bebida y regresas con tu vaso de capuchino al escritorio, pues no sólo estará perjudicando tu economía (haz cuentas de lo que te gastas al mes), sino que también restarás 30 minutos de productividad y quizá la posibilidad de llegar temprano a tu clase de pilates por la noche.

   ¿Sabías que el cuerpo requiere estar quieto cuando tu mente necesita concentrarse? De ahí que muchos de nosotros seamos tan sedentarios. Pero se complica todavía más. Según Daniel Kahneman, autor del libro *Thinking, Fast and Slow* (Pensando, rápido y lento), tanto el autocontrol como el pensamiento deliberado consumen el mismo presupuesto limitado de esfuerzo, es decir, dedicarte a pensar a voluntad necesita mucha disciplina. Más aún: cuando una persona tiene que aprender algo o hacer algo complicado, como trabajar con números, si se le cruza una tentación no puede resistirla. El ejemplo que pone Kahneman es el siguiente: "Si te piden que memorices unos números y mientras lo haces te ofrecen un pastel de chocolate pecaminoso o una virtuosa ensalada, la evidencia dicta que elegirías el pastel". Porque, como afirma el autor, la naturaleza de nuestro organismo es golosa. Por eso, es importante saber detectar dónde está esa serpiente que te está llevando hacia abajo en el tablero del trabajo y poner un alto. Pero eso suena más fácil de lo que es porque todo hábito tiene una cierta recompensa y mientras no encuentres cómo sustituir ese beneficio será muy difícil cortar por lo sano.

El patrón es el siguiente: vas por el café porque eso te da oportunidad de comentar con tus amigas lo que ha sucedido con tu noviazgo. Esa charla te desahoga y, al mismo tiempo, te hace sentir que perteneces a un grupo de amigas. Así que la recompensa para tratar de cambiar puede ser preparar una bebida caliente en la oficina y darte cinco minutos para *postear* algo en Facebook. También puedes organizar a tu grupo de amigas para que vayan juntas por la noche a hacer pilates con el fin de no perder el hilo de la conversación, pero tampoco desperdiciar el tiempo de tu trabajo.

Desmenuza tus propios hábitos y descubre cuál es la recompensa que te has asignado cada vez. Quizá comerte unos pepinos con limón y chile sea un buen sustituto para tu galleta, si además te das el premio de beberte una copa de vino blanco los viernes. Cada quien tiene sus recursos y conoce los premios que le pueden ayudar. Se dice que el verdadero cambio viene después de los veintiún días. Pero lo único que lo garantiza es que el cambio no sea tan restrictivo, sino que traiga algo bueno para estimularte, pues, de otro modo, resultará realmente muy complicado llegar a esa meta.

Serpiente: ¡Deja de quejarte!

Pregúntate qué prefieres: ¿una persona positiva o una negativa? Sin importar la relación que tengas con ella, si es tu jefe, tu colega, tu amiga, tu cliente, ¿no sería mil veces mejor escucharla decir cosas agradables que corrosivas?

Quejarte puede ser una forma de ventilar tus pensamientos o emociones, pero hacer de eso una costumbre terminará por marginarte y ponerte en situaciones comprometedoras.

A ver, si no te gusta lo que haces, donde lo haces o con quien lo haces, está en ti cambiar esos elementos. Pero no permitas que esa serpiente sigilosa se adentre en tu corazón y lo pudra.

Busca ser positiva encontrando el estímulo que necesitas lejos de lo que te llama a criticar o a hacerte la mártir. Recuerda que la única que tiene el poder para dar un giro de 180 grados en tu carrera eres tú.

¿No sabes cómo salirte de ese círculo vicioso? Prueba encontrar actividades que llenen de alegría tu vida: hornear pasteles, ir a museos, hacer jardinería, apoyar a asociaciones filantrópicas con fines humanitarios… Es tu decisión.

COCTEL DE HORMONAS: CUANDO EL CUERPO MANDA

Si bien hay un marcado estigma sobre los cambios que afectan nuestro día a día, causados por las hormonas, pocas veces estamos conscientes del peso que éstas tienen en nuestra vida y específicamente en nuestro desempeño laboral. Para nadie es extraño sentir desbalances durante el ciclo menstrual, cuando hay un embarazo o a la llegada de la menopausia. Sin embargo, Ana Cecilia Becerril, quien es médico general con maestría en Medicina Estética, de Antienvejecimiento y Nutrición, asegura que nuestro nivel hormonal cambia hasta 24 veces en un solo día. Estas modificaciones se traducen en transiciones de humor, letargo, estrés, inseguridad o determinación por nombrar sólo algunas. A ratos nos sentimos poco valoradas por nuestro jefe, después nos ponemos furiosas ante cualquier adversidad, por la tarde estamos retraídas y regresamos a casa sintiéndonos acabadas, sin energía para ir al gimnasio, por lo que sólo nos consuela ver la tele con un plato lleno de helado de chocolate.

Las hormonas están ahí y unas veces nos favorecen para otras hacernos una mala jugada. No obstante, saber qué está pasando internamente con nosotras nos ayudará a conocernos, tenernos paciencia en ciertas ocasiones y librar los obstáculos que nos producen cuando sea necesario. También es indispensable identificar si has vivido instalada en una situación que consideras te afecta en tus labores profesionales. ¿Estás estancada y sin el valor para cambiarte de trabajo? ¿Te comportas tan agresiva que ya no te soportan tus colegas y subalternos? ¿Lloras por cualquier cosa? Hay una razón para todo.

La autoconfianza es más importante para triunfar en tu carrera que tu IQ, según las autoras del libro *The Confidence Code* (El código de seguridad), Katty Kay y Claire Shipman: "La seguridad tiene mucho que ver con tu autoconocimiento, pues mides si puedes lograr una meta y hacer lo que te propones". Para fomentar esa confianza en ti misma dependes de tu nivel de una hormona llamada serotonina, que inhibe tu ansiedad al mismo tiempo que te hace sentir más confiada, sociable, calmada y hasta feliz.

Esa confianza es como un combustible para tomar acciones en tu carrera, pero la serotonina es también la responsable de que puedas ejercer tu talento para hacer varias cosas a la vez (*multitasking*), controla tu memoria y previene los pensamientos obsesivos y la depresión. Los carbohidratos son esenciales para estimular la producción de esta hormona. Por el contrario, cuando llevas una dieta que restringe la ingesta de carbohidratos puedes sufrir las consecuencias de una baja de serotonina. El yogur y los plátanos también ayudan a balancear los niveles y mantenerte decidida.

Con tan sólo 10% de la cantidad de testosterona que los hombres tienen, basta y sobra para que tú tengas el ímpetu necesario para tomar riesgos, ejerzas poder y mandes. Sin embargo, cuando tienes esta hormona alta, te vuelves agresiva, menos tolerante y no muy colaborativa con los demás. Si por el contrario está baja, te sientes desinteresada y apática. "Cuando se encuentra por debajo del límite", comenta la doctora Becerril, "te inhibe, te quita el ímpetu, las ganas de hacer cosas e incluso comienzas a dudar de ti". Según la experta es importante reconocer tu punto ideal de testosterona para que te sientas capaz, con la habilidad de encontrar las zonas de peligro en tu trabajo y puedas reaccionar a un suceso adverso de una manera instantánea. Resulta curioso que esta hormona, catalogada como masculina, estimule el estrógeno y la progesterona, haciendo que una mujer recupere la capacidad física, mental, emocional que la hace sentirse joven.

El estrógeno, por su lado, hace que evites los conflictos, te vuelve solidaria, cooperativa y te mantiene lejos de los riesgos. Pero si hay una reducción experimentarás una disminución de la libido, además de irritabilidad y depresión. Para mantener a raya el estrógeno es recomendable evitar el sobrepeso, tener una dieta saludable a base de verduras frescas y evitar la comida procesada. La progesterona es como un ansiolítico natural: "Por lo que, cuando está ausente, te empiezas a deprimir, te falta el sueño, sientes como que no le encuentras sentido a la vida", asegura Becerril.

Con el estrés del estilo de vida tan acelerado que llevamos, empezamos a producir cortisol y es como si estuviéramos inyectando cortisona a nuestro sistema todos los días. "Eso altera la producción de las hormonas de crecimiento, los estrógenos y la testosterona", comenta Becerril. "El síndrome del *burnout* o del quemado es precisamente por eso. Se trata de un proceso en el que tu cuerpo se inflama y va generando esta hormona del estrés, por lo que estás agotada todo el tiempo, en una suerte de fatiga crónica". Afortunadamente, con sólo tres horas de ejercicio a la semana puedes reducir tus índices de cortisol. Pero procura mantener tus rutinas de menos de 40 minutos para evitar que vuelva a elevarse.

Dormir es relevante para todo, pero especialmente para tu desempeño en el trabajo. Así, la melatonina es invaluable justo porque estimula el sueño, el descanso y la restauración celular y mental. Procura que tu pijama, además de hermosa, sea holgada y cómoda, pues se ha comprobado que la ropa restrictiva, como las mallas o bras, reduce la melatonina hasta en 60%.

Si piensas dormir acompañada, al hacer el amor seguramente tendrás mayores niveles de oxitocina, la hormona del amor. ¿Quieres más? El clímax llegará con tu orgasmo. La oxitocina se produce al abrazar y acariciar a una persona que quieres, pero obviamente esto no está limitado a tu pareja, sino que también puede estimularse con el contacto físico entre amigos, colegas y hasta con tus mascotas. Como sucede con el enamoramiento, un alza de oxitocina te hace confiar más en las personas, te disminuye el estrés, te vuelve cariñosa, sientes que eres capaz de todo, adquieres seguridad y reduce tus rencores e incluso baja tu presión arterial. "La oxitocina es también conocida como la hormona de la felicidad", agrega Becerril. "Si triunfas en tu trabajo, hay un disparo de oxitocina, igual que cuando quieres festejar un logro personal o profesional". Adorar lo que haces en tu trabajo estimulará esta hormona. Pero pensar en tu pareja o soñar despierta imaginando a tu ser amado puede aumentar su efecto sustancialmente. Sin embargo, nada sustituirá a la relación sexual llena de pasión que te llevará hasta el clímax.

La dopamina está relacionada íntimamente con la curiosidad, por lo que es una hormona fabulosa para las investigadoras. Cuando hay una ausencia de ella, todo se torna aburrido y te pones pasiva y hasta deprimida. Un exceso de dopamina te estresará y hará que te preocupes mucho. Esta hormona bien nivelada, en conjunto con la oxitocina y la serotonina, es la fórmula perfecta para sentirte segura de ti misma, según Kay y Shipman.

"Cuando dices: `Estoy cansada, deprimida, enojada o no tengo ganas de tal o cual´", yo siempre te aseguraré que no eres tú, sino que son tus hormonas las que actúan así", afirma Becerril. Ellas regulan tu estado de ánimo y cuando una falla, todas las demás pierden su balance. Esto se complica más a partir de los 30 años, cuando producimos menos hormonas, empiezan los trastornos en la menstruación, te sientes más cansada o tienes retención de líquidos. "Esos pequeños cambios empiezan a afectar cómo te desempeñas día con día: absorbes menos nutrientes, se te antojan más los carbohidratos, comes muchos dulces, aumenta o disminuye tu sangrado menstrual y tu cuerpo se modifica", dice la doctora.

Ya que conoces las escaleras y serpientes que presenta cada hormona, lo mejor será procurar mantener un sano balance comiendo adecuadamente, durmiendo de ocho a nueve horas, haciendo ejercicio, meditando, encontrando un *hobby* o teniendo largas noches de pasión en la cama. Si nada de esto resulta efectivo para mantenerte en un buen nivel hormonal y te hace sentir cómoda para ascender hacia el triunfo, será hora de consultar un médico que evalúe tus niveles hormonales y determine si necesitas tomar medidas más drásticas al respecto.

SEÑOR MIEDO: FRENO TOTAL

El temor fundamental al que nos enfrentamos es el miedo a perdernos. Cuando el ego se ve amenazado, el miedo entra a la defensa. Pero la mayor parte de las veces, el miedo es un pésimo consejero: nos hace comportarnos de una manera errática o nos paraliza completamente. Está también la posibilidad de desarrollar una paranoia y sentir que eres frágil ante una fuerza destructora que te persigue.

¿A qué le tienes miedo? Apuesto que el cambio es uno de los detonantes de tu miedo. Esa sensación de no saber qué hay detrás de una decisión, mala o buena. El miedo al rechazo o a no pertenecer nos persigue a todos los seres humanos y a algunos animales también. El miedo a equivocarte y no poder enmendar tu error. El miedo a perder lo que tienes. El miedo a disentir con un superior o un ser querido y tener que confrontarlos. El miedo a ser tú mismo, a ser diferente o incluso a ser igual a los demás. Todos esos miedos nos toman por rehenes. Hay una infinidad de temores que nos atormentan y que, si los dejamos escondidos como un esqueleto en el clóset, no harán más que crecer y reproducirse.

Uno tiene que enfrentar al miedo como el torero frente al toro. Pero en esta metáfora, el capote no es para dejar pasar al miedo hacia un lado, esquivándolo, sino para poder situarlo suficientemente cerca, como para introducir tu espada y matarlo. "La valentía no es la ausencia del miedo, sino el miedo caminando", dice Susan David.

Es muy común escuchar que alguien teme que lo vayan a despedir del trabajo. Algunas veces, debo reconocer, se trata de una conjetura con bases sólidas porque un error quedó al descubierto o, simplemente, porque el jefe o el empleado han dado indicios de que la relación está desgastada y es hora de propiciar el cambio. Pero otras tantas ocasiones, resulta que el miedo viene de adentro, de una inseguridad constante en el desempeño del trabajo y una autoestima deteriorada. Eso, lejos de estimular a la persona y hacerla empeñarse para hacer las cosas mejor, muchas veces tiene el efecto contrario. He visto carreras desplomarse por temores infundados o, en casos menos dramáticos, también me ha tocado consolar a la persona que duda sobre su estabilidad laboral y tratar de convencerla de que no corre peligro alguno.

A algunas mujeres en puestos relevantes las persiguen los rumores de que las van a despedir. No hay misterio sobre quiénes lo inventan y alimentan, pues suelen ser los colegas celosos o los subordinados enojados, quienes propagan esas mentiras. Yo no he estado exenta de experimentarlo. Recuerdo una ocasión en la que fui a la oficina de mi jefe porque me habían hecho saber distintas amistades que mi trabajo ahí estaba por concluir. Me senté frente a él y con toda calma le dije: "He escuchado que me quieres despedir. Si es cierto, vengo sólo a pedirte que me lo informes tú porque hasta el último segundo en esta empresa te voy a dar tu lugar como mi jefe". Quizá por mi solemnidad o porque le pareció que el rumor era descabellado, él lanzó una sonora carcajada y me aseguró que conocía perfectamente a la persona que había iniciado ese desagradable rumor. Meses después me citó en su oficina y me mostró el documento con el que se daba por terminado el contrato de esa mujer. Ella nunca supuso que al desear mi renuncia, estaba firmando la suya.

En épocas de crisis y, especialmente, ante un liderazgo débil, inseguro o corrupto, los temores circulan como cascada por los pasillos de las oficinas. Entonces impera la ley del miedo y en cada oportunidad se te recuerda lo frágil de tu posición, lo terrible que está la industria a la que perteneces y la amenaza de cambios y recortes. El personal se tensa, los proyectos se detienen y, en general, el ambiente está tan dañado que el aire podría cortarse a rebanadas. Ha habido oleadas de despidos en algunas empresas en las que trabajé. Pero ante cualquier situación de inestabilidad, sólo puedo reiterarte que me he negado a vivir desde el miedo. Alguien o algo puede tener poder sobre ti sólo si se lo concedes. No me permito darle un lugar importante al miedo en mi pensamiento y mucho menos en mi vida. Sea como sea, mi trabajo habla por mí y, ante eso, ya no son necesarias las palabras.

Por ello te invito a que tú te bajes del lomo del miedo, que dejes de alimentarlo y desistas en ese intento de seguir sus consejos. No importa cómo lo veas y qué tan cierto sea lo que produce tu temor, no hay angustia ni estrés que lo valga.

Si, en cambio, tu temor tiene sus raíces en tu inseguridad, la única escalera viable para ti es que trabajes en tu autoestima. Muchas veces te sientes devaluada por la relación destructiva que tienes con tus superiores en el trabajo. Pues entonces debes apostar por ti y buscarte otro empleo. Los vínculos laborales dañados son un caldo de cultivo para desequilibrarte. "El miedo es nerviosismo; el miedo es inquietud; el miedo es una sensación de incapacidad, el sentimiento de que podemos ser incapaces de enfrentarnos a los desafíos de la vida diaria", dice Chögyam Trungpa en su libro *Sonríe al miedo*. Tu salud mental depende de que vivas en paz y, por lo tanto, el camino puede resultar enigmático e incluso desarrollarse con cierto nerviosismo, pero debe presentarse ante ti libre de miedo.

Serpiente: eso que te come se llama ansiedad

Se trata de la nueva pandemia que está atacando la mente de gran cantidad de adultos. Como suele suceder con el estrés, una pequeña dosis de ansiedad puede ayudarte a comenzar y a concluir un proyecto exitosamente. Pero mientras el estrés te abruma y carga tu estado de ánimo dejándote rendida, la ansiedad te da la sensación de que algo terrible sucederá.

Vivir con ansiedad es pensar que el fracaso está por alcanzarte y, por lo tanto, tu paz se ve violentada. Dejas de pensar con claridad, estás preocupada constantemente, no puedes concentrarte, te pones intolerante y no eres capaz de conciliar el sueño.

Como en el ejemplo que mencioné sobre las personas que injustificadamente piensan que van a perder su trabajo, la ansiedad puede no tener ni un solo elemento real. Pero en las jornadas laborales, en las que el día no nos alcanza para terminar de leer todos los *mails* que están en la bandeja, para preparar las presentaciones, asistir a las juntas y exponer el reporte de ventas al equipo, la ansiedad trepa hacia nuestra mente y la domina.

Lo primero que hay que hacer para detener la ansiedad es reconocerla. Una vez que le diste el nombre y entendiste que esos negros pensamientos deben alejarse, te toca buscar las prioridades y darles énfasis a los pendientes que realmente urgen. Así, sin crítica ni desgaste, deja de preocuparte y concéntrate en ocuparte.

¿VERGÜENZA POR TRIUNFAR? ¡DATE PERMISO!

"No dejes que te pongan ningún límite: no permitas que te hagan sentir vergüenza".

Héloïse Letissier, estrella pop

La autora e investigadora Brené Brown describe la vergüenza como la sensación de que somos malas y, por lo tanto, no merecemos pertenecer, ser consideradas o amadas. Es como si hubiera algo tan malo en nosotras que resultamos un error viviente. Cuando la vergüenza aparece incluso nos puede invadir la sensación de que quizás hemos podido engañar a algunas personas, pero que seremos descubiertas y eso es conocido como el "síndrome del impostor".

Por años respondí a quien me preguntara, que mi carrera había sido producto de diversos golpes de suerte. Tuve que leer sobre el síndrome del impostor y entender que mi historia no fue fortuita. He luchado como una loca para llegar a mi trabajo actual.

Resulta sumamente interesante que mientras más se estudia este síndrome, mayor cantidad de personas declaran padecerlo. Desde las que se descalifican sin necesidad de que alguien externo lo haga, perdiendo grandes oportunidades de triunfar; hasta las que al encontrarse con un serio obstáculo, como ser despedidas de su trabajo, se sumen en una profunda vergüenza, seguras de que finalmente han sido descubiertas.

¿Alguna vez has sentido que eres un fraude? Quizá consideres que has llegado al puesto que tienes por suerte o que ciertas personas te han ayudado a subir por la escalera del éxito sin que tú hayas tenido mérito alguno.

¿Sientes que te van a descubrir porque eres una fracasada simulando ser una mujer exitosa? No me extrañaría que dijeras que sí. Cientos de mujeres poderosas lo han aceptado. Otras, prefieren callarlo. Pero el caso es que sienten vergüenza de su triunfo, incluso se disculpan porque no se creen merecedoras de él.

Existe la posibilidad de que estés pensando que tu ubicación en el tablero profesional está al comienzo. Pero concéntrate en tu pasado y ve si alguna vez sentiste que no pertenecías a un equipo de trabajo, a un grupo de amigas o que debía haber un error porque tu calificación en los exámenes era demasiado alta para alguien con tu capacidad. Espero que nunca lo hayas experimentado. Pero si has estado en una situación similar, tengo que pedirte que recapacites y comiences a darle valor a todo lo que has logrado.

Grandes mujeres con poder y prestigio siguen intentando ser aceptadas y, por lo tanto, evitan a toda costa ser percibidas como agresivas. Te alarmarías al saber la cantidad de ellas que consideran que no se merecen el puesto que tienen y por el que han luchado. Peor aún, si se les recuerda que están solas luchando en un mundo de hombres, inmediatamente se sienten debilitadas. De hecho, se ha comprobado que las mujeres obtienen menores calificaciones en un test de matemáticas cuando al inicio del examen hay una línea en blanco para especificar su sexo. Hay algo en nosotras que nos desanima y nos hace darnos poco valor. Eso es algo en lo que tenemos que trabajar. Es importante que a todas las triunfadoras les hagamos saber que están ahí por méritos propios. Mientras que tú te recuerdas a ti misma que tienes derecho a ser exitosa y de permitirte sentir orgullo porque te lo has ganado.

JUICIOS DAÑINOS QUE ESTORBAN

Ya hemos hablado de la madrastra que está recriminándote cada traspié. En este punto del libro, si no la has callado, estoy segura de que no le resta mucha vida. Pero ahora entremos al tema de lo que tú dices o piensas de las demás. Una persona que juzga, lo hace cuando siente que se ha esmerado tanto, y probablemente con sacrificio, para lograr un objetivo, pero piensa que otro individuo no tiene cuidado alguno para llegar a él, quizá ni siquiera le importa. Por ejemplo, una mujer soltera juzga a su colega como desinteresada en su proyecto profesional porque sale corriendo, apenas dan las seis de la tarde, para ir a buscar a sus hijos a la guardería. O como se critica a una mujer cuando sale a la playa en bikini mostrando un cuerpo rollizo y con celulitis, mientras que tú te has torturado con las dietas y las rutinas de ejercicio para mantenerte en forma. Sientes que tienes derecho a objetar a quien no se esfuerza como tú para obtener una meta tan difícil y lo repruebas con críticas.

El primer juicio, o quizá deberíamos nombrarlo prejuicio, es el que formulamos hacia esa mujer bonita o guapa que, desde que llegó a tu mundo laboral, parece haber iluminado las pupilas de todos, incluyendo las de tu jefe. El camino fácil y nada digno para descalificarla es afirmar que está ahí porque tiene relaciones sexuales con uno de sus y tus superiores. ¿Culpable? Bueno, quiero decirte que tú y 99% de las mujeres que conozco hemos hecho alguna vez este desagradable comentario sobre alguna colega. Duele reconocerlo, pero es aún más devastador perpetuar esa terrible costumbre de tirar la primera piedra.

Tristemente, yo también he sido víctima de esos espantosos comentarios acompañados de miradas suspicaces en los pasillos. Tuve un jefe al que le colgaron todas las relaciones posibles en el imaginario laboral. ¡Incluso llegaron a relacionarle con un chico! Evidentemente, se trataba de un "macho alfa" (utilizando el macho como sinónimo de varón), de ésos que dominan la selva con una hermosa melena y su seductora manera de ser líder era tan encantadora para hombres como para mujeres. El problema es que todas las que entrábamos a su oficina nos convertíamos en sospechosas para las otras chicas. Pasaron años en que yo encabezaba la lista de sospechosas y mientras los comentarios mal intencionados crecían, nadie estaba al tanto de mi situación personal. Yo estaba recién desempacada de la peor época de mi vida, que incluía un doloroso y costoso divorcio y una mudanza de regreso a casa. No tengo idea si a todas las mujeres les pasa, pero cuando yo tengo roto el corazón, no sólo no veo a los hombres como prospectos amorosos, sino que me concentro al ciento por ciento en mi hijo y mi trabajo. Así que lo que menos se me ocurría en ese momento era tener una relación con mi jefe o con cualquier hombre, en todo caso.

Siempre supe perfectamente quién había iniciado ese rumor y cómo alimentaba los juicios en mi contra cada vez que ponían otra revista a mi cargo, me ganaba un bono o la empresa me enviaba a estudiar un curso al extranjero. Sabía de sus celos y de esa terrible cárcel que es la envidia, de la cual ella era presa, por lo que hasta el último momento en que estuve en esa compañía jamás me defendí ni me di por enterada. ¿Para qué defenderse cuando eres inocente y quien te acusa no tiene las agallas de confrontarte?

Pero en cuanto me mudé a otra editorial, otras dos chicas subieron en la lista de sospechosas. Ambas guapas y muy carismá-

ticas. Escuché la misma acusación que se me hacía a mí, pero ahora dirigida a ellas. Sin embargo, como ahora yo estaba lejos de ese territorio, pude ser testigo de las cosas tan sucias que las mujeres decían: describían escenas casi porno en las oficinas, les inventaban viajes e intercambiaban el nombre de una u otra para cuadrar mejor la trama. Entonces me dio por romper el encanto y decirles a todas ellas que a mí me habían acusado de lo mismo y que nadie como yo sabía lo injustas que habían sido al juzgarme. Les pedí que callaran, aunque eso siempre propició un incómodo silencio. "Si fuera cierto, deberíamos desearles felicidad", les dije cada vez que me encontraba escuchando estas injurias.

Como mujeres hacemos muy mal en juzgar el éxito de una de nosotras, tomando en cuenta como única virtud el físico o la sexualidad. ¿En qué posición nos ponemos si ésos son los únicos méritos que adjudicamos?

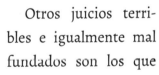

Otros juicios terribles e igualmente mal fundados son los que tienen que ver con un físico diferente. Ya dijimos que a las mujeres con sobrepeso se les descalifica, pero a las excesivamente delgadas tampoco se les perdona. Si la chica usa lentes la tachamos de tonta o como una nerd o geek. Eso simplemente es una lista larga y llena de serpientes.

Como la nueva diseñadora de Dior, Maria Grazia Chiuri, propongo que todas debemos ser feministas. Es decir, dejar en tregua por un momento el asunto de la igualdad de géneros para concentrarnos en ser mejores personas con las de nuestro propio sexo. Parar de juzgarnos. Cancelar esos celos y envidias. Propongo mejor tejer una red de mujeres que te hagan sentir apoyada y bríndales tú también lo mejor que tienes. Sigue la teoría del brillo (The Shine Theory), que trata de encauzar y promover que brillen todas las mujeres a tu alrededor. Estoy segura de que tú tendrás fabulosos destellos para sumarte a la causa. Recuerda, ya no hay necesidad de ser feminazis o acusar a nadie de serlo cuando podemos ser mujeres en pro de otras mujeres felices y poderosas.

Capítulo 6

TRABAJA PARA TI:

para ganar sólo tú

Todos sabemos que cuando alguien menciona que algo está *cool* es que es fantástico. Si una persona tuvo una actitud nada *cool*, fue pedante. Pero también se le adjudica el adjetivo *cool* a una persona que puede ser desde relajada, con gran control, hasta un poquitín fría. Lo interesante del caso es que existe una relación real entre una persona *cool* y su temperatura corporal. Como lo lees, esas personas que son menos emocionales en sus reacciones reflejan algo que es físico en su comportamiento. Las que, como yo, tienen la pasión a flor de piel de modo que se nota, vivimos con mayor intensidad las cosas porque así nos lo dicta nuestra temperatura corporal elevada. De ahí la expresión de que "somos de sangre caliente".

En una situación laboral es bastante claro quiénes son *cool* y quiénes los miembros del equipo opuesto. Como suele suceder cuando se pretende un resultado óptimo, lo ideal es que se complementen entre sí. Unos ponen su cabeza y secundariamente el corazón, mientras el resto trabaja con la pasión y tiene en segundo plano lo mental. Aquí el reto consiste en que cada una de nosotras tenemos que compensar cuando se requiere que nos pongamos en la fase mental, aunque seamos naturalmente más ardientes. O, bien, que seamos capaces de dominar nuestro instinto en pro de funcionar mejor en determinado momento, por ejemplo, si necesitamos llamarle la atención a una colaboradora y confiamos en que siendo *cool* vamos a darle una retroalimentación más objetiva. Los *cool* también tienen sus retos, pues pueden parecer distantes o indiferentes cuando en realidad existe su interés, mientras que su esfuerzo más considerable es poder empatizar y ser solidarios con los demás.

AGILIDAD SOCIAL: TOMARLE LA TEMPERATURA A TU CIRCUNSTANCIA

Hace poco entrevisté a un directivo de Cartier, quien me contó anécdotas muy interesantes de María Félix. Es difícil distinguir entre la realidad y la ficción para tratar de armar su historia porque a *La Doña* le encantaba inventarse cuentos y fomentar la leyenda que quería dejar como legado. Pero si algo le reconocía el alto ejecutivo de la firma francesa era que esa mujer era capaz de adaptarse a su entorno muy eficientemente. Sabía leer los signos de lo que era importante en la sociedad, adoptaba las costumbres y hábitos para pertenecer y, con el tiempo, dominarlos. La famosa mexicana podía sentarse en la mesa con gente extraña e inmediatamente captaba los roles que jugaba cada uno. Sabía a quién debía dirigirse, usaba su inteligencia y gran sentido del humor para convertirse en ese imán enigmático que seducía a todos a su alrededor. Utilizaba su ironía con gracia, ingenio, pero siempre a límite, conociendo las fronteras de la elegancia.

La Félix ejercitaba su agilidad social. De otra manera, ¿cómo se puede explicar su súbito éxito? Enamoró a centenares de hombres, recibió un balazo de su celoso marido, Agustín Lara, y salió ilesa. Se casó con el galán de la época, quien, durante su primer encuentro, le insinuó que había ganado su primer papel en el cine por favores sexuales: Jorge Negrete. Así, sin tener gran talento para actuar, se convirtió en la máxima estrella del cine nacional. Ver sus entrevistas en televisión resulta de lo más divertido porque juega al lobo con sus entrevistados: los acecha y después los devora. Pero lo que queda en sus víctimas no es odio, sino aplausos como si los hubiera hechizado.

Es difícil desarrollar ese olfato para lograr identificar a las personas y las situaciones que te otorgarán una escalera. Sin embargo, las mujeres que son observadoras terminan distinguiendo con quiénes debe relacionarse y de qué manera. No estoy hablando de las famosas "trepadoras", aunque evidentemente éstas tienen un talento innato para utilizar a quien sea con tal de escalar, sino de ejercitar el sentido común para darles prioridad a ciertos personajes y determinadas circunstancias.

El ejemplo más simple que se me ocurre es cuando le pido a alguien de mi equipo que cumpla un objetivo. Digamos que solicito que negocie una entrevista para alguna sección. Le doy la explicación de lo que deseo y suelo sugerir que me copie en ese *mail* para supervisar la correspondencia. Cuando veo que pasan horas y no he recibido el correo, voy a investigar la razón. Resulta que la chica está escribiendo un artículo y ha decidido hacer mi encargo después. Eso no es ejercitar la agilidad social

No se trata de manipular o hacer estrategias, sino de hacer uso de tu buena educación, tu sentido común, tu inteligencia y tu humor para ascender otro poco por la escalera laboral.

porque no distingue que las peticiones de su jefe deben estar en el tope de su bandeja de pendientes. Son una prioridad.

De verdad, piensa que si fueras a conocer a tus suegros, no vas a saludar al perro o a la vecina primero, sino a los papás de tu novio. Cuando das una presentación, tienes que agradecer a quienes te invitan antes de comenzar tu charla. En el momento que te llama tu jefe, paras lo que estás haciendo y atiendes sus necesidades.

AUTOCOMPASIÓN: UN ENCUENTRO CON TU SER MÁS NOBLE

La autocompasión ha sido no sólo malentendida, sino también maltratada por todos nosotros porque la confundimos con la lástima, que es un sentimiento negativo.

Sentir lástima por alguien o que esa persona nos tenga lástima es terrible, por lo cual a nadie le gusta la palabra ni la sensación. Pero aquí el error tiene que ver con que la autocompasión no es sentir lástima por uno mismo, emoción que sí existe y es una serpiente que te jala hasta el fondo de la desolación. La autocompasión es poder tomar la distancia suficiente como para saber que eres un ser humano vulnerable y, en lugar de juzgarte o atormentarte culpándote, puedes ser comprensiva y amorosa contigo misma. "Si estamos dispuestos a ser vulnerables, desde esa vulnerabilidad podemos descubrir también la invencibilidad", dice Trungpa. "Cuando no tenemos nada que perder, no podemos ser derrotados".

Habrá muchas situaciones laborales en las que te corresponderá ser autocrítica. Por ejemplo, si sabes que tu desorganización está causando problemas para el proyecto que tienes que entregar. El papel de la autocrítica es reconocer que eres responsable de una situación que impide que avances con la velocidad deseada y poderlo ver y aceptar para modificar tu proceso y organizarte mejor.

La autocrítica puede llegar a convertirse en tu peor pesadilla cuando se transforma en esa madrastra de la que hablábamos, que se empeña en hacerte sentir descalificada, devaluada y avergonzada. Eso, lejos de ayudarte a avanzar o corregir el camino, empobrece tu autoestima y te deja estancada en una espiral de negatividad. Lo peor de todo es que la autocrítica se alimenta de tu fragilidad y te somete al yugo de tu mirada reprobatoria, haciéndote pensar que son los otros quienes te descalifican. La verdad es que la mayor parte de las veces nadie se ha percatado de lo que tú consideras tu gran error. Mientras tanto, la compasión hacia ti misma es un escudo ante la autocrítica destructiva, porque es amable, en lugar de ruda, y ofrece la misma oportunidad de cambiar o solucionar la situación, aunque con un enfoque positivo, presentando el futuro lleno de áreas de oportunidad.

La compasión que puedas otorgarte ante un fracaso, una mala decisión o una equivocación nunca niega el sufrimiento, la frustración o incluso puede aceptar de buena gana lo que sucedió y las razones que te llevaron hasta ahí. Pero lo que hace que sea una escalera en lugar de una serpiente es que en vez de enojo hay comprensión y a la madrastra pareciera haberla sustituido una amiga. Es hacerte cargo de tus problemas porque eres valiosa y saber que puedes resolverlos porque eres capaz.

Además, cuando podemos escuchar nuestra autocrítica positiva para ser más funcionales y, al mismo tiempo, hemos logrado abordarnos con autocompasión, nos estamos tratando con amor e incrementamos nuestra seguridad y auto aceptación. Eso es equivalente a una larga escalera para tu vida personal y profesional.

¡AUXILIO!: PEDIR AYUDA

¿Cuántas veces te has visto en una situación complicada y, por no verte vulnerable, preferiste recorrer el camino largo, equivocarte y algunas veces no llegar a tu meta, con tal de no pedir ayuda?

Te sorprenderías de las veces que yo he tenido que ofrecer mi ayuda cuando veo que alguien está atorado. Pero lo peor es que no siempre es bien recibida mi iniciativa, pues entiendo que puede hacer sentir al otro vulnerable. Esto se debe a que no falta quien ayuda por acá y habla de carencias por allá. Así que no siempre hay la confianza para pedir ni la seguridad de que no será contraproducente hacerlo.

Pero el punto es que hay que entender que no podemos dominarlo todo. Quizás eres fabulosa en el manejo de redes sociales, pero dudas de que tu ortografía sea impecable. Todos tenemos nuestras fortalezas y nuestras debilidades. Reconocer tus deficiencias es saludable, pero de nada sirve si no buscas cómo compensarlas.

Así que elige tus batallas. Observa a quién puedes recurrir para solicitar auxilio con la certeza de que te ayudarán desinteresadamente. También puedes explicarle a tu jefe o cliente que requieres capacitación o una introducción a lo que necesitas hacer. Muchas veces ese camino te ahorrará largos kilómetros para intentar llegar a la meta sin saber los atajos o los protocolos.

Pero si antes de pedir ayuda te equivocaste, mientras más rápido puedas admitirlo y corregir tu error, más pronto lo arreglarás. Si para ello tienes que pedir ayuda, no dudes en hacerlo.

NO SIEMPRE ES PERSONAL AUNQUE PAREZCA

Estás tan ensimismada en tu situación laboral que, cuando llega el momento en que alguien te contradice o te reprende, sientes que hay un marcaje personal contigo. Pero te sorprenderá saber cuántas veces estás equivocada al pensar así.

Hay que entender, que un jefe, sin importar cuántas personas tiene a su cargo, es un ser humano antes que nada: cambiante, con vida personal, afectado por el clima, el negocio, la presión y hasta por sus hormonas. Seguramente tú eres un elemento fundamental en su equipo, pero estás en la categoría del trabajo, que es una de varias pistas en su circo. Con esto, no estoy diciendo que no haya jefes que sientan enojo y hasta antipatía por algún empleado, pero si ese elemento sigue ahí es porque respeta su labor.

Cuando un niño va mal en la escuela suele justificar su desempeño a través del odio que la maestra le tiene. Una vez más, esto puede ser cierto en contados casos, pero en la mayor parte de las situaciones se deteriora la relación porque el alumno está obsesionado con el marcaje que siente y que vive como presión, fuente de vergüenza e incluso estrés. Esto le sucedió alguna vez a mi hijo, quien estaba seguro de que la coordinadora de inglés lo abominaba. Lo que él no había notado, y yo le expliqué, es que esa maestra lo quería tanto que lo presionaba más, pues deseaba ayudarlo a pasar el año.

Como jefa exigente que soy, puedo decirte que hay veces que se ha deteriorado la relación con alguien de mi equipo, pero es mi trabajo mantener la objetividad y no evaluar nuestra simpatía mutua, sino la eficiencia de nuestra colaboración en la revista.

También he tenido jefes exigentes y me he sentido confundida un par de veces por comentarios que, a mi manera de ver, reflejaban inconformidad o reclamo. Pero en ambos casos he podido aclarar los puntos y continuar con nuestra relación laboral sin cargar el equipaje pesado de la inseguridad o el resentimiento.

¿Qué sucede cuando tu amiga se convierte en tu jefa? Ah, eso cambia la ecuación. Primero porque la amistad va a sufrir un cambio significativo dentro del trabajo y será un buen propósito mantenerla intacta fuera de él. La verdadera serpiente en este tipo de casos es que la chica que queda bajo el mando de su amiga puede confundirse al pensar que seguirán siendo cómplices y quizás incluso considera que tendrá beneficios. Pero la que ocupa un sitio superior en el organigrama tendrá que hacerse cargo del equipo con toda objetividad y, en lugar de tomar café y compartir chismes con su amiga, le va a exigir que cumpla con su trabajo cabalmente. Sin embargo, hay una serpiente más grande aún: entre amigas hay historia, secretos y gran conocimiento de las debilidades de ambas. Esas confidencias se pueden tornar en contra de una o la otra. La jefa puede usar esa información para exigirle que, por ejemplo, no vaya a plagiarse a alguien para escribir el proyecto asignado, como lo hacían juntas cuando trabajaban al mismo nivel. Y la subalterna puede comenzar a hablar mal de su amiga y "sus ínfulas de gran líder" con sus compañeros de equipo, haciendo la misma campaña que antes, como amigas, lanzaron contra el ex jefe.

En un caso así, lo importante es poner las cosas claras de una vez y desde el principio. Primero que nada, la chica que se queda en el mismo nivel tiene que aceptar el ascenso de su amiga sin envidias ni sentimientos amargos. La nueva jefa debe aclarar que la relación de amistad tendrá cambios sólo en el ámbito laboral, pero que no debe prestarse a rechazo o a falta de cariño el hecho de que deba exigirle igual que a los demás. Sobre los secretos y confidencias, ambas tendrán que pactar dejar encriptada esa información y actuar con el profesionalismo que requeriría trabajar con una extraña de jefa o empleada común y corriente.

Ahora, si tú sientes que estás en una posición vulnerable en la que, ya sea por antipatía, falta de paciencia o reprobación, consideras que puedes perder tu trabajo, te sugiero que detengas las conversaciones internas y los miedos y te atrevas a hablar con tu jefe. Coméntale lo que sientes sin acusarlo, sino con la fórmula: "Siento que no te agrado, considero que no te gusta mi trabajo o pienso que no has sido justo conmigo". Siempre en primera persona y sin acusarlo de nada. Pregúntale qué puedes hacer para mejorar las cosas, si estás interesada en conservar el trabajo. Pero especialmente sé valiente al enfrentar la verdad, sea cual sea, y despídete de esa inútil angustia que no te lleva a ninguna parte.

"Elegir ver el conflicto de la oficina como algo profesional en lugar de personal logra dos efectos importantes", dice Cathie Black, autora del libro *Basic Black* (Negro básico). "Primero, asegura que no sobrerreacciones accidentalmente y veas componentes personales donde no los hay. Segundo, difumina efectivamente todo conflicto personal que pueda existir". De cualquier modo, continúa Black, quienquiera que te provoque está tratando de ejercer dominio sobre ti y el hecho de que no respondas en el mismo nivel le niega ese poder.

EFECTO BÚMERAN: NO HACER DAÑO

"Sé generosa con tus alabanzas y cuidadosa
con tus críticas".

Cathie Black, autora del libro Basic Black

Qué bueno sería que todo en el trabajo fuera profesional. Pero, sin duda, una convivencia larga entre seres humanos se presta a bastantes enredos. ¿Te he mencionado el mundo fiero de las mujeres? Porque si bien es cierto que los hombres tienen sus puntos débiles y compiten despiadadamente muchas veces, hay que reconocer que nosotras nos movemos en un terreno jabonoso cuando interactuamos con nuestras compañeras y jefas.

Hablemos de la envidia, por ejemplo. Hace poco me topé con la primera descripción de este terrible sentimiento que tan mala fama tiene. Explicaba que se siente envidia cuando una persona ve que alguien está haciendo algo fabuloso que podría haber hecho ella. Me explico: si tú ves que tu compañera de secundaria se ha convertido en una *blogger* multimillonaria y tienes la sensación de que con tu talento pudiste haber pensado en ello y ser tú la exitosa *influencer* vestida de pies a cabeza de diseñador, pero como no lo eres, entonces te sumerges en un pantano oscuro que te hace sentir mal y a veces desearle algo malo a tu amiga. Todo esto acompañado por un dolor físico que te oprime el corazón y te nubla la mente.

En su libro *Girl Code* (Código de chicas), Cara Alwill Leyba menciona que hay dos tipos de envidia: "La maliciosa es amarga, resentida y desagradable, llevada por la necesidad de dejar las cosas igual, incluso si eso significa hacer que la otra persona se caiga", señala. La benigna tiene, en cambio, un efecto positivo porque te hace pensar que si ella lo puede hacer, tal vez tú también.

Lo primero que debes hacer cuando te llega un golpe de envidia es procesar que su ejemplo significa no sólo que si ella puede, tú también, sino que tienes una llama que puedes alimentar con ese potente combustible que ella te ha regalado. "Ponte inmediatamente en su nivel, quitando toda tensión y pensamientos sobre que ella es mejor que tú en cierto sentido", agrega Cara. "Mándale un *e-mail* y déjale un comentario positivo en sus redes sociales felicitándola por sus logros". Eso mata todo karma y te deja en una posición positiva y luminosa, lista para intentar tu camino con tus propias escaleras. "Ser mala no te hace *cool*, ser rica no te hace *cool*, y tener la ropa correcta, aunque ayuda, no te hace *cool*", confirma la autora de *#Girlboss*, Sofía Amoruso: "Es *cool* ser amable... Es *cool* ser honesta y sentirte segura contigo misma".

Portarte o hablar mal de tus compañeras, como ya lo dijimos, expresa cosas negativas de ti. Porque resulta como un búmeran que mandas para herir el prestigio de tu colega, pero termina regresando a ti de una manera u otra. ¿Te acuerdas de la mujer que creó el rumor de que me despedirían y terminó saliendo ella de la empresa? Bueno, pues, he visto infinidad de casos en donde la que comienza por decir mentiras sobre otra persona termina enredada en una especie de tela de araña que la ata y no le permite avanzar. Lo mejor que tú puedes hacer es enfocarte en tu trabajo y tus propios logros. Las únicas metas que importan son las tuyas y no hay nada ni nadie que te deba distraer de ese objetivo dentro de tu carrera.

Aquí tu autoestima y autoaceptación juegan un papel definitivo porque las personas que sienten vergüenza terminan ofendiendo e hiriendo a los demás. La autora del libro *Agilidad emocional* asegura que el único antídoto de la vergüenza es la autocompasión. Es decir, tienes que reconocer tus errores y tus retos. Aceptar lo que eres y quererte así para poder extender esa bondad hacia los que te rodean. Sin esta autoaceptación, sin darte permiso de ser quien eres, según David, no hay forma de avanzar. "Al dejar de tratar de controlar el mundo, es cuando hacemos la paz con él", asegura la autora. Ella ilustra esto con una idea que me gusta mucho: no se puede reconstruir una ciudad mientras esté en guerra. Se necesita una tregua y que llegue la paz para poder renovar ese lugar.

En el libro *best seller*, *The Rules of Life*, de Richard Templar, la regla número 31 es: "Elige cómo vas a hacer tu cama". En ella, el autor describe cómo cada acción que tomas va a tener un efecto inmediato no sólo en tu alrededor, las personas que están en tu ámbito, sino también en ti. "Los que hacen bien, reciben cosas buenas", afirma. Ciertamente todos conocemos casos de gente mala, que hace cosas innombrables y que parecen salirse con la suya. Pero Templar asegura que esas personas no tienen paz y jamás concilian el sueño. "Así como se afirma que `eres lo que comes´, eres lo que haces", concluye. Por eso te invita, y yo me sumo a la sugerencia, a que hagas lo correcto siempre. "Métete a la cama que hiciste y no sólo podrás dormir en la noche, sino que también tendrás el sueño de los justos".

Tus palabras son inmensamente poderosas, así que pon atención a lo que dices y haces porque contagiarás tu vida y la de los que te rodean con negatividad o con las cosas positivas. Termina con los rumores, ponte a régimen de chismes y verás que pronto te sientes más ligera y optimista. No hagas daño a nadie porque si lo haces será como bombardear tu propia autoestima y alimentar tu vergüenza. Mejor mírate con detenimiento y háblate con la compasión que le tendrías a una amiga o a una hermana. Haz tu propia tregua y, en ese estado de paz y amor por ti, serás capaz de dar y recibir paz con la misma intensidad.

Capítulo 7

PRESENCIA EN EL TRABAJO:
aquí y ahora

Present over Perfect (Presente mejor que perfecta) es el libro en el que Shauna Niequist decide revertir su patrón de vida para dejarse de exigir una actitud profesional impecable, desacelerar sus constantes viajes y conferencias, con el fin de encontrar sus propios deseos, así como habitar su cuerpo, mente y espíritu. Todo parecía ir viento en popa con su carrera: ella tenía varios libros escritos, era solicitada constantemente para dar pláticas, gozaba de libertad para diseñar sus compromisos e incluso jugaba un papel activo en su iglesia. El panorama era positivo, pero estaba agotada, exhausta, se sentía ausente en la vida de sus hijos y su marido; se encontraba sola, desubicada y vacía. Entonces comenzó el trayecto que relata en su libro: metió el freno de mano, escuchó sus propios deseos, en lugar de tratar de cumplir los del resto del mundo, dejó a un lado la autoexigencia que la forzaba a ser siempre la mejor, la persona que siempre está, que entrega a tiempo, que siempre muere en la raya. Con ese giro de 180 grados, ella encontró a una nueva persona en sus zapatos, más feliz y realizada, que aprende a decir no, que tiene que decepcionar a muchos, con tal de estar bien con los suyos.

En ese proceso el problema más complicado de resolver es divorciarse de las expectativas propias y, al mismo tiempo, de las exigencias externas que pueden ser muy tentadoras: una oferta de trabajo exquisita o enfrentar a un nuevo *deadline* para entregar el libro ahora que ya no usa la ansiedad y el miedo como combustible. ¿Cómo no regresar al punto donde partió? ¿Realmente quiere una vida más relajada y puede aceptar sus consecuencias? En efecto, opta por encontrar el centro dentro de sí misma. Aprende a gozar de una novela, jugar con sus hijos o disculparse porque no ha concluido el libro a tiempo. La gran lección de este libro y la razón por la que la traigo a cuenta es que Shauna comprendió la importancia de estar presente en lugar de querer ser perfecta.

Dentro del mundo laboral también vas a enfrentar infinidad de exigencias, llegarán retos externos, pero seguramente muchas metas tú las determinarás. Querer más puede ser una escalera engañosa, pues fácilmente puede tornarse en una serpiente. Si no habitas tu propia vida, si sólo te concentras en el deber ser y olvidas que hay una persona, un espíritu, una amiga, una hija, una mamá, una novia o una creativa bajo tu piel, estarás puliendo un diamante maldito.

Debes estar presente en tu vida, en tus relaciones y en tus sueños. Tu voz y tu sentir son importantes, no te dejes llevar por lo que se espera de ti, pues la única responsable de tu bienestar eres tú.

Nadie puede estar realmente presente cuando la pasión no existe. Es preciso que ocupes ese espacio por convicción propia. Que tus emociones y tus ideas comulguen con tu labor profesional. A veces tienes que trabajar subiendo pequeñas escaleras, para finalmente encontrar una grande, ésa que puede elevarte a la posición que tanto has deseado. Nada es inmediato y el camino, créeme, valdrá la pena. Pero es importante recordar que las carreras sólidas se llevan su tiempo, que no hay trabajo perfecto ni el 100% de tu tiempo será gozo y realización. En el mejor de los casos, tendrás 20% de labores poco estimulantes.

PRESENCIA EJECUTIVA: CÓMO ACTÚAS, HABLAS Y TE VES

"**Tu imagen educa a los otros sobre cómo tratarte. Sé audaz y preséntate a ti misma con convicción**".
Ariana Pierce, autora de *Skip the Party, Start a Business*

La presencia ejecutiva, además de demandar la entrega total al momento presente, requiere de tu autoconfianza y autovaloración. Saberte inteligente, capaz, creativa, importante para tu equipo y buena en el trabajo que realizas puede llevarse su tiempo. Pero ésa es la meta. Por el momento, tienes que empezar a cultivar tu seguridad e ir arriesgando poco a poco. Lo importante no es lo que piensan los demás de ti. De hecho, tienes que dejar de preocuparte por eso. Debes abrirte para aprender, de tus experiencias, de tu entorno y de ti misma. Hay que creer en ti y darte la oportunidad de sentir que puedes. Así, con esa mentalidad, tu presencia ejecutiva se irá fortaleciendo.

La presencia intencional, según la autora de *The Power of Presence* (*El poder de la presencia*), Kristi Hedges, consiste en entender cómo quieres ser percibida y saber comunicarlo de la forma correcta. Eso significa que hay que alinear tus pensamientos con tus palabras y acciones. "Lo cual requiere una buena comprensión de tu verdadero y auténtico ser y del impacto que causas en los otros", asegura Hedges. Por lo tanto, "decidir qué deseas transmitir es un paso poderoso y crítico, pues es la imagen de ti misma que quieres tener en tu mente".

Así como Sylvia Ann Hewlett habla en su libro *Executive Presence* de la manera en que tuvo que reinventarse no sólo para sobrevivir en la universidad, sino más tarde en su vida profesional, ya que gran parte de su trabajo se enfocó en modificar su acento, que delataba el lugar en que había crecido y era percibido por sus jefes y colegas como un sitio donde la población era muy básica y sin estudios. Está visto que algo tan arraigado como una manera de hablar: tu tono de voz, tu acento, tu vocabulario y la asertividad, al momento de expresarte, pueden resultar una escalera o una gran serpiente en tu trayectoria profesional. De hecho, no hay nada que tu ropa y tu comunicación no verbal puedan hacer por ti si, a la hora de articular palabra, hablas como una persona poco refinada, te cuesta trabajo poner en orden tus ideas y tu vocabulario es pobre o vulgar. Por eso, hay que enfocarse en pulir la expresión oral, haciendo todas las modificaciones necesarias para que tu manera de expresarte hable bien de ti.

ENTREVISTA

LAS REGLAS NO ESCRITAS PARA TRIUNFAR

María Cristina González Noguera hoy tiene el reto de poner en marcha el departamento de Global Public Affairs, que es la intersección entre comunicación y relaciones gubernamentales para una de las empresas más poderosas de la industria de la belleza: Estée Lauder. Previamente, sin embargo, tuvo la oportunidad de trabajar con la primera dama de Estados Unidos, Michelle Obama, como su asesora especial en comunicación, haciendo estrategias a largo plazo.

Es importante que la mujer se vista de manera que le ayude a lograr su objetivo en el trabajo. Nada de vestir *sexy*. Las mujeres jóvenes tienen que usar su buen juicio, pues tratar de vestir como una de 40 las va a hacer sentir incómodas. Es cuestión de mirar a tu alrededor y observar cuál es la cultura corporativa en donde estás trabajando, qué es lo que se espera de ti en esa norma laboral y entonces vestirte no sólo de una manera cómoda, sino también que te sientas auténtica y te permita expresar tu sustancia. Pero, para vestir de manera que seas tomada en cuenta, es mejor ser elegante y no necesariamente estar en tendencia.

Para mí, el reto más difícil en la Casa Blanca fue estar en un grupo de pocas personas que están trabajando muy de cerca con el presidente y con la primera dama. Ahí, el ambiente es todo menos burocrático, las cosas se mueven sumamente rápido. De hecho, me tuve que acoplar al ritmo en el que hay que trabajar velozmente y tener que tomar decisiones inmediatas. Si pasó algo a las siete de la mañana y tenías pensado que a las nueve de la mañana ibas a estar en una reunión en donde Michelle Obama daría un discurso, tenías que reajustar las actividades del día y jerarquizar lo que era más importante. Al estar consumiendo información debías entender cómo procesarla, cómo delegar y cómo compartirla.

Tengo que decir que fui muy afortunada pues, al crecer como profesionista en la Casa Blanca de los Obama, había mujeres en altos rangos. El presidente tenía un gabinete diverso. La diversidad era clave. Diversidad en pensamiento, género, etnia y cultura. Se practicaba The Shine Theory, unas mujeres hacían brillar a otras. Hubo incluso un artículo en el *New York Times* sobre cómo nosotras, dentro de esa administración, empezamos a brindar oportunidad no sólo a mujeres de la edad promedio, sino también a las más jóvenes para que ellas tuvieran voz en su equipo.

En general, las mujeres estamos más conscientes de que nos necesitamos las unas a las otras. Estamos al tanto del comportamiento opositor que pudimos haber tenido y lo estamos combatiendo. Pero de que todavía existe, no hay duda, porque el ser humano tiende a ser ambicioso y competitivo. Sin embargo, estoy muy optimista con esta próxima generación de *millennials*, a quienes veo utilizando The Shine Theory. Eso me da mucha energía, me gusta el diálogo que estoy viendo entre ellas. Además, somos cada vez más las mujeres que, cuando vemos ese comportamiento negativo, nos llamamos la atención.

En tu carrera debes lograr que la comunicación sea eficaz, para ello es indispensable primero valorarte a ti misma y tus opiniones. Eso implica ser directa y poder comunicar exactamente lo que estás percibiendo, trabajando, lo que quieres hacer y qué necesitas para lograrlo. Pero no olvides los buenos modales que nos enseñaron en la casa: siempre dar las gracias, pedir las cosas por favor, ser humilde y tener empatía con tus colegas. Todos trabajamos mejor cuando nos piden las cosas por favor y nos dan un contexto de por qué se necesita nuestra ayuda.

Entre las cosas que hago para comunicarme mejor, está tratar que todo lo que tiene que ver con mi trabajo sea a través del *e-mail*. Entonces, si alguien me busca por Linkedin, inmediatamente lo remito a mi *e-mail*. Me comunico por texto con mis amistades, con mi familia, en general por cosas triviales. Pero trato que los asuntos que merecen atención, pensamiento o planeación sean por *mail*. Sin embargo, manejo a mi equipo en persona. Requiero que sean frente a frente las conversaciones que llamo *The Table of Truth* (La mesa de la verdad), que he tenido consistentemente con mis equipos a través de los años. Estando ahí digo: "Cuando estamos sentados en esta mesa de la verdad, si no me dices honestamente lo que pasó, no puedo ayudarte. Si no expresas realmente lo que sientes, no puedo hacer nada al respecto".

Lo que valoro de mi experiencia laboral es haber aprendido a tener propósito. En mi época en Washington entendí que tienes que ser deliberada en tus acciones y en tus palabras. Si el presidente va a hablar sobre salud, por poner un ejemplo, el evento es en un lugar que comunica salud y el mensaje empieza en punto medio y termina con salud. Eso ayuda a que no estemos malgastando el tiempo.

En mi vida personal trato de ser coherente, me encanta esa palabra, pero también reconozco que el día puede haber sido loco y que no está funcionando como yo quería. Así que hay un momento en el que lo reconozco o le comunico a mi equipo o a la persona con la que estoy hablando que hay que repensar las cosas. Tampoco se trata de ser rígidos. Hay que ser flexibles para poder lograr esa coherencia.

Para tener una presencia ejecutiva, la madurez es muy importante. Tienes que demostrarla en la manera que hablas, en la habilidad de formar y comunicar opiniones y en tu plan de acción. Ser una mujer en un mundo de poder requiere pensar bien las cosas y ser estratégica. Para mí, pensar más que tener consideración es entender el contexto en el que te estás moviendo. Hay cosas que te drenan energía, tanto tus colegas como los proyectos. Así que tienes que ser supremamente clara sobre a qué le estás invirtiendo tiempo y ser deliberada en tus acciones. Creo que nosotras las mujeres tendemos a poseer mayor empatía, y eso no está mal. Pero tampoco dejes que la empatía te chupe toda tu energía. La estrategia también tiene que ver con conocer tus prioridades. Si te viene un *mail* de tu CEO, ese correo es el más importante. Hay que organizar al equipo para conseguir los recursos y la información que requiere contestar ese *mail*, pues tienes que saber priorizar.

Pero, para sentir poder, debo aceptar cuando he cometido un error. Eso tiene gran poder, cuando puedes hablar sobre tu equivocación e identificar la solución. Poder es también tu tiempo, cómo lo usas y cómo lo planificas. ◆

TÚ, PERO MEJOR: SIEMPRE PUEDES PROGRESAR

"La vida no es para encontrarte a ti misma. La vida se trata de crearte a ti misma".

Sophia Amoruso, autora de *#Girlboss*

La diferencia entre una persona exitosa y una mediocre pueden ser 10 000 horas de práctica, según Malcolm Gladwell, en su libro *Outliers* (Fueras de Serie), después de analizar varios casos de éxito en los que se identificó, por ejemplo, que la mayor parte de los jugadores estrella de futbol americano nacieron en el primer trimestre del año. Afirma que su talento dista mucho de tener que ver con su signo zodiacal, pues lo que determinó que despuntaran fue que, gracias a su fecha de nacimiento, pudieron tener muchas más horas de práctica que los chicos que nacieron en octubre, noviembre o diciembre. Gladwell incluso se atreve a incluir a Mozart en esta categoría. Todos hemos escuchado hablar de este prodigio que escribió e interpretó música, con increíble talento, antes de llegar a la adolescencia. Sin embargo, pocos se dieron a la tarea de desmenuzar las intensas prácticas a las que el niño Wolfgang fue sometido por su padre y que lo llevaron a completar el mágico número de 10 000 horas antes de escribir sus obras más impresionantes. No cabe duda de que existía el talento, pero la práctica hace al maestro.

Pero ¿qué sucede después de que se completaron las horas? Puede ser que la persona se "duerma en sus laureles" y comience a hacer su trabajo en automático,

La motivación no se relaciona necesariamente con más salario, reconocimiento o un ascenso en el organigrama, sino con la necesidad de imponerte nuevas metas para sentir que tienes retos.

por lo fácil y rutinario que le resulta, o hay la posibilidad de que encuentre la siguiente escalera que se llama motivación.

Esto puede significar, para alguien como yo, escribir un libro por las noches, durante los fines de semana y en mis vacaciones, cuando la vida me permite dedicarme a ello en un ambiente creativo y silencioso. Puede ser salirse del área de confort, siendo una buena maestra de inglés, para iniciar una carrera de filosofía. O no buscar ningún cambio en el puesto o lugar de trabajo, pero darse siempre diferentes estímulos para lograr las metas: mejorar la presentación de los proyectos, ser más articulada y asertiva cuando se habla en público, poder desarrollar una idea y lograr que el equipo la ponga en marcha, etcétera.

No importa qué tan buena o genial seas en tu trabajo, siempre habrá manera de crecer en él. Si tienes puesta tu pasión en esa labor, no te deben faltar estímulos para crecer, exigirte más e imponerte retos más complejos y dinámicos.

Siempre he dicho que los sueños son para cumplirse, pero hacerlos realidad depende de que el deseo despierte pensamientos positivos en ti. El entrenador del famoso medallista olímpico Michael Phelps no sólo sometía al nadador a una rutina impresionante, sino que lo ponía a ver los videos de sus prácticas todas las noches. Hay otros estudios en los que han pedido a un grupo de músicos que entrenen mentalmente algunas piezas en piano y al momento de ponerlos a tocar el instrumento, su desempeño es tan bueno como el de los que practicaron en el teclado. Así que empieza por verte en el lugar que deseas ocupar, llevando a cabo las tareas que te llenan de gozo. Desarrolla una escalera mental para alcanzar tus metas.

Te comparto un ejemplo. Una amiga querida está cursando su maestría, una materia al semestre, a pesar de ser la CEO en su empresa. Lo hace no sólo para seguirse preparando en su exitosa carrera, sino también porque considera que la mejor manera de sobrevivir en un mundo laboral tan cambiante es si puede ser profesora en caso de emergencia, si pierde su trabajo o simplemente necesita dar un giro a su vida, lo que no podría realizar sin tener una maestría.

Tú deberás preguntarte si estás lista para seguir subiendo escaleras, pues la persona que se ha estancado suele sentirse así porque no ha encontrado la manera de auto motivarse. Algunas veces, sin duda, ya no hay más pasión por lo que se hace, que es la señal más clara de que el reto te va a llevar a otra parte. Lo único que importa es no aburrirte ni confiarte porque eso no sólo matará tu ánimo, sino también tu carrera. Si descubres que no hay automotivación que valga para hacerte sentir bien en tu trabajo actual, es probable que necesites considerar un cambio drástico en tu carrera, pues eso significa que ya has agotado tus recursos en el sitio donde trabajas.

PASIÓN: TU MOTOR

La verdadera razón por la cual puedes dedicarte a practicar 10 000 horas es porque lo que haces te apasiona. Yo conozco bien la diferencia entre gozar o sufrir en un trabajo. Sé que no tengo el talento ni el gusto por vender, pero aun así, alguna vez me vi en la necesidad de trabajar en ventas. Sufría cada segundo que tenía que levantar el teléfono para contactar a mis clientes, me sentía profundamente herida cuando me maltrataban o simplemente me decían que no estaban interesados en mis productos. Me sometía a largas horas manejando por la ciudad de Los Ángeles, perdiéndome en sus callejones para finalmente llegar a las fábricas donde los diseñadores de ropa terminaban dejándome ir sin un solo pedido porque lo que ofrecía estaba muy caro. Probablemente porque me sentía tan incómoda y fuera de lugar con ese trabajo, mis ventas fueron mínimas. Hoy, en cambio, aunque no me dedico a las ventas y jamás hablo de dinero con mis clientes, mucha de mi labor es mostrarles los atributos de mi trabajo y hacerles ver las ventajas de invertir en mis proyectos. Eso no me implica esfuerzo. De hecho, me gusta porque no involucra la negociación, el cobro y mucho menos las llamadas para buscar hacer negocio.

Tuve otros trabajos que tampoco me gustaban: guionista de la Presidencia de la República, aunque había una labor de redacción, que siempre me ha encantado, los temas de los que había que escribir, el ambiente, los horarios y hasta la dinámica de la oficina me hacían totalmente infeliz. Ese trabajo era de gran responsabilidad, pues si me equivocaba o escribía algo comprometedor podían haber rodado muchas cabezas. El salario era bueno, el prestigio de la posición también, pero yo me sentía en el lugar equivocado y definitivamente lo era.

Por eso, ahora que han pasado más de 25 años en los que he estado involucrada, de una manera u otra, en la industria editorial, sé que estoy en el lugar correcto. Primero porque me da una sensación de arraigo, segundo porque no importa de qué etapa de mi carrera hable, siempre he sentido que hay crecimiento en mi futuro, pero especialmente porque amo lo que hago durante mis días en el trabajo. Todos esos años invertidos en mi profesión han construido no sólo un patrimonio para mi hijo, sino también una seguridad y un bienestar que me llenan el corazón.

Yo tengo una reacción física cuando algo me gusta. Por ejemplo, puedo ver una fotografía de moda e inmediatamente empiezo a salivar, como cuando piensas en algo de comer que se te antoja. Ésa es la señal de que me encanta la imagen, de que mi corazón y mi estómago se unen emocionados, como si estuviera enamorada. Mi amiga Marce dice que por eso no soy buena regateando, pues mis ojos se iluminan cuando algo me encanta y lo tengo que hacer mío. Claro que a veces no me alcanza para comprar todo lo que me gusta, pero mi sensación es como si Cupido me hubiera flechado. Te cuento esto porque ésa es mi reacción en el trabajo. Estoy escribiendo en un estado de gozo, hago una junta con mi equipo y me divierto, lo disfruto, casi como si estuviera en una reunión de amigas. Si hago una entrevista, surge esa periodista curiosa que no se detiene hasta saber todo lo que le interesa. Así sé que ésta es mi profesión correcta.

Ahora es momento de preguntarte: ¿sientes pasión por tu trabajo? Si tuvieras que asignarle un porcentaje al tiempo que lo disfrutas y el que lo padeces, ¿cuál sería? ¿Hay alguna reacción física cuando piensas en tu trabajo? ¿Te provoca alegría levantarte el lunes para comenzar la semana? ¿Piensas que lo único que vale la pena de tu puesto es el salario que te otorga? ¿Está tu corazón en el lugar que pasas horas y horas cinco días a la semana? ¿Seguirías trabajando en eso si te ganaras la lotería?

Entiendo que muchas personas tienen necesidad de trabajar. Yo misma te he contado que fui vendedora y lo odiaba, pero me era indispensable recibir el cheque quincenal. Sin embargo, hasta en el trabajo más sencillo debe haber corazón. De otra manera, se convierte en una carga.

COMBINACIÓN PERFECTA: APTITUD Y ACTITUD

Como hemos visto, la aptitud puede haber llegado como regalo en tu coctel genético. La inteligencia y el valor de Malala Yousafzai despuntaron cuando ella era una adolescente. Hemos visto crecer a varios actores con un talento histriónico fabuloso y a gimnastas olímpicas ganar medallas de oro antes de cumplir 15 años. Obviamente su entorno, las horas de dedicación y estar en el lugar correcto para poder conocer ese talento y poderlo poner en práctica las han dado a conocer. Pero ellas demuestran que la juventud no es pretexto cuando se tiene ciertas virtudes. Ninguna de ellas, sin embargo, hubiera llegado a nuestros oídos, si no tuviera la actitud correcta: perseverancia, disciplina, constancia, fuerza de carácter, etcétera.

Sinceramente es importante estar atentas para descubrir en qué somos buenas. Hace poco Fernanda Herrera, Directora de Recursos Humanos en Condé Nast, me contó algo que se me quedó grabado. Cuando era niña ella siempre ganaba las competencias de nado y sus entrenadores le auguraban una brillante carrera en natación. El problema es que no le gustaba tanto nadar y desde luego no consideraba pasar su vida en la piscina. En cambio, dice, le fascinaba cantar, pero desgraciadamente nunca tuvo el más mínimo talento para hacerlo y hubo que resignarse a cantar en la privacidad de su regadera.

> A ese punto de convergencia entre lo que te gusta y haces bien se le llama *sweet spot*.

Ella asegura que encontró su verdadero sitio en el puesto en el que está, ayudando a conciliar los intereses de la empresa y los empleados, fortaleciendo la comunicación personal y la empresarial, para beneficio común. Su ejemplo me parece sumamente claro y contundente porque algunas veces no será lo que más te gusta, sino lo que haces mejor, la diferencia entre una carrera exitosa y una fracasada.

Una vez que encontraste la pepita de oro, es decir, tu vocación, tienes que diseñar una carrera para poder sembrarla, regarla, cultivarla y cosecharla a tu favor.

Capítulo 8

DATE PERMISO DE SER TÚ:

porque eres valiosa y original

Aceptarse y apreciarse es más difícil de lo que parece, pero una vez que lo logras, las situaciones social y laboral mejoran. Tómate en serio. Con esto no quiero decir que no te rías de vez en cuando, o muy seguido, de ti. Porque el sentido del humor ayuda mucho en el proceso. Pero me refiero a que te sepas escuchar y, si es necesario, perdonar.

Tú también tienes que medir tus fuerzas, así como ser compasiva y amorosa contigo. Vas a verte obligada a exigirte algunas cosas: ser más ordenada, hacer calendarios de entrega o circular más durante los eventos de trabajo. Pero eso no demerita que sepas quién eres y estés orgullosa de ti. Por tus años, por tu color de piel, por tu acento, por tu simpatía, por tu facilidad para relacionarte o tu gracia para contar chistes, por eso te quieres y ¡basta! Se acabaron las sesiones interminables de la madrastra haciéndote menos. Han concluido los ataques de vergüenza que te sumían en una crisis de dolor y agresividad. Lo que viene es una gran escalera en la que sube esa persona original y valiosa que lleva tu nombre.

Tiene que llegar un punto en que hagas las paces con quien eres física, moral y socialmente.

APRECIA Y AGRADECE: SIEMPRE POSITIVA

La realidad es que resulta más fácil enfocarte en los problemas y situaciones conflictivas que en las positivas. Tal vez sea mi optimismo rampante el que siempre me hace ver en algo negativo una salida positiva. Cuando perdí un bebé, por ejemplo, lloré por días y noches. Pero en el momento que estuve lista para dejar ir mi ilusión de dar a luz a ese pequeño, mi cabeza se concentró en que era mejor perderlo antes que después. Si no venía bien de salud, su muerte sería una ganancia para todos, especialmente para mi bebé.

Así he jugado las piezas en el tablero de serpientes y escaleras: encontrando lo que sube en cualquier bajada. Pero no siempre ha sido fácil y entiendo que ese rasgo me ha salvado de sentirme desesperada, pero también me he visto perdida o demasiado desmoralizada como para encontrar los primeros escalones.

Lo importante es contar tus bendiciones y nunca olvidarse de agradecer. Sí, agradecer que tu cuerpo se presta para hacer yoga, como ha enseñado la maestra en esta práctica. Agradecer una entrevista de trabajo o ser señalada para llevar un proyecto. Agradecer cuando te contratan y hasta agradecer si te despiden porque los trabajos son como los novios: si no te quieren, estás mejor sin ellos.

Agradecer te va a hacer darte cuenta de lo afortunada que eres. Pero también hay que utilizar la palabra gracias cuando se la dedicas a alguien. Gracias por las flores, gracias por preocuparte por mi hijo enfermo, gracias por darme el día libre para reponer el que trabajé, etcétera. Escribir una nota agradeciendo puede ser una escalera muy alta, lo mismo que agradecer en persona o por teléfono. Parece un detalle anticuado, pero ¿cuándo dejó de estar de moda la elegancia?

Sheryl Sandberg y Adam Grant, en su libro *Option B* (Opción B), sugieren que, además de agradecer, empieces a escribir las tres cosas buenas que hiciste bien en el día y por qué. De acuerdo con los autores, esta saludable práctica puede cambiarte la perspectiva y robustecer tu autoestima.

La felicidad está compuesta de pequeños chispazos de alegría. Pero, como es más fácil distinguir los momentos desagradables que los episodios en que estás contenta, éstos parecen imperceptibles. Por ello, Sandberg y Grant recomiendan hacer una lista, también, de los momentos felices de tu día. Instantáneos o duraderos, al hacerte consciente de que hay algo que te alegra, lo vas apreciando más, lo subrayas y termina haciéndote sentir mejor al final de la jornada. Pon atención en esos procesos en los que la vida fluye al 100%. Cuando abres una revista y das la vuelta a las páginas placenteramente, se dice que tiene *flow*. Asimismo sucede cuando en tu vida haces algo que se desliza como mantequilla sobre pan caliente, esos momentos suelen ser tan gozosos que casi ni los sientes. Reconócelos y valóralos porque suman a tu felicidad.

SER LA NUEVA: INTEGRACIÓN EN EL EQUIPO

Cuando emprendes una nueva aventura laboral, generalmente llegas a integrarte a un equipo que funciona de determinada forma. Entonces ingresas como extranjera en tierra de nadie y mientras tratas de investigar dónde queda el baño y si hay sobres de edulcorante para endulzar tu café, el resto del mundo sigue con su rutina diaria.

Quizá tengas la suerte de que te presenten con todos tus compañeros de equipo. Tal vez alguien va a tomarse el tiempo para darte algunas instrucciones, pero para las cinco de la tarde seguramente estarás sola, con un hueco en el estómago y con ganas de marcharte. ¡Bienvenida al siguiente renglón de tu CV! Estás en un terreno jabonoso y tú lo elegiste. Ahora está en ti hacerlo que funcione y se convierta en una hermosa escalera.

Lo primero que necesitas hacer es tener paciencia. Tanta información nueva puede agotarte y confundirte. Pero es necesario que pronto aclares las dudas más relevantes: la ubicación del baño será tu prioridad. Pero una vez resuelto ese misterio, debes pasar a asuntos más profesionales, como a quién debes reportar, cuándo, cuáles serán tus entregables, con quiénes trabajarás en el proyecto, etcétera.

Poco a poco te irás familiarizando con la dinámica y los protocolos laborales. Adopta los formatos para escribir los correos como lo hace tu jefe, imita los procesos que has visto cuando tus colegas hacen las presentaciones y, aunque te canse, vive con una sonrisa para que a todos les quede claro que tienes una actitud positiva.

Una vez que ha pasado la inmersión y vas viendo más claro el panorama, es momento de empezar a mostrar tus diferencias y virtudes. No me refiero a que presumas tus habilidades editando videos en lugar de presentar la presentación en Power Point que ha solicitado tu jefe, sino que es preciso que actúes como tú misma y vayas mostrando las grandes aportaciones que puedes hacer en el equipo y proyecto designado.

Rara vez entras a trabajar pensando que tu vida social mejorará mucho. Pero puede suceder, como también es posible que

DATE PERMISO DE SER TÚ •**241**

ocurra lo contrario. Por ello, es preciso que seas amigable, pero guardes tus reservas hasta estar segura de quién es quién y si hay personas dignas de tu confianza. Es probable que construyas relaciones sólidas que trascenderán las paredes de la oficina. Pero el motivo por el que estás ahí es tu carrera y jamás debes olvidar concentrarte en eso.

Después de un año voltearás a ver ese primer día como el pequeño infierno que fue y lanzarás una carcajada. Cuántas equivocaciones al hilo: entraste al baño de hombres, llamaste al director general en lugar de al encargado de mantenimiento para pedirle que te cambiara la silla. Pero al final has logrado dominar esa jungla que recibe a todos los de primer ingreso. Ya no eres la nueva, pero seguramente hay alguien que acaba de llegar. Es hora de echarle la mano y darle un poco de tu Splenda cuando le invites un café.

Serpiente: Amor en la nómina

Oh, sí. Estamos hablando de una serpiente mortal, de ésas que estrangulan sin piedad. Cuando una mujer se enamora de alguien en la oficina y esa persona no pertenece al organigrama directo de ella, es un golpe de buena suerte, mas no por ello poco complicado. Veamos, si todo va viento en popa es probable que haya planes de vivir juntos y, mientras sea un amasiato, pocas veces tendrán que darle explicaciones al director de Recursos Humanos. Pero si suenan las campanas de la boda, la situación puede ser determinante, pues en muchas empresas prohíben que los esposos trabajen bajo el mismo techo.

¿Quieres unos grados más de peligro? Entonces imagínate a ti enamorada de tu colega. Ese guapo que se sienta en la oficina de enfrente (¡qué conveniente!) y que te lanza besos o te los roba cuando nadie los está viendo. Todo bien mientras la química y el fuego entre ustedes no los delate. Pero eso es poco probable y, en breve, la gente comenzará a hablar. Te mandarán indirectas o, lo que es peor, te destrozarán a tus espaldas. ¿Le confesarías la verdad a tu jefe? ¿Estarías dispuesta a afrontar las consecuencias impuestas por esa relación y a pagar un alto precio?

¿Una vuelta más para que te ahorque la serpiente? Ok, ahora mira el panorama cuando ustedes han tenido un pleito explosivo, se han dicho de todo y desearían no volverse a ver. Pero el problema es que él estará frente a tu oficina al día siguiente. Tendrás que hablarle, colaborar como parte del mismo equipo o incluso viajar a su lado por trabajo.

Si eso suena como una pesadilla, ahora súmale que el de la oficina de enfrente, ese amante que te ha visto en lencería y a quien le has confesado no sólo tus ardientes fantasías, sino también tus más vulnerables secretos, es tu jefe. Las habladurías te perseguirán, sin duda. Se pondrán en tela de juicio tu talento y responsabilidad. Todos los beneficios que obtengas, serán adjudicados a tu relación íntima con un superior. Básicamente, dejarás de tener valor en tu grupo y, en cambio, a él le habrán aumentado los puntos. Claro, un macho alfa siempre sale ganando, especialmente si la mujer es guapa.

En una relación jefe-subalterna, tienes todas las de perder. Si ganas obteniendo un compromiso serio para establecer una relación, pierdes el respeto y la credibilidad de tus colegas y de tus subalternos. Si el desenlace es una separación total, pierdes tu trabajo, te mandan al primer cuadro del tablero, directo y sin escalas, en la serpiente más larga. Porque en la etapa en la que todo es miel sobre hojuelas, será difícil mantener la distancia y también la intimidad. Pero cuando se presente un problema en la oficina o en la vida privada, no habrá frontera ni muro que los pueda neutralizar. En una circunstancia en la que el conflicto se vuelve insostenible y el rompimiento es la única salida, sólo una persona será sacrificada: tú.

El ejemplo más sonado y devastador para una mujer fue la relación que sostuvieron, en secreto, Monica Lewinsky y el entonces presidente de Estados Unidos. Para las jóvenes que no pudieron presenciar el escándalo político y mediático, el resumen ejecutivo es que Monica trabajó como becaria en la Casa Blanca entre 1995 y 1996, donde se involucró sexualmente con Bill Clinton. Cuando explotó la noticia, el caso se complicó para ambos no sólo porque había una mujer a quien Lewinsky le había relatado con detalle los nueve encuentros sexuales, sino también porque, en un momento climático del embrollo, Monica presentó un vestido manchado con el semen del presidente y, ante la prueba de ADN realizada, no quedó la menor duda de que el affaire había sido real.

A Clinton le hicieron un juicio en el que negó reiteradamente su invo-lucramiento con la pasante y, a pesar de haber mentido bajo juramento, salió con apenas unos raspones. De hecho, su esposa lo perdonó y su presidencia mostró un moretón con esa historia, pero fue todo. A Mo-nica el escándalo la llevó a la fama, por lo cual hizo una entrevista con Barbara Walters en el canal ABC, cuyo *rating* fue impresionante y obtuvo un millonario contrato para escribir su autobiografía. No obstante, ese dinero se fue directamente a pagar las cuentas pendientes con los abo-gados que la defendieron durante el juicio. Su nombre era conocido por todos y hasta llegó a posicionarse en las listas de invitados a los even-tos del momento. Lewinsky quiso capitalizar su fama y comenzó a dise-ñar una línea de bolsas con el nombre The Real Monica, Inc. Además, se comprometió a perder 20 kilos para participar en una campaña de Jenny Craig, un reconocido sistema de régimen para perder peso. La campa-ña salió al aire con una Lewinsky más delgada. Sin embargo, lo que pa-recía una escalera pronto se transformó en una gran serpiente porque las consumidoras de accesorios o quienes se someten a las dietas no querían seguir a Monica como una líder en estilo o belleza. La campaña se suspendió y le pagaron menos dinero de lo acordado a Lewinsky y la venta de bolsas también resultó ser un fracaso.

Así las cosas, la ex becaria ha luchado para encontrar trabajo, se ha mudado varias veces tratando de alejarse de esa historia, pero a nadie que haya sido parte de la audiencia durante ese juicio se le olvidan las gráficas descripciones de lo que hicieron el presidente y la pasante a escondidas. Monica, hasta hoy, no ha podido rehacer su vida personal ni laboral. Lo más que logró es que la prestigiada revista *Vanity Fair* le publicara un artículo titulado "Shame and Survival" (Vergüenza y su-pervivencia), en el que Monica cuenta la pesadilla que ha vivido y lo difícil que ha sido sobrepasar el odio que la gente le tiene. Bill Clinton, en cambio, estuvo a punto de regresar a la Casa Blanca con la esposa que engañó en un affaire globalmente famoso y recordado.

Sí, ya sé, los amores en la oficina proliferan. Sin importar los riesgos, siempre hay apuestas por el amor. Pero aquí estoy yo para hablarte de la importancia de tu carrera, tus principios y tu prestigio, así que no po-día dejar de ponerte el panorama tan crudo como es. Porque Cupido es un ángel que dispara con los ojos vendados. Lanza su flecha sin mirar a quién. Tú, sin embargo, debes tratar de mantenerte siempre con los ojos bien abiertos para aceptar o esquivar sus flechas. Es tuya la decisión.

SER MAMÁ: UNA DIFERENCIA SIGNIFICATIVA

Si yo tuviera que mencionar el peor reto al que se enfrenta una mujer con hijos que trabaja de tiempo completo fuera de casa, tendría necesariamente que hablar del sentimiento de culpa. Ya vimos, anteriormente, que ésta delata lo que realmente es importante para ti. No hay duda que estar con los hijos es una prioridad y, en las condiciones en que generalmente laboramos, resulta difícil o en ocasiones imposible cumplirla.

La mamá tiene, cuando menos, dos canastas para sus huevos. Se reparte tratando de hacer un buen papel en casa y en la oficina, pero rara vez se siente capaz de obtener el sentimiento de aprobación como madre y como trabajadora.

Recuerdo que alguna vez que fui a visitar al psicólogo de mi hijo, me cuestionaba si debería abandonar mi trabajo para estar más presente en casa. Hablamos mucho sobre lo que podría hacer si, en lugar de directora de una revista, me convirtiera en una colaboradora de algunas publicaciones. La conclusión fue que tendría que trabajar igual o más para obtener una cantidad inferior a mi sueldo. Además de que no podría pagar por el servicio doméstico, la terapia de mi hijo y las otras actividades extraescolares que él tenía. Así que me dijo: "Lucy, eres la mejor madre que puedes ser, en las condiciones que te ha tocado vivir". Lo cual era cierto. Al no tener pareja, ni padres o familiares cerca que me auxiliaran con la crianza de mi hijo, toda la ayuda para ambos tenía que ser pagada. Además, suponiendo que pudiera haber sido mamá de tiempo completo, no creo que hubiera podido dedicar mi vida a llevarlo de la natación al dentista y de ahí pasar el resto del tiempo supervisando su tarea.

Hay, me temo, mujeres que estamos hechas para trabajar. Yo me conseguí mi primer puesto vendiendo en la papelería que estaba frente a mi casa, sólo que mis papás no estuvieron de acuerdo en que trabajara a los siete años. Así que tuve que esperar a estar a la mitad de la carrera de Comunicación para comenzar a ser *freelance* mientras acababa la universidad y al día siguiente de que terminé la escuela entré a trabajar en mi primer puesto ejecutivo.

Pero, efectivamente, trabajar y ser una mamá presente en la vida de tus hijos tiene un costo para tu autoestima, tu energía y puede que hasta para tu salud. A cambio, te conviertes en una mujer con una vida compleja, pero completa, que llena totalmente su corazón. Eso es mucho mejor que tener a una mamá sólo de cuerpo presente y quien no está satisfecha con su vida.

Obviamente, una mujer puede sentirse realizada siendo mamá de tiempo completo. Lo que es estupendo para la familia. También hay madres que pueden disfrutar de un esquema en el que trabajan desde casa o lo hacen medio tiempo, para estar disponibles con sus hijos cuando llegan de la escuela. Pero si quisieran volver a integrarse al trabajo como antes de que llegaran sus niños, la factura sería alta y no siempre vendría acompañada sólo del deseo de regresar a su carrera, sino también de la necesidad de hacerlo porque hubo un divorcio, la muerte de su pareja o, simplemente, porque no le alcanza el dinero.

Una mamá que trabaja tiene jefe, obligaciones, viajes, fechas de entrega y una fuente de estrés totalmente desligada de la vida familiar. A cambio tiene independencia económica, un sentimiento de autosuficiencia, la realización de sus sueños profesionales y el complemento maravilloso de su vida familiar. Sin duda, esta mujer tiene que vivir las mismas 24 horas que tiene su jefe, su esposo, sus hijos y sus colegas, y ser eficiente en todos los ámbitos, además de darse la oportunidad de dormir algunas horas, por lo cual la organización y la disciplina son claves para que pueda con todo en su vida y tenga éxito.

Soy de las que no creen en los príncipes azules, pero si voy a confiar en que existe una posición de nobleza sé que es para los reyes y reinas, para quienes su compañera es una mujer, que se hace cargo del 50% de las responsabilidades de la casa, junto con su pareja, en las que vienen incluidos los niños. Aplausos para ellos y ellas que pueden ver que la realización de una mujer es como un diamante facetado, y una sola cara nunca será suficiente.

Además, ¿qué puede ser mejor que tener una conversación con una mujer inteligente, que se desarrolla plenamente en su campo de trabajo, que sabe lo que cuesta ganar dinero y conoce las mieles que representa gastarlo con sus seres queridos? ¡Es, verdaderamente, *priceless*!

SER DUEÑA DE TU NEGOCIO

ENTREVISTA

Jean Seo comenzó hace 10 años su empresa formulando una línea de tratamientos para piel, en 2010 abrió su *boutique* en Beverly Hills y en 2015 se lanzó globalmente. Sus productos orgánicos bajo la marca Évolué se encuentran en muchos países y son declaradamente los favoritos de Emma Watson. Pero ¿qué requiere hacer un negocio de primer nivel en un mundo dominado por altos ejecutivos que son hombres?

El consejo que le daría a una mujer que desea empezar su propio negocio es que si tiene un buen cheque cada

quincena se quede con él. Fuera de bromas, siempre recomiendo a las mujeres que desean crear su propio negocio
que consideren que un negocio que no produce ganancia es un *hobby* caro. Tienes que tener mucha pasión, debes amar lo que haces para empezar un negocio. Pero si
lo estás haciendo porque no te gusta la vida corporativa o
porque estás harta de tu trabajo, odias estar ahí de nueve a
cinco y no te cae bien tu jefe, pues consíguete otro empleo
que se acomode a tus necesidades laborales. O elige un jefe
que esté en otro continente.

Si comienzas tu negocio vas a trabajar tres veces más
que antes. Nunca vas a tener tus fines de semana ni tus
noches libres. Es duro. Así que sugiero, definitivamente,
que pienses en eso primero. Yo lo hice todo sola y si tuviera la posibilidad de cambiar algo, sería empezar con
socios. No porque no pueda en solitario, obviamente ya
lo hice, sino porque, si hubiera tenido socios, no hubiera
cometido tantos errores. Por ejemplo, cuando pensaba en
algo, como nadie me dijo que eso era una mala idea, me
equivoqué y tuve que rehacerlo. Es decir, me tomó mucho tiempo y perdí recursos, en lugar de que alguien me
dijera que era una idea estúpida. Pensemos en que tú y
tu socio tienen 50% y 50% de posibilidades para opinar.
Entonces si tu socio dice no y tú dices sí, no hay decisión
tomada. Así que sugiero que en tu negocio haya tres personas involucradas en la toma de decisiones para que, sin
importar lo que pase, exista una determinación. Para ello,
tiene que haber un número non de personas que estén
involucradas. Tú puedes conservar la mayor parte de las
acciones si quieres, pero la opinión y decisión debe ser
compartida.

Sólo hay una cosa segura: no hay forma de evitar el fracaso. Lo digo yo, aunque fracasar no era una opción en mi familia. Sin embargo, me he dado cuenta de que fracasar está bien. Tienes que recordar que el universo está cuidando tus mejores intereses –y no estoy hablando como *hippie*–, y si fracasas muchas veces eso significa que eso no era para ti. Por lo que no hay razón para continuar con ello. Lo que es·estúpido es fracasar y seguir con lo mismo. También me he dado cuenta de que hay decisiones que tienes que tomar y considerar una de dos: parar y volver a empezar o seguir hasta que lo puedas hacer bien.

Yo he trabajado 180 horas a la semana, me merezco mi éxito. Si trabajas tanto como lo he hecho yo, nunca vas a sentir que no mereces triunfar. Pero nada te prepara para el éxito. Sólo tienes que seguir trabajando y un día despiertas y, créeme, si lo has logrado, no te queda ninguna duda de ello.

En el fondo, me disgusta la reputación que tenemos las mujeres de que fracasamos en nuestros negocios. Tampoco me agrada que las posiciones de Estée Lauder, L´Oréal o LVMH, que son empresas de belleza y marcas de lujo que nosotras compramos y que siguen siendo dominadas por hombres. Parcialmente reconozco que se debe a que una mujer, si desea dedicarse a su carrera, generalmente tiene que renunciar a tener hijos y viceversa. En cambio, los hombres no tienen que preocuparse por ello. Pero creo que las mujeres emprendedoras tienen que juntarse y apoyar a los negocios de otras mujeres. Eso puede hacer una verdadera diferencia, quizá no para esta generación, pero sí para la siguiente. ¡Hagámoslo! ◆

DE PRÍNCIPES Y SAPOS

Ya me delaté cuando dije que no creo en las historias de príncipes y con ellas tampoco me gusta imaginarme el "vivieron felices para siempre". Soy suficientemente grande para saber que todas deseamos tener una historia de amor hermosa, pero eso afortunadamente no depende de hadas ni de altares en los castillos.

Una mujer que se relaciona con un hombre o mujer que la valora y le da la libertad de perseguir su sueño ha tenido suerte y debe saberlo. Pero, como en toda relación, hay muchos factores que se conjugan para que una pareja sea positiva y sume, o sea negativa y se convierta en una serpiente.

En la revista decimos que los horóscopos siempre deben hablar de amor porque es el tema fundamental que deseamos presente en nuestra vida. Así que una mujer que encuentra que se complementa con su pareja y puede crecer integralmente a su lado tiene algo que le servirá como un sustento en sus diferentes facetas.

El problema reside en las relaciones tóxicas que, en lugar de sumar, restan. La pareja que desconfía de su mujer porque ésta tiene que viajar o llevar a sus clientes a cenar después del trabajo. Los celos, las inseguridades, el dinero, el poder y la división del tiempo y la atención pueden ser elementos de conflicto, si no es que de francas separaciones.

Por eso, es importante mencionar que tener pareja sólo es una escalera cuando la elección y el desarrollo de la relación es un abono para el crecimiento de la mujer que trabaja. Si la coarta, la somete, la atormenta o la inhibe, entonces se convierte en sapo o, mejor dicho, en una serpiente que, de bajada en bajada, puede ser que te haga perder todo el juego.

Capítulo 9

HAZ TUYO ESE PUESTO:
te lo mereces

S i realmente te interesa un trabajo, debes haber hecho tu tarea antes de presentarte a la entrevista como candidata. Es muy fácil darse cuenta de que la solicitante no sabe nada de la empresa o del puesto, y eso resta puntos inmediatamente. Ayuda, en cambio, haber investigado sobre el tema y también conocer un poco del entrevistador. La fórmula que dice que el talento es 40% del éxito y el 60% restante es la actitud, aplica también para las personas que sólo tienen una oportunidad para demostrar que son adecuadas para el puesto, pero especialmente poseen las ganas y el empuje que las hará un elemento fundamental en cualquier equipo de trabajo.

Cuando tienes más ganas que experiencia está bien admitirlo y compartir ideas de lo que quieres hacer si te dan el empleo, pero también entender que hay que tener la humildad para saber empezar desde abajo, aprendiendo el oficio de los que lo conocen bien. Si, contrariamente, tu CV habla maravillas de ti, no olvides tener en cuenta que la dinámica al entrar a una nueva empresa consiste en que tú aprendes al tiempo que muestras tus habilidades y conocimientos. Al menos en la curva del comienzo, es tan importante tu capacidad para adaptarte y ser eficiente en tu nueva atmósfera como mostrar que posees mucha información valiosa y eres tan líder como buen elemento de equipo para implementar tus estrategias y hacer alarde de tus conocimientos.

Por favor, llega a tiempo a tu entrevista de trabajo, vestida de acuerdo con el tipo de empresa a la que vas, sin café o una botella de agua y con tu CV en mano. Si vas a presentar un *book* en papel o una presentación en tu computadora, tenlo todo listo para mostrar inmediatamente, pues es probable que te atiendan con prisa. No olvides tener batería en tu laptop y, si es posible, conexión a Internet. Preséntate pulcra y con tu *outfit* impecable, sin perfume ni joyería ruidosa. Saluda educadamente. Responde

A las preguntas indiscretas, contesta cortésmente cuidando jamás hablar mal de nadie ni de nada.

concentradamente las preguntas que te hagan, sin pensar en otra cosa que lo que se te cuestiona. Es importante que cuando te hagan la típica pregunta sobre cuál es tu mayor defecto, respondas algo que sea cierto, que no te afecte, pero que no parezca un auto halago. Por ejemplo, es frecuente que respondan: "Soy demasiado perfeccionista", "Me gusta trabajar muchas horas" o "Tengo obsesión con la puntualidad". Lo que a todas luces suena falso y poco modesto. Yo prefiero que me digan algo como: "Soy tan sociable que me da por platicar demasiado", por ejemplo, lo que se oye real y tampoco es algo que arruine tus posibilidades. Hay que pensar en todas las cosas incómodas y trilladas que te pueden cuestionar, ya que es probable que alguna de ellas se integre a tu cuestionario. A veces me daba por preguntar por las portadas favoritas de *Glamour* de la entrevistada. Había quien inventaba tantas locuras que era difícil pensar que creyera que yo no conocía los personajes que habían salido en mi revista. Si me decían que no leían *Glamour* y, desde luego, la entrevista era para trabajar ahí, definitivamente bajaban sus puntos. Pero reconozco que prefiero la sinceridad ante todo, lo cual no la dejaba fuera de la jugada.

Es importantísimo que tú también llegues con preguntas para tu entrevistador: sobre él o ella (eso resulta irresistible para alguien con un gran ego), respecto a la empresa y también las cuestiones que genuinamente te interesan del puesto, sus obligaciones y beneficios. Eso te hará ver como una persona interesada, con iniciativa y que se ha tomado el tiempo para pensar y querer investigar. Sé totalmente participativa en la entrevista los primeros cinco minutos, que son los que más cuentan para generar la primera impresión.

Trata de mantener, durante la entrevista, un tono profesional. Es decir, nunca demasiado casual, amigable o lejano. Al momento en que termine la entrevista, si te interesa el puesto, agradece que te hayan recibido y asegúrales que estás entusiasmada con la posibilidad de trabajar ahí para ofrecerles tu mejor esfuerzo.

En cuanto tengas un rato libre, ese mismo día o al siguiente, escribe un correo a la persona que te entrevistó y a la que te contactó de Recursos Humanos dándoles las gracias de nuevo por la oportunidad de tener una entrevista y confirmando tus datos, por si tuvieran alguna pregunta o comentario para ti.

Algunas veces no te llamarán y no por ello debes asumir que te odiaron o que son descorteses. Es, simplemente, que algunos departamentos de RH sólo les escriben a los elegidos y el resto debe asumir que no fueron seleccionados. Es correcto hablar al departamento de RH para preguntar si hay noticias, si puedes hacer algo más para ser contada como candidata y, en caso de que no hayas quedado en el puesto, dar las gracias y ponerte a su disposición si hubiera futuras oportunidades. Pero jamás llames a quien esperabas que fuera tu jefe, nunca.

Lo más importante, ante todo, es que ames lo que hagas, así que tú también date la oportunidad de hacerles la entrevista cuando te entrevisten. Considera si son adecuados para ti, tu vida y tus aspiraciones. Quien tiene pasión por lo que hace, jamás siente que trabaja. Es más, lo haría gratis si fuera necesario. O hasta pagaría por hacerlo. Ésa puedes ser tú. Elige bien y disfruta mucho tu carrera.

¿ES TARDE PARA EMPEZAR?

Tengo una hermana que, desde que tengo uso de razón, tuvo talento y noción para dibujar, pintar y hacer toda clase de artes plásticas. Dudo mucho que algún día se haya planteado un cambio de carrera y hoy se expone su retrospectiva en uno de los museos más prestigiosos de la ciudad. Pero la suerte de saber qué quieres hacer y luego ser buena en ello, no a todos nos toca.

A mí, por ejemplo, siempre me gustó la moda, como ya sabrás de niña diseñé muñecas de papel con todo su vestuario y hasta me imaginé como diseñadora de interiores. Pero cuando llegó la hora de elegir mi carrera, opté por ser actriz. Así como lo lees. Me presenté al examen para estudiar Teatro (como se llama la carrera) y, en la primera entrevista, el director de la facultad, un ex sacerdote jesuita, pidió que me desnudara como parte de mi prueba. Yo me negué y ahí acabó mi cortísima carrera de actriz.

El hombre aquel me preguntó si sólo pretendía hacer papeles de monja. También recomendó que me inscribiera en la escuela de actuación de donde salen actores de telenovela. Pero, por dolorosa que fuera en ese momento la muerte de mi sueño, la verdad tenía razón. Yo no estaba dispuesta a desnudarme ni por el mejor papel.

Creo que de actriz no tengo nada, pero en ese momento no lo sabía. Como guionista tuve un poco más recursos. Después, como diseñadora de moda, me descubrí un poco maniatada porque me pareció que la gente que tenía los recursos para fabricar ropa a gran escala estaba poco convencida de apostar por diseños originales, en lugar de comprar prendas y copiarlas. No fue hasta que encontré el matrimonio, entre mi oficio de periodista y mi amor por la moda, que llegué al lugar correcto, hasta los 30 años.

¿Tarde? Tal vez. Porque algunas chicas que trabajan conmigo no han conocido otra empresa, llevan algunos años de experiencia y crecimiento y no han llegado a los 30. Pero más vale tarde que nunca porque ¿cuántas hay que se han quedado en el camino o se han extraviado en él sin remedio?

En muchas industrias se ha dado el fenómeno de que contratan a chicas jóvenes e inexpertas para sustituir a mujeres maduras con décadas de experiencia. Les pagan mucho menos, pero también esperan que triunfen sin la preparación adecuada y el riesgo termina siendo grande para ambas partes. El extremo opuesto son las mujeres que llevan mucho tiempo encumbradas y ya no son tan ágiles para adaptarse al cambio.

Nunca es tarde ni demasiado temprano. Sólo se requiere que la mujer que aspira a quedarse y desarrollarse en un puesto jamás deje de aprender y sienta que ya hizo lo que pudo. Las dimensiones del crecimiento no dependen de las obligaciones, responsabilidades o niveles para ascender. La única persona que adjudica los límites eres tú misma.

Si no estás en la carrera adecuada, no dudes en cambiar el giro e ir por lo que realmente te corresponde. A veces encuentras la carrera perfecta al primer intento y, otras, ella te encuentra después de algún tiempo. Pero, para que eso suceda, debes estar atenta, pues en ocasiones las oportunidades pasan a tu lado y no las tomas o ni las ves. Si le has atinado y tienes la suerte de ser feliz con lo que haces, no pierdas nunca el deseo de ser mejor. La seguridad reside en que puedes dominar tu tema. Quizá no seas buena actriz, ni sepas cocinar, pero tu ambición debe enfocarse en ser la mejor en lo que haces, sin importar tu edad ni posición.

Conozco personas que han aceptado un trabajo a sabiendas de que no era algo ideal, ya sea por el dinero o mientras llegaba algo mejor. Pero, entre una cosa y otra, el tiempo fue pasando y llegó el momento en que el cambio era demasiado complicado y, por lo tanto, se antojaba excesivamente tarde. El problema es que sin pasión nada es tan fácil ni placentero. De hecho, es difícil ser estupenda en algo que adoras, imagínate lo complicado que resulta serlo en algo que te es indiferente. Así, todo lo que pudo ser una larga y robusta escalera se convierte en una colección de serpientes.

Escalera: CV corto y dirigido

Hay quien prefiere recibir un CV con fotografía, yo no. Será, probablemente, porque estoy tan interesada en la imagen de las personas que no me gusta crearme el prejuicio. Sin embargo, suelo ser muy exigente cuando se trata del contenido del CV. No exagero al decir que he recibido algunos que mencionan hasta las clases para hacer *cupcakes* que han tomado. Es en serio. La misma persona que escribió eso para pedirme trabajo, enlistó sus clases de baile y de arreglos florales. Lo más interesante de todo es que la contraté, no sin antes aconsejarle editar esos detalles de su CV porque sabía que escribía bien. Pero la historia no acaba aquí, esa chica siguió puliendo su estupenda pluma y aprendió muchísimo en los años que trabajó con nosotros, pero nunca fue constante ni asertiva como parte de un equipo y mucho menos con sus grandes responsabilidades en la revista. Quizá su CV decía más de ella de lo que yo quise ver.

El punto es que un CV debe diseñarse para obtener el trabajo de tus sueños. Con ello no estoy sugiriendo que mientas, sino que vayas pasando por los puestos clave para construir la escalera a la posición deseada. Si estás interesada en ser directora editorial de una revista, por ejemplo, sería de gran ayuda que tu CV tuviera referencias a tu experiencia haciendo estilismo de moda (también llamado coordinación de moda), fotografía, redacción y hasta diseño. Pero si aspiras a esa posición y sólo tienes una lista de trabajos previos como contadora, es posible que no resultes una buena candidata.

Di siempre la verdad, es mejor tener poca experiencia, pero focalizada, que mucha que poco tiene que ver con el trabajo que deseas. También se agradece que la información esté editada para que sólo aparezca lo relevante. Ya no se usan los CV de cien hojas con prueba absoluta de todo lo que has hecho, aunque en algunas instituciones te lo pueden pedir. Los que trabajamos en empresas, preferimos una hoja o dos, mencionando únicamente lo relativo al empleo solicitado. Piensa que lo que diga este documento de ti debe ser conciso y determinante, después de todo te ofrecerán una entrevista y eventualmente un empleo por tu potencial y por tu historia profesional.

Empieza por la posición actual o más próxima y termina con tus estudios y habilidades. Para mí no es relevante si eres casada o soltera, tampoco cuáles son tus pasatiempos. Prefiero conocer tus aspiraciones y objetivos en caso de que te conviertas en parte de mi equipo.

A la hora de elegir el trabajo para ti, recuerda que una mejor compañía es superior a más sueldo, ya que, a largo plazo, puedes crecer ahí. O, si piensas cambiar de compañía, el nombre de una empresa seria y exitosa en tu CV te abrirá muchas puertas.

ESPACIO DE PAZ: EL SITIO DONDE TRABAJAS

Piensa que pasas seis, ocho y hasta 10 horas, cinco días a la semana, en el lugar donde trabajas. Puede que no tengas asignada la oficina de la esquina todavía o quizá sí. Pero, sin duda, hay un lugar físico para ti en esa empresa y debes hacerlo tuyo.

Hay personas que se inspiran teniendo las fotos de sus seres amados cerca, lo cual es muy válido. Sin embargo, alguna vez un colega me dijo que era mejor que no pusiera la foto de mi hijo en el escritorio, a la vista de todos, porque se presta a que la gente observe un lado personal y vulnerable. Algo resonó al escuchar ese consejo, así que tengo objetos y dibujos que me dio mi hijo, pero ninguna imagen de él. Obvio, no la necesito para recordarlo. Sin embargo, efectivamente ver el pisapapeles de delfines que me regaló o el dibujo que hizo la última vez que me visitó en la oficina me hace darles mejor cara a los malos momentos que nunca faltan en cualquier trabajo, por maravilloso que sea.

Para mí, las plantas son indispensables en mi espacio de trabajo, no sólo para personalizarlo, sino también para hacerme sentir protegida. Adoro las orquídeas y las cuido como hijas para verlas retoñar. Pero además tengo un corcho en el que pongo cosas que me inspiran: fotografías de moda, el simpático elefante Ganesha que me regaló mi ex jefe Javier Martínez Staines para desearme buena suerte, así como unas banderas tibetanas de papel que me obsequió mi ex jefe Germán Arellano, ambos amigos queridos ahora. Las banderas me parecen muy representativas porque están hechas en papel de China de colores y se unen a través de un hilo de cáñamo. Estas banderas de oración, según los tibetanos, son para bendecir los alrededores y su movimiento promueve la paz, la compasión, la fuerza y la sabiduría.

Lo que pretendo decirte es que los objetos de mi hijo, las fotos de moda, las hojas verdes, las orquídeas, el pisapapeles, Ganesha y las banderas tibetanas me hacen sentirme en mi refugio, a prueba de todo. Además, el lugar que ocupo adquiere una sensación agradable y cálida que todos disfrutan a mí alrededor. Alguna vez tuve la suerte de estar en un espacio que, a pesar de pertenecer a una planta de trabajo abierta, estaba separado del resto de las revistas por una pared de un lado, una ventana del otro y un librero grande que bloqueaba la vista hacia afuera y hacia adentro. Si bien ese sitio se sentía independiente, era el primer punto que resaltaba al otro extremo cuando entrabas a esa sección del edificio. Detrás de mi escritorio tenía una lámpara de piso con pantalla de tela blanca, muy linda, que me habían regalado dos compañeras queridas de otra revista. Si la lámpara estaba prendida, quería decir que yo estaba en la oficina. Esa señal tan simple se convirtió en una rúbrica que se hizo famosa en la editorial. Mis colegas hablaban de la luz como sinónimo de mi presencia y una amiga entrañable me escribió una carta de despedida haciendo referencia a mi partida como la luz que se apagaba.

Tú puedes hacer lo mismo, no importa si estás en un cubículo, si compartes tu oficina o escritorio, ni si tienes un espacio en medio de tantas mamparas que pareces estar en una caballeriza, ese sitio es para ti y debes hacerlo placentero y significativo. Sólo cuida de no exagerar, pues tu espacio debe lucir siempre profesional y destinado al trabajo.

De alguna manera, siento que eso mismo sucede con un cuadro que tiene mi ex colega de *Glamour* USA, Cindi Leive, en su oficina. Se trata de una obra grande que tiene al fondo de la oficina, justo detrás de su escritorio. La pintura con fondo blanco y una mancha rosa es verdaderamente memorable, de tal modo que cuando veo fotos en el Instagram con ese cuadro, sé que se tomaron en donde trabaja Cindi. Eso es ocupar un espacio y hacerlo propio. Lo mismo puedes hacer tú. Dale personalidad a tu entorno laboral y se perderá la frialdad de trabajar en un sitio que se te ha asignado para pasar tus mejores horas del día.

Poder

Capítulo 10

DETERMINACIÓN:
escalera para triunfar

Se ha dicho infinidad de veces que la escalera al éxito para las mujeres termina en un techo de cristal que no se ve ni se puede romper porque es impenetrable. Afortunadamente, esa situación ha ido evolucionando y muchas mujeres han llegado a traspasar la barrera y ahora se codean con ejecutivos hombres en las altas esferas. En política, en negocios, en ciencia, en arte o en cualquier profesión ya hay centenares de nosotras subiendo y haciendo la diferencia.

El botón de muestra es el estudio que recientemente publicó Talentful, la empresa de reclutamiento profesional, en el que se investigó el perfil de los CEO de más de 100 empresas. Ahí se destaca que, en las 108 empresas analizadas, 54 son encabezadas por mujeres, cuando en 2014 eran sólo 51. Este avance lento escalera arriba tiene otro elemento que sorprende: la compensación salarial sigue siendo mayor para los hombres que para las mujeres. Robert Iger, CEO de Disney, encabeza la lista. La buena noticia es que la segunda mejor pagada es Safra Catz, de Oracle. El tercer y cuarto lugar lo tienen otras dos mujeres: Marissa Mayer, CEO de Yahoo!, y Mary Barra, CEO de General Motors. La mala noticia es que estas tres mujeres son las únicas que están en los 50 nombres de la parte superior del listado, acompañadas sólo por hombres.

La mayor parte de los CEO de la lista estudió un *MBA (Master of Business Administration)* y otros pocos, ingeniería. Tanto hombres como mujeres tienen un promedio de 51 años y las mujeres han cambiado más de trabajo durante su carrera profesional. "Las mujeres todavía tienen una representación limitada", dice uno de los fundadores de Talentful, Phil Blaydes. "Pero parece que eso está cambiando, aunque lentamente. Los logros de los analizados son impresionantes. Toma una cierta personalidad convertirse en CEO, no importa de qué genero seas".

Desafortunadamente, en el escenario común, las estadísticas marcan que una mujer caucásica gana 77 centavos por un dólar que obtienen los hombres por el mismo trabajo, mientras que las afroamericanas y las latinas ganan aún menos. Está claro que en parte eso se debe a la idea arcaica de que los hombres mantienen una familia y las mujeres no. Una de las razones principales por las que los hombres tienen mejores salarios, se debe a que las mujeres no los negociamos.

Si nos remontamos a la era en que los hombres cazaban para alimentar a su tribu, mientras las mujeres cuidaban de los niños, los viejos y el lugar donde vivían, ayudando con la limpieza, el cultivo y cosecha de lo que se sembraba, podemos entender que nos ha resultado difícil modificar esa historia. Las mujeres, sin embargo, llevamos ya muchas décadas en el trabajo, pero sin haber transformado del todo nuestro papel en el hogar. Así que, aunque seamos cabeza de familia, podemos sentir que nuestro rol está dividido y, por lo tanto, asumimos que no debemos dedicar el 100% al trabajo y mucho menos pedir el 100% por lo que hacemos en él.

Lo curioso es que cuando somos niñas parecería que gozamos de la misma seguridad que los chicos y no llegamos a reconocer ninguna diferencia entre lo que merecemos y queremos respecto a lo que desean y obtienen nuestros hermanos, primos o amigos. Pero alrededor de los 10 años algo cambia, pues comenzamos a recibir mensajes de que la sociedad no aprueba que seamos mandonas, demasiado perseverantes y con opiniones fuertes. Así que poco a poco nos vamos empequeñeciendo para quedar rezagadas, tratando de agradar a los otros con dulzura y amabilidad. Aprendemos a ser vistas guardando silencio.

Mi familia cuenta siempre una historia que se ha vuelto legendaria. Resulta que mis padres nos llevaron a conocer Disneylandia a mis hermanos y a mí. Como yo era la más pequeña y siempre había sido de salud frágil, mis papás permitieron que mis cuatro hermanos se fueran con un amigo que conocía el parque de diversiones a la perfección. Pero prefirieron que yo me quedara con ellos para tenerme más protegida. Después de subirnos a algunos juegos, mi papá decidió que era momento de comer y, para mantenerme entretenida, se le hizo fácil pasar antes a comprarme una muñeca. Ante un anaquel lleno de opciones, él escogió la que le parecía más bonita e intentó acelerar el proceso y convencerme de que la comprara para irnos a comer pronto. "Mira qué bonita muñeca, Lucy, tiene el vestido más lindo y su pelo oscuro se parece al tuyo", dijo una y otra vez, mientras yo seguía evaluando mis posibilidades. "Está preciosa, es la más grande y se le mueven los bracitos", insistió al notar que me estaba tomando demasiado tiempo. En ese instante le dije contrariada: "Si te gusta tanto esa muñeca, cómpratela tú". Esa anécdota es utilizada por cada miembro de mi familia cuando quieren ilustrar mi carácter decidido que no se detiene ante nadie y, aunque a mi padre le fascinaba contar esta historia, nunca aceptó del todo mi forma de ser tan independiente y determinada.

Mis hermanas no son tan distintas a mí, todas son mujeres fuertes y han hecho lo que han querido. La diferencia era cómo lo hacíamos. Mi hermana Nydia termina siempre mi historia contando que un día mi papá la llevó a comprar ropa. Hay que entender que él era generoso y se podía escoger lo que fuera, sin importar el precio, pero sólo podía ser una cosa. La anécdota es similar a la pasada. Mi papá, desesperado porque Nydia no terminaba de decidir, optó por proponerle un suéter de renos y comenzó a declarar todas sus virtudes. "Mira qué divino suéter. Este rojo se verá hermoso con tu pelo y tus ojazos". Tanto insistió que la pobre se vio forzada a llevárselo a casa y se quedó guardado hasta el día que lo regaló, porque lo odiaba.

Quizá no iba conmigo la información de que había que halagar a papá aceptando lo que a él le gustaba. Siendo la novena de nueve, no me di por enterada de lo que esperaba de mí. O tal vez me lo dijeron y simplemente no lo quise escuchar y, aunque perdí muchos puntos con mi padre por no ser tan dulce ni tan dócil, debo decir que en el trabajo me ha resultado bien tener este carácter. Eso no implica que muchos hombres y mujeres a mi alrededor lo acepten del todo.

Pero para destacar es más importante la determinación y el carácter que la dulzura y el silencio. Es importante saber lo que quieres hacer en tu trabajo y, una vez que lo has descubierto, tener determinación para hacerlo bien. Como lo dijo Gladwell, varios estudios han identificado que lo que hace a una persona exitosa no es necesariamente su talento, sino esas 10 000 horas que ha invertido en aplicarse practicando la misma cosa una y otra vez, divididas en pocos años como Mozart, o entre 51 como los CEO de la lista anterior.

Conozco infinidad de personas que tienen más talento que yo, pero que desistieron rápidamente en el camino hacia la dirección de una revista. He tenido amigos que naturalmente escriben, dibujan, diseñan, decoran y hasta tejen, pero que no han hecho una profesión de ninguna de estas actividades. También he visto algunas que empiezan su carrera sin sobresalir, pero que al paso de los años y múltiples esfuerzos despuntan y hacen todo un oficio de lo que les apasiona.

Que hay que trabajar mucho no tiene remedio. Pero si realmente te gusta, entonces no te aburrirás de hacerlo. Por el contrario, con cada acierto y triunfo sentirás que has llegado a ese lugar en el que te sientes libre y confiada.

En cambio, si estás en la profesión equivocada, lo mejor es cambiar de giro ya. No esperes más. Aunque empieces de cero en una distinta, valdrá la pena renunciar a la primera porque jamás llegarás a completar las 10 000 horas con placer si odias tu trabajo. De hecho, mientras más te tardes en cambiar de profesión, mayor tiempo te tomará triunfar en la que te corresponde y te hará feliz. Así que empieza hoy mismo. Toma esa escalera y sube resuelta a ser fabulosa en tu nueva vida.

Capítulo 11

GRAVITAS:
lo que eres
en toda su expresión

L a definición de la palabra *gravitas* en el *Diccionario Oxford* es: dignidad, seriedad y manera solemne. Y para ejemplificar el significado propone la siguiente frase: "Un puesto para el que tiene la experiencia y la gravitas", porque gravitas tiene que ver con una profundidad en la personalidad, en la que coexisten la dignidad y la seriedad (vista como credibilidad y compromiso). La autovaloración está presente. De hecho, 67% de altos ejecutivos que fueron entrevistados en un estudio reportaron que gravitas es la característica principal de la presencia profesional. Por ello, se considera una gran virtud y presenta varias facetas que deben conjugarse en tu manera de actuar.

Para Caroline Goyder, en su libro *Gravitas*, el concepto tiene que ver con raíces. "Porque tener gravitas te da una base sólida para expresarte con seguridad y autoridad", pues puede florecer cuando dejas de pretender ser alguien más, tratando de impresionar, y echas raíces por quien eres tú realmente.

Tu gravitas funciona como una columna vertebral que integra también tu forma de comunicarte y tu aspecto. Si esta fórmula de tres elementos funciona a tu favor, tienes una escalera formidable hacia el éxito. Pero si alguna de las tres o todas ellas no trabajan para ti, necesitas ocuparte de ello. Goyder sugiere que te deshagas de tus viejas ansiedades, malos hábitos y creencias negativas sobre ti misma para llegar al corazón de tu esencia. Pero, para poder escarbar a profundidad, necesitas saber que hay gravitas en tu ser.

Recordemos que vivimos en una sociedad profundamente visual. De ahí que el primer impacto que causa tu persona sea a través de tu atuendo y tu comunicación no verbal. Pero, conforme pasan los minutos y eres capaz de desdoblar tu personalidad, lo que dices y la manera en cómo lo expresas cobra una importancia increíble. Al paso del tiempo mostrarás también tu profundidad: tu personalidad, tu inteligencia, tu coherencia y si verdaderamente eres la persona que has tratado de aparentar o proyectar. Ése es justo el momento de determinar si eres creíble o si has estado actuando como algo que no es tu esencia y resultas ser una impostora.

Si estás involucrada en un proyecto, necesitas sentir la confianza en ti misma para poder transmitir tus ideas y darles seguridad a tus jefes, colegas y subalternos de que eres capaz de lograr lo que pretendes. Para ello, una vez más, tu imagen, tus palabras, tu lenguaje corporal y tu actitud tienen que sumarse como escalones en una escalera. Si te sientes ansiosa o demasiado preocupada por lo que piensan y dicen los demás de ti, perderás la estabilidad y no habrá gravitas en ti. Todo ello lo vas a comunicar coherentemente y consistentemente a través de tus palabras, tu cuerpo y tus actos.

> La gravitas debe ser el punto de conexión entre tu conocimiento (lo que sabes), tu alma (lo que eres), tu propósito (lo que quieres) y tu pasión (lo que te mueve).

Tener gravitas también implica saber tomar el toro por los cuernos en un momento de crisis. Es necesario poder actuar con templanza, integridad, valentía, aplomo y confianza sobre tus decisiones. A las mujeres se nos acusa constantemente de no poder tomar decisiones con determinación y rapidez. Ciertamente,tendemos a ser más cuidadosas y, a pesar de que nuestra fama dicta que nuestro liderazgo lo ejercemos desde la intuición, los resultados de diversas investigaciones que presenta Therese Huston en su libro *How Women Decide* (Cómo deciden las mujeres) denotan lo opuesto: "Contrariamente a la creencia popular, las mujeres basan sus elecciones en análisis documentados cuando menos tan seguido, si no es que más frecuentemente, como los hombres".

En lo que realmente superamos a los hombres es en leer códigos sociales, pistas emocionales y datos en la comunicación no verbal de otras personas, que nos llevan a ser más empáticas gracias a nuestros niveles altos de oxitocina y bajos de testosterona. En el mejor de los casos, con estas herramientas, las mujeres podemos desarrollar nuestra inteligencia emocional y convertirnos en líderes cuya sensibilidad permite reconocer a nuestro equipo y sus necesidades.

La autoconfianza, la seguridad en ti misma y tus acciones deben llevarte a tomar las decisiones sin perder la cabeza ni que gane el corazón. Una vez hecha la elección, tu posición debe ser clara en tus objetivos, reglas, facetas y caminos. Para ello, será necesario expresar clara y asertivamente tus ideas, las propuestas para ponerlas en marcha y la meta. Sin dudas ni en ti, ni en los demás. Con optimismo. Porque, ¿quién gana o qué se obtiene con el pesimismo?

Es muy interesante entender que todas las mujeres deseamos agradar, pues parece que ese anhelo está troquelado en nuestro ADN. Pero si en lugar de temer no ser aceptada o querida, puedes actuar como una líder objetiva y valiente, vas a tener que mostrar los dientes para aplacar a quien se te interponga para lograrlo, lo cual probablemente te llevará a no ganar el concurso de popularidad, pero fincará tu credibilidad y tu prestigio.

La combinación de todos esos elementos nos define, pero a mi parecer éstos deben estar unidos por una virtud que aprecio mucho en mis superiores y subalternos: la integridad. Porque no hay como confiar en que una persona jamás se dejará corromper, que sus principios son un bastión inamovible que funciona como cimiento para lograr cualquier cosa. Esa cualidad fomenta tu credibilidad y te hará verte y sentirte como una mujer seria y comprometida con su carrera.

Otra gran virtud en un líder es su congruencia. Si la persona que es tu director te dice que no debes recibir regalos o favores, pero él los acepta, entonces se despierta una gran desconfianza, se afianza el resentimiento y se vuelve difícil volverle a creer. Lo mismo sucede si es inconsistente en los pasos por cumplir o en sus metas.

Escalera: *Elevator pitch*

Después de estudiar varios años en la universidad, haber hecho prácticas, presentado tesis o proyectos profesionales, lo lógico es que estuvieras lista para explicar lo que eres y lo que quieres en tan sólo unos minutos. Pero no siempre es así.

Se conoce como el Elevator pitch a la coyuntura, siempre breve, de expresar tu gran potencial a una persona que puede ser determinante para obtener la oportunidad que estás esperando. Su nombre se refiere a que debes ser capaz de decir lo que quieres en los escasos segundos que toma un elevador en ir de un piso a otro. Si tienes suerte, el elevador irá de la planta paja al piso 80. Pero lo más probable es que esos instantes, que valen tanto, a ti te parezcan horas y te hagan sudar sangre, pero serán tan sólo unos cuantos segundos.

En algunas universidades te entrenan para poder llevar a cabo un *Elevator pitch* con seguridad y asertividad. Pero la mayor parte de la gente, me incluyo, tuvimos que aprender a hacerlo improvisadamente. Nunca falta la oportunidad para exponer tus ideas, no siempre en un elevador, aunque yo sí he encontrado a distintas oportunidades ahí. Pero también he dado mi *speech* al que quedó sentado junto a mí en una boda, a la persona que me encuentro en la fila de la cafetería o a la conocida que me topo en el súper. Nunca se sabe dónde, pero hay que estar siempre lista para hacerlo.

Así que es importante que pienses qué dirías de ti, de tu trabajo y del proyecto de tus sueños. Ensaya y ponte atenta porque la siguiente oportunidad no se te va de las manos.

PRINCIPIOS, ANTE TODO: ÉTICA Y MORAL

Nadie que no seas tú diseña tu carrera. Pero, al igual que sucede en tu vida, tu profesión estará cimentada en los principios o valores éticos que más te importan y que hacen de ti una buena jefa, una buena líder, una buena colega y ni hablar de una buena empleada. Dichos valores residen en tu voluntad, tus intenciones, tus propósitos, tus omisiones y tus actos frente a las contingencias, obstáculos y oportunidades que ofrezca tu trabajo. Entre esos principios están:

◆ La honradez
Esta virtud implica que jamás desearás u obtendrás bienes ajenos. No serás corruptible a cambio de un bien material, privilegios o favores, así como nunca abusarás de la confianza depositada en ti por tus superiores, colegas o empleados.

◆ La bondad

Eres buena cuando actúas con la mejor intención y eres capaz de realizar tu trabajo sin dañar nada ni a nadie. Impera en ti siempre la idea de ayudar, mejorar, fortalecer y proteger a tu equipo, tus proyectos y tus metas, desde el amor y la lealtad contigo misma y tus compañeros.

◆ La solidaridad

Si algo tenemos desarrollado las mujeres es la solidaridad. Viene con nuestro ADN y nos capacita para ser empáticas y ayudar a los que nos necesitan.

◆ La verdad

Aunque a veces resulte complicado mantenerse objetiva, ésta debe ser una meta por alcanzar. Ser realista, decir con toda franqueza lo que piensas, jamás mentir ni engañar a los demás son formas de ejercitar este maravilloso principio. La verdad a veces duele, pero es menos peligrosa que cualquier mentira. Cuando el trabajo que realizas implica la publicación de hechos y realidades, la veracidad, la credibilidad, la objetividad y la sinceridad son indispensables.

◆ La prudencia

Dicen que la prudencia nunca se equivoca porque actuar y hablar con el cuidado de no herir, importunar o confrontar puede resultar una gran escalera en tu profesión y con tus relaciones. Ser prudente también implica medir las consecuencias, ser precavida y protectora tanto de tu capital humano como de tu economía.

◆ La responsabilidad

Cuando te comprometes a algo y respondes en tiempo y forma, te ganas la confianza de todos, incluso la tuya. Pero, para ello, debes hacerte cargo de lo que te has propuesto lograr, tener la disciplina para trabajar en ello y la organización para supervisar todo el proceso. La responsabilidad implica un compromiso y el valor de saber que cualquier reclamación caerá sobre ti.

◆ El deber

Hay cosas que te corresponden a ti dentro de tu labor profesional. Defender a tu equipo, por ejemplo, como también coordinarlo para que todos trabajen bien. También hay deberes jurídicos que implican actuar conforme a las reglas para no hacer algo ilegal o cometer un delito.

◆ La fortaleza

Cuando actúas con determinación, firmeza y audacia, sin dudas ni titubeos al momento de tomar decisiones simples o complejas, estás ejerciendo tu fortaleza. Una mujer fuerte va a luchar, siempre con entereza y valor para vencer los peligros, obstáculos y situaciones comprometedoras que se presenten.

◆ La lealtad

Cuando eres fiel a tus principios y a las personas que confían en ti, incluso si eso representa un sacrificio o renuncia, demuestras tu lealtad. Eso implica que no cambies de bando, traiciones ni engañes a nadie. La lealtad es un principio que está tan arraigado en tus propias creencias y valores que sólo se ejerce con voluntad.

◆ La libertad

Uno de los derechos humanos más preciados es la libertad, que implica no sólo la física al estar donde te plazca sin impedimento, sino también poder para actuar, pensar y expresarte sin obstáculos ni repercusiones. La libertad en el trabajo es una condición externa que no siempre resulta fácil obtener o conquistar. Pero la libertad interna, en la que eres capaz de ser tú y desarrollarte auténticamente, es un privilegio propio que ningún jefe ni trabajo debería intentar coartar.

◆ La caridad

Especialmente cuando tu labor está relacionada a labores sociales o filantrópicas, pero eso no obsta para que puedas practicarla en otras áreas. La caridad es la inclinación por promover la felicidad y el bienestar de los demás para eliminar la miseria, el malestar, la injusticia o la indiferencia. Lo más increíble es que trabajar con estos fines resulta tan benéfico para quien ayuda como para el que se beneficia.

◆ La justicia

Algunas veces tendrás que ser como el rey Salomón y otorgar a cada quien lo que le corresponda. Para ello, podrás ayudarte de las reglas o normas establecidas, pero la mayor parte de las veces serán tus propios principios los que dicten tu proceder. Con una actitud justa obtendrás un ambiente de respeto, igualdad, rectitud y estabilidad con tus colegas y tu equipo.

◆ La igualdad
Todas las personas que trabajen contigo o para ti merecen que les des el mismo trato respetuoso, sin importar su sexo, condición social, raza, nacionalidad, preferencia sexual, físico, ideología, profesión o posición en el organigrama. Ese mismo principio aplica para ti en cualquier ámbito social o laboral.

◆ La templanza
Cuando una persona tiene la ecuanimidad para enfrentar los retos, fracasos y sobresaltos de su profesión puede afirmarse que ejerce su templanza. No sólo se califica así a un individuo que modera su forma de actuar o reaccionar, sino incluso por la manera en que controla la gula, la lujuria y la avaricia.

◆ La integridad
¿Alguna vez has escuchado que alguien te describe como una mujer de una sola pieza? Pues siéntete halagada porque eso significa que eres íntegra: no tienes doble fondo, eres confiable y cumples tus deberes de manera constante con base en tus valores más nobles.

Cuando trabajaba en la revista *Infashion*, teníamos una idea que nos pareció interesante comercializar. Se trataba de una secuencia de textos patrocinados por una marca para hacer de ellos una edición coleccionable. Pasamos meses ofreciéndolos a distintos clientes y el más exigente de todos decidió apostar por nosotros. La iniciativa se extendería con 12 meses de esos textos, pero justo antes de iniciar el primero mi jefe directo me compartió un correo del director de la empresa, en el que se comentaba que pensaban cerrar mi título. La noticia me cayó como un balde de agua fría. Ése había sido mi proyecto más personal y el que me había hecho sentir más útil y realizada. Ahora estaba frente a la probable cancelación de mis sueños, pero también ante la posibilidad de defraudar a un cliente que esperaba 12 meses de nuestro compromiso. Inmediatamente fui a hablar con mi jefe y le expuse mi preocupación. Teníamos dos opciones para que yo pudiera sentirme tranquila y seguir con la frente en alto ante mi cliente y ante mi espejo: le decíamos con sinceridad al cliente que existía el riesgo de cerrar e interrumpir la secuencia de los textos coleccionables, lo cual probablemente esparciría la noticia de nuestro cierre inminente como pólvora, o bien cerrábamos la revista de una vez para no correr ningún riesgo. Se tomó la segunda decisión y, por dolorosa que fuera, estoy segura de que era la mejor y más digna opción. Después de todo, los buenos principios están primero y con tu prestigio jamás se juega.

EL MAYOR TESORO: TU PRESTIGIO

En la industria de la moda todos nos conocemos. El grupo de personas activas que trabajamos en ella no somos muchas. Algunos de nosotros hemos estado vigentes por varias décadas y tenemos una trayectoria conocida para los demás. Hay épocas en las que se dan cambios constantes. Los publirrelacionistas se cambian a otras marcas, los directores editoriales se mudan de título, las celebridades sustituyen a sus representantes y así sucesivamente.

Pero, al fin y al cabo, somos un puñado de gente en una suerte de "juego de las sillas". ¿Te acuerdas de él? La dinámica consiste en que todos se paran alrededor de la hilera de sillas y alguna persona que no jugaba pone música. Mientras suena la melodía, todos giran rodeando las sillas y, en el momento que la música para, todos buscan sentarse. El ganador es quien se apodera de la última silla, cuando sólo quedan dos contendientes.

Entonces lo que sucede en una revista es que, en un momento dado, se libera una posición. Vamos a decir: se muda de país la directora editorial y libera su plaza. Entonces empieza el juego. Quizá las participantes sean personas reconocidas que han tenido esa misma posición en revistas de la competencia, pero también pueden entrar al círculo chicas que vienen del extranjero como candidatas, algunas de las que están en el equipo de la revista y que aspiran a subir, etcétera. Sólo que en esta dinámica suelen ser varias contendientes y un solo puesto disponible. La editorial que tiene la vacante conoce el trabajo de las personas que forman parte del equipo o, al menos, tienen las referencias que dejó la directora cuando se fue. Pero ¿qué sucede con las otras personas externas que ambicionan ser consideradas? Pues su futuro estará, en parte, determinado por su prestigio.

Reputación es la historia que te precede y que, además de darte una increíble experiencia, hará que la gente a tu alrededor confíe en tu capacidad. Es lo que eres, por lo que se te conoce y, no hay que olvidarlo, cómo te gustaría ser percibida. Si esa contendiente tiene una trayectoria impecable, su trabajo es sobresaliente, tiene una estupenda relación con los anunciantes, es respetada y admirada en el medio, será una candidata idónea para el puesto. Porque nada habla de una profesional como su prestigio, ya que su capacidad resulta un libro abierto para quienes han presenciado su crecimiento, desarrollo, desempeño y lo más relevante: su manejo del poder.

Con esto no quiero decir que sólo las personas que tienen una larga y sólida trayectoria son elegibles para ese deseable puesto. De hecho, muchas veces la que ocupa la vacante nunca ha sido editora o no cuenta con las credenciales en la industria editorial. Porque el juego de las sillas a veces se resuelve por azar: llámalos contactos, nepotismo, ganas de experimentar con sangre nueva, estímulos para las personas que trabajan en la empresa (aunque la contendiente no esté precisamente en la línea del organigrama) o suerte (estar en el lugar y momento preciso). Lo sabré yo, que fui afortunada en llegar a *Vogue* casi por accidente.

Resulta que, como recordarás, después de estudiar Comunicación, por no encontrar una escuela de diseño de moda en mi país, me dediqué al guionismo televisivo para descubrir, que ésa no era mi vocación. Así que estudié Diseño de Moda y de Aparadores. Regresé a México y comencé mi carrera de diseñadora con el pie derecho. Pero entre una fábrica y otra, diseñando ropa casual, una ex compañera de la universidad me contó que estaba iniciando un suplemento para mujeres en un periódico de finanzas. Ella buscaba a alguien que escribiera de moda y me ofreció colaborar con unos artículos de ese tema. Acordamos los tópicos y me dediqué a escribir hasta entregarle tres artículos para su proyecto. Por varios meses no supe de ella y di el asunto por muerto, hasta que reapareció. Me dijo que su suplemento se había cancelado, pero que era amiga del editor de *Vogue* y le había enviado mis artículos, le habían fascinado y quería conocerme. Casi sin aliento, porque jamás imaginé conocer al editor de *Vogue* en persona, acepté. Comimos con Noé Agudo, el director editorial y ahí mismo me contrató como colaboradora para una columna de moda que titulé "Urdimbre". Escribí mensualmente mi columna para *Vogue* y colaboré también en la revista masculina de la editorial, hasta que un día quedó vacante el puesto de editor de moda en la revista y Noé me dio la oportunidad de concursar por esa posición.

Mi contrincante, un experimentado coordinador de moda de pasarela, me vio como una rival débil: ciertamente yo venía de una universidad californiana, pero de revistas no sabía gran cosa. Así que, mientras él se dormía en sus laureles trabajando sin gran esfuerzo ni compromiso, yo aproveché la oportunidad de mi vida e hice todo lo que estuvo en mis manos para ganarme el puesto.

En honor a la verdad, comparado con el trabajo que hacía el ex editor de moda de la revista, mi resultado era de novata y el de mi rival era de un perezoso. Ninguno contaba con la calidad adecuada para una revista de esa categoría. Pero había dos cosas que tengo que decir a mi favor: como el ex editor de moda era venerado en la industria, nadie quería colaborar conmigo. Así que tuve que improvisar con personas que, como yo, nunca habían hecho nada de moda y mucho menos en *Vogue*. Además de que le puse todo mi esfuerzo, los recursos de la gente querida que me ayudó y todo el dinero que tenía en mi cuenta para hacer un editorial de moda. Mientras tanto, el otro chico contactó a sus viejos amigos, les pidió a sus conocidos que le prestaran ropa y arregló con dos modelos de sus desfiles que posaran para su editorial de moda, todo ello en un par de horas y en el jardín de su casa. Si no ganó el talento ni la experiencia, definitivamente mi empeño y entusiasmo hicieron la diferencia.

En mi opinión, eso es sentarse en la silla o subirse a la escalera: tener actitud. Por ello, el prestigio habla no sólo de logros, sino también de una maravillosa actitud, que ha hecho de esa persona un profesional resistente, capacitado, trabajador, talentoso y con un gran manejo del poder. Eso es prestigio.

288 • IMAGEN, ACTITUD Y PODER

SOLIDEZ: CONSTANCIA Y CONSISTENCIA

Cuando tú te preguntas qué hace a una persona confiable, sin duda mencionarás estos dos atributos: constancia y consistencia.

La constancia significa que una persona tiene disciplina, se nota comprometida, no es cambiante ni en su manera de ser, de actuar o de pensar y cumple su palabra. No hay esa indecisión que hace que los demás pierdan la fe y la confianza.

Hay personas que pueden darse el lujo de hacer toda su carrera en una sola empresa. Eso es impresionante, pero de ninguna manera indispensable. Tú puedes ser constante, si consideras tu trabajo como una escalera y, aunque buscas subir, también estás preocupada y ocupada porque la escalera esté estable, bien apoyada y con la inclinación correcta para que, cuando llegue el momento de subir el siguiente escalón, estés preparada. Aunque hay que ser realistas, ahora la tendencia es que los profesionales cambien de empresa cada cinco años cuando mucho, para mantenerse vigentes y en constante crecimiento.

La consistencia, en cambio, habla de contenido. De lo que eres tú como profesional no en el exterior, sino en tu interior. Una persona consistente conoce su trabajo, tiene un buen manejo de su equipo y está capacitado para formular y llegar a sus metas. Es ese estratega que da inmensa confianza, a quien puedes pedirle consejo, aumento de sueldo, otro puesto o proyecto, y siempre responderá con la actitud de empatía que esperabas. Digamos que no da bandazos ni sorpresas desagradables. Eso no significa que vayas a obtener un incremento de salario, pero las razones que te dará serán convincentes y justas.

La solidez de una persona así es increíblemente efectiva para conducir a un grupo de trabajo. La diferencia entre ser un buen líder o un buen gerente es que el primero inspira confianza, motiva a su equipo y los sabe estimular lo suficiente como para que sepan que su triunfo se traduce en el éxito de todos; el segundo tiene un equipo a su cargo y da resultados, pero eso no significa que inspira, conduce y obtiene sus objetivos siempre de manera positiva.

INDISPENSABLES: AUTOESTIMA Y CONFIANZA

¿Cómo podría creer alguien en ti, si tú no lo haces? Las emociones son más rápidas de lo que imaginas, de manera que, si te sientes insegura, antes de que tu mente registre esa situación, la comunicación verbal de tu cuerpo ya te está delatando. Así que es más fácil que alguien externo lea tu baja autoestima antes de que tú la registres. Lo peor es que, en la mayoría de los casos, la última persona en enterarse del balance de tu amor propio y de tu seguridad eres tú.

La buena noticia es que tu trabajo puede constituir una gran fuente de poder, de autoestima, autovaloración, seguridad y gozo. Para ello, desde luego, debes tener una ocupación que te guste, en donde te sientas productiva y que sepas que tu labor realmente hace una diferencia.

Para mí, la revista *Infashion* fue un regalo en este sentido, pues además de haber sido un proyecto en el que la empresa me permitió crear un concepto y desarrollarlo –no hay nada más rico para la autoestima que la confianza de tus jefes en tu capacidad–, en conjunto con mi equipo logramos hacer un trabajo dedicado a apoyar a la moda nacional.

La revista *Glamour*, por otro lado, me presentó una serie de retos que me mantuvieron atenta y motivada. Cuando me entrevistaron para ese puesto, me preguntaron cómo me sentía en la revista que llevaba y les contesté con toda honestidad que estaba cómoda. Incómodamente cómoda porque no quise confesar que estaba aburrida. Inmediatamente me aseguraron que si trabajaba en Condé Nast jamás estaría cómoda y lo cumplieron cabalmente. La exigencia, el nivel de calidad, las complejidades del medio y el mercado siempre me mantuvieron ocupada, divertida, motivada y aprendiendo.

Además, tengo que decir que, gracias a la estructura y credibilidad de la empresa, pude llevar a cabo varias campañas sociales que nos llenaron de orgullo a mi equipo y a mí: "Vive con *Glamour*", que bajo el marco del cáncer de mama estimula a las lectoras a hacerse la autoexploración porque queríamos comunicar que la detección temprana es vida. La que hicimos para no *textear* al volante, llamada "Maneja con *Glamour*", y la de sustentabilidad, que llamamos "Recicla con *Glamour*", que incorpora no sólo información sobre lo que la industria editorial y de la moda hacen para cuidar nuestro planeta y el trabajo de quienes están involucrados en la industria, sino también le da a la audiencia conocimientos sobre lo que pueden hacer para colaborar. Esta vertiente, en mi labor como directora editorial, ha sido una de mis mayores satisfacciones y estoy segura de que comparto la sensación con esa empresa y con el que fuera mi equipo.

Para mí, escribir también representa un pilar en mi trabajo, por lo cual busco la oportunidad de hacerlo para distintas plataformas y en los libros que he publicado. Últimamente incluso he encontrado gozo al hablar en público y sentir la conexión con las personas que me escuchan. Especialmente cuando hablo de reforzar nuestra autoestima y lograr sentirnos dueñas de nuestro poder. Éstos son mis recursos para fortalecer mi autovaloración y mi realización. Como verás, no he mencionado ni una vez la palabra dinero, propiedades ni posibilidad de hacer mi voluntad como mujer poderosa. Cada quien tiene su fórmula. Es tu trabajo encontrar cuál es la tuya.

> ▼
> Busca en tus principios porque ahí encontrarás las claves de tu seguridad, de tus aspiraciones y también de tu autoaceptación.
> ▲

DOMINIO E INTELIGENCIA EMOCIONAL

Las mujeres somos muy buenas escuchas. No sólo porque somos receptivas, sino también porque podemos empatizar con lo que nos cuentan. Emulamos los gestos de aflicción, por ejemplo, y somos capaces de contagiarnos del sentimiento. Pero una buena líder tiene que saber leer lo que su gente necesita, incluso antes de que ellos lo tengan consciente. Esta empatía es uno de los cuatro elementos fundamentales de la inteligencia emocional. Los otros tres son: conciencia de sí misma, manejo de emociones y habilidades sociales.

La conciencia de ti misma es prueba de tu autoconocimiento porque te has analizado y percibes claramente tus emociones tal como son, así como tus reacciones y, gracias a ello, puedes predecir y controlar tu comportamiento. Este manejo de tus emociones puede fortalecerte y llevarte a tomar decisiones más objetivas. Porque con tu fortaleza mental serás capaz de distinguir entre las emociones positivas y las negativas, aprendiendo a priorizar aquellas que atraen tus estándares morales. Esa saludable práctica de catalogar las emociones y controlarlas te entrenará y te hará más hábil para cuando te tomen por asalto en un momento de estrés.

AMBICIÓN: MOTIVACIÓN INTERNA Y SALIDA DEL FRACASO

Susan Davis dice que, cuando estás en un punto en el que puedes renunciar a tus sueños o perseverar, debes hacerte las siguientes preguntas: ¿encuentro alegría o satisfacción en lo que hago?, ¿esto refleja lo que es importante para mí, mis valores?, ¿tengo un trabajo que se basa en mis fortalezas? Si soy completamente honesta conmigo misma, ¿creo que yo o esta situación puede en verdad ser un éxito? ¿A qué oportunidades renunciaré si persevero con esto? ¿Estoy siendo ambiciosa o estúpida? La agilidad emocional te hace escoger un camino no porque sea lo que se espera de ti o es lo que hay, sino porque es lo que deseas. Cuando sigues tu corazón, estás abriendo no sólo tu mente, sino también tu mundo.

Cuando sabes que estás en el lugar o en el camino correcto, tu mejor arma será la perseverancia. Pero, para ser persistente, debes tener una buena dosis de valentía, de firmeza de carácter y de resistencia a los embates que puedas encontrar en tu proceso profesional. El miedo a lo desconocido o al fracaso pueden hacerte cambiar el rumbo o estancarte. Para subir cada peldaño de la escalera es necesario aceptar que habrá ocasiones en que te sientas perdida o que las cosas no funcionan como imaginabas. La perseverancia implica sentirse vulnerable, levantarte cuando te caigas, además de mantener la calma, mientras la agilidad emocional será la encargada de marcarte la reversa o si debes girar en lugar de seguir de frente.

Si, en el peor escenario, tiene lugar el fracaso, la misma perseverancia se encargará de curarte las heridas, aprender de tus errores y levantarte para continuar escalera arriba. Algunos estudios han descubierto que los hombres suelen tomar el fracaso con menos severidad. Otras investigaciones aseguran que las mujeres que participaron en deportes de grupo están más capacitadas para aceptar la derrota y sobreponerse al fracaso. Ignoro si se trata de que los hombres puedan ser más resistentes, son capaces de evadir con mayor eficacia la sensación de decepción, pérdida y vergüenza que trae el fracaso o, simplemente, se tienen autocompasión. Las mujeres, en cambio, podemos entrar en una espiral en la que nos comparamos con las que han triunfado, lo cual es absurdo y destructivo. Seamos realistas: siempre habrá alguien más hábil o con mayores facultades, pero eso nunca debería ser una serpiente. Aquí es cuando la autocrítica no es saludable, pues te puede hundir en una fuerte depresión. Es indispensable que recobres la confianza de que tú puedes hacer lo que te propongas, a pesar de que entiendes que, como ser humano, eres falible.

En esta lucha constante para subir al siguiente escalón o recular para volver a intentarlo, a veces surgen los arrepentimientos. Seguramente has escuchado decir que el "hubiera" no existe y no faltará quien te habrá dicho que dejes de rumiar sobre tu equivocación porque no hay vuelta atrás. Sin embargo, el arrepentimiento puede ser una gran oportunidad para reconsiderar cómo llegaste hasta ahí. De esa manera podrás analizar lo que hiciste en contraposición con lo que debiste haber hecho. Esto no quiere decir que no va a doler. Dolerá, y mucho. Pero estás ahí confrontando ese poderoso pensamiento y, aunque te produce un sentimiento negativo, lo puedes hacer que sirva para algo positivo. Debe convertirse en tu principal motivación para resurgir de tus cenizas y volver a empezar de nuevo, aplicando todo ese conocimiento que el fracaso te ha concedido.

Hay un fenómeno conocido como crecimiento postraumático, que consiste en que después de un suceso dramático en la vida, como cuando muere un hijo, terminas una relación profunda y significativa, o sales de prisión, por poner sólo algunos ejemplos, una vez que pasa las primeras etapas de ansiedad, duelo y depresión, la persona sale fortalecida y con la idea de que ese oscuro suceso le obsequió importantes enseñanzas, dejando un saldo positivo. En su libro *The Woman I Wanted to Be* (La mujer que quise ser), Diane von Fürstenberg relata el dramático momento en el que su madre sube al vagón de tren que la llevaría al campo de concentración nazi. En los días que pasaría encerrada con cientos de personas angustiadas, encontró a una mujer mayor que la consoló y la contuvo. Al momento de bajar del tren, los guardias del lugar separaban a las mujeres en diferentes líneas y cuando a la señora, con la que había pasado tanto tiempo, le designaron una fila, ella inmediatamente se formó detrás. Pero un uniformado de alto rango bajó una rampa y la llevó a empujones a otra hilera de mujeres. En ese instante parecía que le habían hecho el daño más terrible, pero contrariamente a lo que supuso, ese acto le salvó la vida. La fila de la mujer del tren fue encaminada directamente a la cámara de gas mientras que donde quedó la mamá de Diane estaba la gente que iría a la fábrica de armas. Por eso, recuerda Von Fürstenberg, su madre siempre le decía que no importa qué tan mala sea una experiencia, nunca hay que culpar a alguien, sino aprender algo de ella. En última instancia, recuerda Diane haber escuchado decir a su madre: "El miedo no es una opción".

Algunas veces el revés viene en forma de un despido. De un día para otro te encuentras en casa un lunes a las 10 de la mañana sin tener idea de lo que depara tu futuro profesional. Eso puede ser desolador. Habrá confusión, una caída estrepitosa de tu autoestima y dudarás de todo, especialmente de tu capacidad de reinventarte. Pero también tendrás algo que siempre habías deseado y de lo que carecías: tiempo. El tiempo es un lujo, tan o más valioso y difícil de obtener que el dinero. Si no me crees, pregúntale a un desahuciado. Cuando tienes trabajo, no hay horas para ti, ni para lo que te importa de corazón. Podrás tener poder, una cuenta de banco robusta y mucha seguridad en tu profesión. No obstante, habrás sacrificado varias cosas para mantenerte ahí: tal vez tu maternidad, tus amistades, las últimas horas de la vida de tu padre o madre. En el momento que te quedas sin trabajo, la vida te ha regalado tiempo. No lo desaproveches ni lo desdeñes. Haz todo lo que has deseado y no habías podido porque estabas muy ocupada. Toma clases de algo que te apasione, visita a tu amiga que vive en otra ciudad, organiza maratones de tus películas o series favoritas y goza sin culpa por algunos días o meses, hasta que tus heridas sanen. Claro que puedes darte la licencia de mandar tu CV y conectar con las personas que puedan brindarte escaleras en ese momento, pero obséquiate el tiempo para vivir. Así, cuando llegue la oportunidad de reiniciar tu trabajo, habrás disfrutado lo suficiente como para no tener deudas con tus sueños.

El valor es como un músculo que tienes que ejercitar siempre y sólo con masa muscular lograrás tener el impulso para fortalecer la perseverancia. El autor Andrew Zolli describe a la resistencia como la dinámica combinación entre creatividad, optimismo y seguridad, que en conjunto te dan poder para reevaluar situaciones y regular tus emociones. Entonces es la resistencia la que inyecta el optimismo y la energía para que te levantes y sigas con la confianza de que todo estará bien; si no es así, tampoco se acaba el mundo. Siempre habrá otra oportunidad.

COMPROMISO: ENTREGA 100%

Tal como te comprometes para casarte, al involucrarte en un trabajo haces un pacto para dar lo mejor de ti en tu desempeño profesional. El punto es que ahí no hay anillo, novio, boda, ni luna de miel que valgan. Aquí la que ha dado su palabra eres tú y el acuerdo es meramente laboral.

Cuando firmas un contrato para trabajar en una empresa queda claro que tienes que cumplir con varias especificaciones. A una persona que trabaja en la parte creativa de una revista, por ejemplo, se le exige exclusividad, tener extremo cuidado de nunca revelar secretos de la empresa o datos confidenciales, ser honesto, honrado, responsable, ético y, desde luego, cumplir con las obligaciones del puesto en tiempo y forma. Como jefa, yo no quiero que los miembros de mi equipo hagan lo que se enumera en su descripción de trabajo y se vayan a casa apenas marque la hora de salida. No me malentiendas, nada tiene que ver con que partan temprano, sino que no se consideren socios de un proyecto. Alguien que brinda ideas, tiene sugerencias y se preocupa por los resultados como si estuviera trabajando en su propia empresa es una persona que va a crecer conmigo y donde quiera que trabaje. Es decir, en el lugar que te limites a ser lo que marca el organigrama, te tienes que ver como parte fundamental del éxito en la empresa. Nunca subvalores tu misión en el equipo.

Como ya conté, mi ex jefe fue bombero y nos contó un día que estaba a la mitad de un incendio. Su labor variaba y ese día le tocó ser uno de los que detenía la larguísima manguera. Ahí donde estaba parado, el gas resultante del incendio le hacía sentirse adormilado con toxinas y al estar sin poder moverse temía quedarse dormido y fallarles a los compañeros que contaban con su ayuda para tener un buen flujo de agua, donde las llamas amenazaban con matarlos. Nos puso ese ejemplo al equipo porque, sin importar si hay peligro de muerte o llamas, quería ilustrar que todos somos parte importantísima en nuestro grupo de trabajo. Tanto el que abre la llave de agua, como el que apaga el fuego, pasando por los que sostienen las escaleras o las mangueras, con uno que falle habrá una cadena de efectos que pueden resultar tan costosos como perder tu trabajo y los empleos del resto del grupo.

Cuando tu trabajo es independiente, el compromiso es con tu propio negocio y tus clientes. Hay también un compromiso con la gente que te rodea fuera de la empresa. ¿Recuerdas que te conté que tuvimos que cerrar *Infashion* prematuramente para no quedar mal con nuestros clientes? Hay también acuerdos, a veces explícitos y otras implícitos, con tu equipo de trabajo y, desde luego, con tus proveedores.

Pero ningún acuerdo será cumplido cabalmente si no estás comprometida contigo misma. Tienes que sentirte segura y convencida de lo que estás haciendo y necesitas llevar a cabo todo lo que está en tus manos para alcanzar tus objetivos. Esas metas deben ser una sana mezcla entre lo que te hace sentir plena y feliz, combinadas con lo que hará crecer tu empresa y tu prestigio en tu campo de trabajo.

EMPUJE: FUERZA Y ENERGÍA

"No te calles. Haz ruido y hazte escuchar. Las mujeres bien comportadas raramente hacen historia".
Nicola Thorp, activista

El mundo laboral adquiere un balance gracias a que hay líderes y seguidores. Ninguno es más importante que el otro, pero está claro que ambos se necesitan. Un líder requiere, sin embargo, de una fuerza especial para poder guiar a su equipo. Debe contar con una gran energía, claridad al expresar sus objetivos, esfuerzos organizados para cumplir metas, credibilidad para convencer a los demás sobre la importancia de éstas y desdoblar la disciplina, la responsabilidad y hasta la agresividad para llevarlos a la meta última. Eso es a lo que llamo empuje.

Hace años, hicimos una evaluación interna para mi equipo de trabajo. Entre otras cosas, había que evaluar las aptitudes y actitudes correctas para el desempeño del trabajo de cada persona, pero también era un buen momento para plantear las áreas de oportunidad. Una de las chicas era un líder a todas luces. Su fuerza y decisión resultaban patentes, de manera que no sólo entregaba un trabajo impecable en tiempo y forma, sino que también se convirtió en quien decidía por sus compañeras desde dónde comerían hasta qué ordenarían al mesero. Otra de las integrantes del equipo, en cambio, gozaba de una personalidad fabulosa: era dulce, creativa, cariñosa e ingeniosa. Sin embargo, su personalidad tan cálida y su modestia constante no le permitían ser una gran negociadora. Con ella, los colaboradores entregaban cuando se les daba la gana y sus correos electrónicos eran tan amigables que nadie se enteraba de que la había enviado como emisaria para exigir o reclamar nuestros derechos. Ambas mujeres eran estupendas en lo que hacían y, aunque lo más deseable siempre es tener una líder amorosa y creativa, a la hora del estrés, de largas horas dedicadas en un proyecto, no hay nada como la disciplina, la determinación, la fuerza y la estructura para guiar a un equipo.

La disciplina y la creatividad no se repelen, como tampoco lo hacen la autoridad y la amabilidad. Lo que realmente no funciona es querer llevar un proyecto o un equipo sin mostrar, de vez en cuando, la fuerza de carácter indispensable para que te respeten propios y ajenos. He tenido jefes declaradamente autoritarios y otros que parecían muy relajados y hasta amigables. Pero cuantas veces llegamos a la línea de fuego, esos personajes sacaron uñas y dientes, estrategias claras y objetivos contundentes para llevarnos como un rebaño que confía en su pastor.

Sea cual sea tu personalidad, debes encontrar el empuje para guiar a tu propio rebaño. Si no te interesa ser jefa o líder de proyecto, no importa. Lo que vale es que puedas despuntar en un equipo por tus aptitudes y tu actitud, pero específicamente por la fuerza que te hará única y excepcional para el trabajo que realizas.

Hace unos años, diseñé una colección de joyería para lencería. Entre las piezas, mi favorita es un ala de ángel que se enreda en la parte posterior del tirante del bra. En la zona que se sujeta a la prenda, se lee una parte del poema de Pedro Salinas, "Dueña de ti misma" (la encontrarás al inicio de este libro), en el que incito, a quien la lleva puesta, a que se lance con todo arrojo a conseguir lo que siempre ha deseado. Esas maravillosas líneas que hoy te dedico a ti.

BATALLAS: CUÁNDO PELEARLAS

Una vez que has decidido despuntar en tu profesión, no te quedará más remedio que mostrar los dientes de vez en cuando. Ojalá no tenga que ser demasiado seguido porque eso será un indicio de que algo no está del todo bien en tu trabajo.

Pero, en cualquier posición de poder habrá que hacer negociaciones, llegar a acuerdos y también enfrentar conflictos pequeños y guerras virulentas. Lo mejor es que aprendas a elegir tus batallas. No debes engancharte en cualquier malentendido o lanzar mordidas a la primera provocación. Es necesario que ejercites tu templanza y tu inteligencia, a veces poniendo del lado al corazón, para ser capaz de confrontar pacíficamente y con asertividad. Sin embargo, cuando llegue el momento en el que hay que ponerse brava y demostrar tu autoridad, debe surgir una líder fuerte, articulada, segura y determinante, aunque siempre respetuosa.

En esos momentos de crisis, lo de menos será caerles bien a los que te rodean. Aquí la prioridad es que salgan a flote tus virtudes y sean tus herramientas para lograr tu fin o llegar a conciliar con tu contrincante. Qué fácil sería quedarte en tu zona de confort sin enfrentamientos, pero tu valentía, tu fortaleza mental y tu determinación son más dominantes.

Pasada la batalla, habrá también que saber limar asperezas. Algunas veces no triunfarás, por lo que te tocará lamerte las heridas y superar los resentimientos, porque si sigues en el juego, querrá decir que no todo se ha perdido. Si, por el contrario, has salido vencedora, debes tratar de que se establezca la calma y las cosas se coloquen en el lugar preciso para recobrar la productividad.

Recuerda que el orgullo y la soberbia deben quedarse del otro lado de la puerta. Si luchas, que sea por algo justo que traiga el bien común para tu equipo, tu empresa y para tu liderazgo.

ÉXITO: ¿YA LLEGASTE?

"No es cool emborracharte en tu éxito".

Sophia Amoruso

El éxito para ti puede ser muy distinto que para mí. Ya sé que la sociedad nos ha hecho relacionar el dinero, el poder, la fama y las múltiples posesiones como sinónimo de éxito y plenitud. Pero, en realidad, puedo decir que mi maestra de yoga es más exitosa que muchos actores millonarios de Hollywood porque se ve que ama lo que hace e irradia satisfacción al dar sus clases. Para mí, tener éxito significaría poder ayudar a muchas mujeres a través de una revista, su página de Internet y mis libros. Que me gustaría tener recursos para la casa de mis sueños, más viajes, un guardarropa interminable y tiempo libre para gozarlo con mi hijo, sin duda. Pero nada de eso es indispensable si encuentro que mi trabajo cumplió su cometido. Eso es lo que yo llamo éxito.

Un día estaba en una conferencia y el presentador preguntó al público qué era el lujo. Un señor levantó la mano y dijo: "Lujo para mí es poder ir a recoger a mi hijo al colegio a mediodía". Bueno, pues, ése y muchos lujos más deben venir pegados al éxito. Experiencias y placeres, tiempo para tus pasiones y para tu vida personal.

Las personas también piensan que tener éxito está relacionado con alcanzar la perfección. La perfección sólo existe como parámetro aspiracional.

Es decir, un escritor puede intentar igualar a Cervantes o un músico a Mozart, a quienes catalogamos como lo más cercano a la perfección y se convierten en nuestros ejemplos por seguir. Pero lo que en realidad buscamos para llegar al éxito es la excelencia, que más que un fin es una actitud. Porque, en nuestra búsqueda por pulir nuestro talento, valoramos nuestros avances, aceptamos nuestros errores y competimos con nuestros propios logros.

Por eso, los que hemos perseguido la perfección quizá nunca nos sentimos en la cima ya que, obviamente, esa meta es inalcanzable. Pero los que creen haberla conquistado, se pierden en su soberbia. Para ellos o ellas, ya nada ni nadie es suficiente. No tienen el menor respeto por el esfuerzo, tiempo o sentimientos ajenos. Se convierten en el centro de su mundo, uno muy pequeño, por cierto.

Una mujer poderosa podrá tener éxito, pero conservará la humildad y la humanidad que la hará sentirse vulnerable algunas veces y, otras, saberse afortunada por gozar las mieles resultantes de su constante esfuerzo. Además, el éxito le da el privilegio de hacer relaciones importantes con las que tendrá la oportunidad de entretejer proyectos y ayudar a otras mujeres al conectarlas con quienes podrán impulsarlas. En última instancia, amar tu trabajo es un regalo y si te has podido obsequiar eso, entonces estás autorizada para declararte exitosa.

Escalera: Mesa de tres patitas

Un día hablaba con mis hermanos de mis dudas respecto de cambiarme de trabajo o empresa. Ya había hecho el típico ejercicio de poner dos columnas de lo bueno y lo malo de cada opción y la comparación era tan pareja que me parecía complicado tomar una decisión. Entonces mi hermano Hernán me explicó la teoría de la mesa de las tres patitas. "Esta mesa tiene tres patitas, aunque puede mantenerse en pie con dos, pero nunca con una", dijo. "La primera patita es el prestigio, la segunda patita es la satisfacción y la tercera patita el dinero".

Lo que me explicó es que la mesa representa tu trabajo y puede sostenerse relativamente estable si tienes la combinación de dos de tres patitas. Por ejemplo: si tu trabajo te da prestigio y te gusta, aunque la paga no sea ideal, puedes quedarte ahí. También si tu salario es increíble y te da prestigio. Incluso si ganas mucho dinero y te gusta lo que haces, pero el trabajo no tiene el prestigio deseado, funciona. No obstante, cuando estás bien en tu empleo actual y te proponen un cambio, debes irte por las tres patitas. Se trata de mejorar y nada será más seguro que una mesa que cumple los requisitos y te mantiene estable por mucho tiempo.

Capítulo 12

ESTRUCTURA:
jefes y subordinados

A l tomar decisiones no siempre vas a ser apreciada y lo que determinaste quizá provoque reacciones adversas. Es más, te puedo asegurar que nunca vas a poder darles gusto a todos.

Cuando hablamos de tu gravitas vimos que agradar representa una necesidad para nosotras. Mientras a los chicos les permiten y les aplauden ser líderes, competir y tomar decisiones fuertes, a nosotras nos han estimulado para ser amables y tan dulces como nuestro carácter lo permita. Pero hay que ejercitar la valentía: defender y pelear si es necesario.

Cuando una mujer se convierte en líder y su comportamiento resulta coherente con sus decisiones firmes, se le acusa de inflexible, de ser poco femenina o se le pone sobrenombres como "La dama de hierro", apodo de Margaret Thatcher, o "Nuclear Wintour", como se le ha dicho a Anna Wintour. Tamara Mellon, la cofundadora de la marca *ready-to-wear* de zapatos Jimmy Choo, tampoco es la excepción, pues su historia está plagada de abusos cometidos por hombres, quienes han intentado minimizar su inteligencia o su porcentaje en el negocio. Ella, a base de traiciones y demandas, ha tenido que defenderse con uñas y dientes de varios socios capitalistas, entre ellos incluso de su madre, para obtener el reconocimiento y la justicia que merecen su esfuerzo y talento. Sin embargo, su fama en la industria es de ser una *bitch*. Tan es así que sus socios han tenido la sangre fría de preguntarle, después de grandes pleitos en los que ella muestra su fuerte carácter para defenderse, si ya se va a portar bien.

Lo cierto es que no está aprobado socialmente ser una líder con carácter potente. Pero es imposible ser amigable siempre al tomar las decisiones adecuadas en cualquier negocio. Así que nos toca aprender a vivir con las críticas, con los murmullos en los pasillos y la mala reputación que una persona justa, determinada y objetiva adquiere.

Según los libros especializados en ayuda profesional, encuestas en el mundo y a todo nivel han dado como resultado que las personas de cualquier sexo prefieren a un jefe hombre. Eso probablemente se deba a que estamos más acostumbrados a que sean ellos los que manden y nosotras las que obedecemos. Pero la realidad ha cambiado. Ahora muchas de nosotras somos jefas y tenemos jefas. Así que hay que aprender a apoyar a las que están arriba en el organigrama y estar conscientes de que si nos toca ser cabeza de un departamento seremos capaces de formar un buen equipo siempre que nos comportemos con plena integridad.

En cuanto a las amistades en el ambiente laboral, te voy a decir que varios de mis amigos y amigas fueron mis jefes o trabajaron a mi cargo en algún equipo. Tengo ese privilegio y sé que ellos me consideraban así desde que eran mis superiores o subalternos en el organigrama. Pero siempre he tratado de mantener la pulcritud entre mi vida personal y laboral, por lo que cuido de no tomar una atribución de amiga durante las horas de trabajo. La verdad me resulta bastante más complicado guardar distancias con alguien en mi equipo a quien he aprendido a querer como amiga o amigo cercano, pues, cuando se trata de trabajo, debo ser objetiva y hacer lo que me corresponde como su jefa.

Hay miles de personas que han cruzado mi vida laboral, pero que jamás he vuelto a ver o no recuerdo ni su nombre. De hecho, nunca ha sido mi intención encontrar una vida social plena en la oficina, pero he tenido la suerte de construir grandes y entrañables relaciones en mi trabajo. Eso considero que es un privilegio porque, al final, pasamos largas y valiosas horas ahí y las afinidades, así como el cariño, son bendiciones que debemos ver como un obsequio de la vida. Pero también porque el apoyo de los amigos siempre es indispensable en las escaleras y serpientes de una profesión.

Lo que debe quedar claro, al margen del cariño y el apoyo de los amigos, es que los escalones en el organigrama deben respetarse y no debes jamás ponerlos en duda o a prueba porque puedes dar lugar a un desastre: un conflicto o confusión de roles entre tu jefe y tú puede llevarte hasta a perder el trabajo o tener que eliminar a una persona importante de tu equipo, por ciertas diferencias personales, ocasionadas por su cercanía en un ámbito amistoso, mas no profesional.

JEFES: BUENOS O VILLANOS, SON LA AUTORIDAD

Desde que empecé a trabajar, a mediados de mis estudios universitarios, me he encontrado con todo tipo de jefes. Los buenos, que tienen un liderazgo carismático, cuyo papel en mi vida profesional fue dejarme hacer mi trabajo y darme escaleras para ascender al éxito; hasta los detestables, que te hacen dudar de tu capacidad y del amor a tu trabajo. Son como los *dementors* que, como explica el personaje llamado Remus Lupin a Harry Potter en la serie de libros del mismo nombre: "Están entre las criaturas más nauseabundas del mundo. Infestan los lugares más oscuros y más sucios. Disfrutan de la desesperación y la destrucción ajena, se llevan la paz, la esperanza y la alegría de cuanto los rodea".

Alguna vez tuve un conflicto abierto con mi jefe de entonces y dimos por terminada la relación laboral por común acuerdo porque él pedía que yo pasara vestidos de novia de contrabando en mis maletas. Sí, deseaba surtir su recién estrenada *boutique* de novias con los vestidos que yo le trajera, aprovechando que parte de mi trabajo consistía en ir una vez al mes de Los Ángeles a México a diseñar la colección de moda para su fábrica de ropa. Para mí, lo que pedía era claramente un acto ilegal que me ponía en riesgo y con el cual no estaba de acuerdo. Así que aprendí muy pronto en mi carrera que mis principios nunca pueden ser violados por ningún trabajo o acuerdo laboral. Aunque sólo Dios sabe lo mucho que necesitaba ese empleo.

La lista de mis infortunios laborales incluye al jefe que me exigió renunciar a mi trabajo por solidaridad porque lo acababan de despedir, después de haberse presentado completamente ebrio a trabajar. También tuve un jefe que quiso abusar de su poder y su fuerza, abalanzándose con su gran altura y sobrepeso, para forzarme a darle un beso. Esto ocurrió en un lugar público. Fue un milagro que pude escaparme por debajo de sus brazos. Pero la elegancia no me permitía salir corriendo como dictaba mi corazón. Después de todo, mi trabajo estaba en peligro. Es terrible sentirse en un lugar tan vulnerable, en el que no importa lo que hagas, sabes que puedes perderlo todo. Así que me mantuve a una distancia segura y logré convencerlo de que la noche siguiente cenaríamos juntos para que me dejara en paz. Por la mañana me presenté a trabajar con un amargo sabor de boca y no había pasado mucho tiempo antes de que ese directivo enviara a un emisario. Afortunadamente, no fue para pactar los detalles de la cena, sino porque ya sobrio, quería asegurarse de que no lo reportaría a Recursos Humanos. No lo hice porque sentí que la empresa no me iba a apoyar y pondría en riesgo mi trabajo de tantos años.

Pero, a cambio, he tenido la inmensa fortuna de contar con jefes increíbles, muchos de ellos mujeres. Tengo una lista de nombres que me han servido de ejemplo para tratar de ser una mejor líder. A muchos de los que fueron mis jefes, hombres y mujeres, les debo mi preparación y crecimiento. Incluso el haberme contenido en los momentos más complejos y difíciles en los que me apoyaron y me regresaron la fe en mí y en el mundo.

Pero, seamos realistas, nunca faltan los buenos y los villanos. Todos te enseñan algo, aunque sea lo que no quieres llegar a ser. Sin embargo, sucede como con las parejas, lo ideal es que haya un respeto y una admiración ante tus superiores. Si sientes que no hay nada que aprenderles, que son deshonestos o corruptos, o simplemente que te faltan el respeto, no debes quedarte bajo su mando, pues la integridad moral y la ética, incluyendo un comportamiento sexual impecable en el trabajo, es indispensable e incuestionable.

Los buenos te alimentan, te enseñan y, aunque sean duros o no muy simpáticos, te ayudan a crecer. Recuerda que sólo es grande un jefe cuando entiende tu valía y te ayuda a crecer. El superior que todas necesitamos, si es que queremos trabajar para alguien, es el que está abierto a escuchar tus ideas, te da la oportunidad de desarrollarlas y te apoya en el proceso, no sólo porque sabe que tu éxito es su éxito, sino también porque goza al verte triunfar, incluso irte a un mejor puesto. El jefe minúsculo, en cambio, tratará de obstaculizar todas las escaleras que se encuentren o le muestres en el camino. Preferirá que te vayas a casa a que brilles. O deseará hacer de ti un bonsái para que tu crecimiento siempre esté limitado por sus reglas y sus inseguridades.

Una de las cosas que he aprendido en mis años como directora de revistas es que es fantástico rodearte de gente brillante, enseñarles lo que sabes, aprender de su talento y saber delegar para que ellos crezcan. Es lógico que cometerán errores. ¿Quién no lo hace? Pero es la única manera de brindarles una escalera, que cumplan las expectativas de su puesto, que se sientan valiosos y estimulados.

Desde luego, debe haber una relación de respeto y cordialidad. Pero es importante utilizar tu inteligencia emocional para tratar de entender cuándo hay que darles más atención laboral y en qué momento necesitan un acercamiento más personal. Yo he vivido momentos complicados en mi vida personal y he tenido la suerte de que mis jefes me dieran su apoyo de diferente manera y de acuerdo con su personalidad. Todavía recuerdo el abrazo cálido con el que me recibió mi ex jefe Angelo Figueroa después de saber que había perdido a mi bebé, a sabiendas de que llevaba meses sometida a intensos tratamientos de fertilidad.

PODER: SIEMPRE GENEROSO

Trata a los demás como quisieras ser tratada. Es la regla de oro y se aplica hacia arriba y hacia abajo en el organigrama e incluso fuera de él, con las personas de la limpieza, los choferes, trabajadores externos, etcétera.

Un ser poderoso lleva una bandera de respeto en el pecho, trata con igualdad y justicia a los suyos y está decidido a utilizar todos sus recursos para cambiar positivamente las cosas, las situaciones y las vidas de quienes lo rodean. Porque el poder es también compartido, sabe agradecer que haya otras mujeres necesitadas de reconocimiento y les brinda el apoyo o los medios para lograrlo. Jamás te reserves la gloria sin considerar el placer que guarda compartirla.

El poder no es tiranía ni lejanía. La persona con poder tiene inmensas responsabilidades con los otros, pero también con sus propios principios.

Una mujer poderosa tiene que ser positiva, y tanto su inteligencia emocional como su fortaleza mental la han capacitado para subir más alto en la escalera, pero nunca deja de poner los pies en la tierra. Ser optimista es un gran atributo en ella, pues ¿quién dejaría llevarse por un seudo líder que no se imagina llegando a sus metas o triunfando ante el enemigo?

Si bien el mundo asocia al poderoso con el que manda o con el que goza de fortuna, la mujer poderosa de la que hablo en este libro vive por su pasión, ha sabido superar los fracasos y tiene la fortaleza para levantarse y no renunciar a sus sueños. Eso se llama resistencia y es fundamental para triunfar, hacerte dueña de tu vida y tu carrera profesional. El verdadero poder es generoso, capaz de dar oportunidades y estrechar la mano si alguien requiere de ayuda. Si una persona ejerce su poder sobre ti, es porque tú se lo has otorgado. En resumen, eres poderosa cuando no hay nadie más que tú para definir tu destino. No le regalas a nadie el poder, pues ése es todo tuyo.

DINERO: PARA QUEDARTE O MARCHARTE

No se puede negar la importancia del dinero. No sólo porque representa la manutención de una persona y su familia o, en el caso de algunas afortunadas, la liquidez para saciar sus caprichos, sino también porque, para todos los que trabajamos, constituye la compensación por nuestro esfuerzo, desempeño y entrega. Un buen salario trae adjunto, entre otras muchas cosas, un estatus dentro de la empresa o la industria en la que trabajas.

Nadie quiere ganar poco. No obstante, todas sabemos que los hombres ganan más por el mismo trabajo que hacemos nosotras. Aquí el problema es que no sabemos pedir lo justo y, cuando se trata de negociar, ellos son más valientes y seguros para hacerlo. Esto está cambiando a pasos de tortuga y, aunque ya vimos que hay mujeres que nos representan en las altas esferas laborales, la mayor parte de nosotras estamos luchando para sobrepasar esa capa llamada de mazapán: que está llena de talento, pero es pegajosa, se desmorona fácilmente e impide que escales.

Es importante que sientas que mereces la recompensa por tu trabajo. Que sepas que estás suficientemente capacitada y eres apta para trabajar y recibir el salario justo. A pequeños pasos irás avanzando. Pero todas necesitamos esmerarnos para que esto sea una realidad próxima pidiendo el dinero que nos corresponde y también ofreciendo una compensación generosa a las otras mujeres que te soliciten trabajo.

Hay otro tipo de dinero indispensable en la carrera profesional de cualquier mujer: el que necesitas para irte del lugar en donde no estás siendo valorada o bien tratada. Mi hermana Nydia cuenta que, cuando ella era adolescente, a nuestros tres hermanos que eran cercanos a su edad les daban 20 pesos, con lo que podían ir al cine y comprarse alguna golosina. A ella, en cambio, le daban 40 pesos porque mis padres querían asegurarse de que ella no tuviera que esperar a que un chico ofreciera invitarla y nunca se sintiera desprotegida o en desventaja.

Bueno, pues, algo similar sucede si tú consigues ahorrar una cantidad de dinero que te asegure que jamás tendrás que rebajarte por nada ni nadie. Esto es útil en el matrimonio, cuando la mujer puede irse de la casa conyugal, con su dignidad intacta, porque tiene el poder económico. Lo mismo sucede con un compromiso laboral, si existe un abuso o hay demasiados problemas en el camino: contar con ahorros en el banco será la diferencia entre tu sometimiento y tu libertad.

Si bien es cierto que ahorrar es difícil, las madres solteras tienen más complicado el tema porque a veces necesitan dos trabajos o realizan varios turnos para lograr llegar a la quincena. De hecho, las cifras indican que buena parte de las familias que dependen solamente de una mujer viven en la pobreza. Esto impide que tengan la libertad de elegir mejores condiciones de trabajo y las desanima a solicitar un mejor salario.

Capítulo 13

COMUNICACIÓN:
pasaporte al éxito

Creo que uno de los momentos difíciles para mí en Nueva York fue al dar un discurso en inglés frente a los representantes de las marcas de belleza y moda. Para ser sincera, hasta en español me hubiera resultado complicado, pues no tenía experiencia y, por lo tanto, carecía de seguridad. Para empezar, escribir en inglés era para mí como correr un maratón con las extremidades atadas. Por lo que tuve que dedicarme días enteros a la tortura de organizar mis palabras y ponerlas a manera de mensaje. Después estaba mi acento, nada sutil, con lo que podría ser complicado que la audiencia me entendiera. Pero lo hice.

Recuerdo que cuando me reuní con mi jefe de ese entonces, para que me retroalimentara sobre mi desempeño en ese gran reto, él me dijo algo importante que nunca olvidaré: "Tenías unas líneas muy graciosas, pero tus nervios te tenían tan tensa que no dejaste la pausa necesaria para que la gente se riera". Parece que no lo hice tan mal porque, efectivamente la gente se rio y siguió mi discurso, a pesar de que iba tan rápido que parecía que alguien me estaba persiguiendo. Sin embargo, yo sabía que me faltaban años luz para sentirme tranquila al enfrentar al público y hablarle.

Más de una década después entré a trabajar a Condé Nast. En esta empresa mi reto era otro, pues resulta que quien era CEO, siempre abría los eventos con unas breves palabras y era estupenda oradora. Tanto que volví a sentir como si mi discurso estuviera en inglés por lo tensa que me puse.

La primera vez que tuve que hablar fue en los Premios de Belleza Glamour, en los que están presentes la crema y nata de la industria. Junto a mí, en la mesa, tenía a dos clientes que considero amigos y, cuando terminé mi discurso y volví a sentarme, una de ellas me dijo que se me habían notado mucho los nervios. Eso me hundió en la más profunda inseguridad y pensé que realmente había estado fatal, pero cuál fue mi sorpresa cuando la gente se me acercaba para decirme lo mucho que habían disfrutado mi mensaje y lo importante que era para ellos haberlo escuchado. Así que entendí que los nervios restan gravitas, pero, si el contenido del mensaje es acertado, no todo está perdido. Hoy, después de la práctica que me ha dado mi empresa y las múltiples presentaciones de mis libros, puedo decir que disfruto muchísimo hablar en público. Amo tener un mensaje que compartir y sentir el chispazo que se enciende cuando tocas la mente o el corazón de quien te escucha.

Pero es la práctica lo que hace al maestro, por lo que mientras más te presentes ante una audiencia, mayor será tu éxito. En cualquier caso, hay cosas que resultan importantes para hacer una presentación en público efectiva:

◆ *Prepárate.* Un discurso malo es cuando la persona confía en que leer sus palabras es suficiente para lograr su objetivo, lo cual jamás es cierto, pues es insustituible la conexión de un orador que hace contacto visual y le da sentido a la exposición con toda su comunicación no verbal. Para esto, sin embargo, se necesita escribir lo que vas a decir, leerlo tantas veces como sea necesario en voz alta y ayuda a hacerlo también frente al espejo. En ese proceso se puede eliminar lo que suena falso, no tiene continuidad o, simplemente, cuesta trabajo pronunciar. Si el mensaje es corto, puede tratar de recordar el hilo conductor, pero no se trata de memorizarlo literalmente porque se escuchará acartonado. Si es largo, lo mejor es hacer un camino de ideas que tienes que tocar y llevar apuntadas las palabras clave en unas tarjetas como apoyo, sólo por si se pierde la secuencia.

◆ *Facilita la entrega.* Yo suelo comer poco y no beber ni una gota de alcohol cuando voy a hablar en público porque necesito todos mis sentidos activados y prefiero no arriesgarme con nada. Quizás haya quien requiera una copa o no pudiera concentrarse si tiene hambre, pero a cada quien le funciona de diferente manera. Hay que conocerse y trazar el camino más fácil para hacer de ese discurso o presentación una escalera.

◆ *Hazte presente.* Igual que cuando hablas frente a frente con alguien, es de vital importancia que habites tu cuerpo y vivas el momento al cien. Eso parecería que permites a los nervios trepar como enredadera sobre tu seguridad, pero tienes que creerme cuando te digo que es la única manera de soltarlos y dejarlos ir en pro de gozar tu momento. Cuida siempre que tu postura mantenga tu cuerpo derecho, con los hombros rectos echados ligeramente para atrás, cabeza en alto y mirada al público. El contacto visual es una de las escaleras más efectivas que vas a encontrar para conectar con tu público. Míralos a todos, responde con tu atención su interés y reacciona si hay algo que el público esté expresando con su lenguaje no verbal.

◆ *Sé tu mejor apoyo visual.* Sin importar si llevas una presentación gráfica o no, tendrás el mayor atractivo visual en tu persona. Ya hablamos en la primera parte del libro sobre cómo vestirte para impactar y, a la vez, no robarles la atención a tus palabras. Pero hay que estar conscientes de que varias investigaciones han determinado que 55% de la credibilidad

322 · IMAGEN, ACTITUD Y **PODER**

ante tu audiencia la obtendrás a través de tu imagen, 38% por cómo suenas y 7% restante, por lo que dices. Elige un *outfit* que te haga sentir poderosa, lo mismo que tu maquillaje y peinado. Si es una conferencia formal y llegas vestida demasiado casual, darás la impresión de que no estás preparada o no tienes el respeto pertinente para tal ocasión; pero si llegas muy formal a una presentación relajada, la gente leerá que eres rígida e inflexible. Siéntete cómoda y firme con tu *outfit*, pero asegúrate de que es adecuado para la ocasión. Cuida tu lenguaje no verbal que, como sabes, habla a gritos de ti.

- *Mide tu audiencia.* No es lo mismo dar una charla a pocas personas que a cientos, en la universidad que en un evento internacional. Cada audiencia es distinta y todas piden algo en particular. Sé receptiva a lo que esas personas quieren ver y escuchar. Si tienes que acortar o alargar tu discurso, no dudes un segundo en hacerlo. ¿Necesitas cambiar radicalmente el tema? Hazle caso a tu intuición. Conecta con la gente. Tu público lo agradecerá.

- *Proyecta tu voz.* Una voz profunda, contundente, con volumen medio y bien proyectada te dará muchos escalones para triunfar en tu presentación. Habla tranquila, haz pausas, elige los silencios para enfatizar y nunca pierdas las variaciones normales que utilizas en una charla normal.

- *Dale ritmo a tus palabras.* No hables demasiado rápido ni excesivamente lento. Hazlo con una cadencia natural, finaliza bien las frases, enfatiza los elementos importantes y los puntos y aparte. Las palabras cortas son más efectivas que las largas. Si te equivocas, ofrece una breve disculpa y continúa. Pero cuidado con pedir perdón si nadie ha notado un error. Nadie conoce tu discurso, por lo que eres la única persona que sabe si te saltaste una parte o te fuiste por otro lado. Nunca termines tus frases con el tono como si estuvieras haciendo una pregunta. Afirma de principio a fin con toda seguridad.

◆ *Ofrece un mensaje.* Aunque parezca elemental, hay personas que hablan y hablan y jamás llegan al punto en el que entregan un mensaje. Por pequeño o extenso que sea tu texto, debes siempre llegar al clímax en el que tengas una propuesta, una idea para revelar o una invitación a actuar. Ofrece tu punto de vista.

◆ *Mantén la pasión.* Yo soy fanática de los audiolibros, eso me ha hecho darme cuenta de lo importante que es hablar con emoción, enfatizar lo que te interesa, utilizar el recurso de repetición si necesitas subrayar, hablar lento si deseas resaltar algo y tomar tus pausas para otorgar un espacio entre una idea y la siguiente, pues, sin corazón, no hay conexión.

◆ *Concreta.* Lo peor que le puede pasar a una audiencia es sentarse frente a un orador extraviado entre sus ideas. Busca siempre concretar lo que quieres comunicar. Sé austera y asertiva. Completa tus frases y no te despidas antes de haber entregado el mensaje.

◆ *Evita muletillas.* Los nervios son traicioneros y pueden hacerte apoyar en cien mil palabras que no dicen nada y te harán perderte en tu discurso. Elimínalas si te es posible, aunque para ello requieras estudiar tu discurso a conciencia.

◆ *Incluye historias personales.* No hay nada como escuchar que habla alguien real. Es decir, tantos datos y afirmaciones pueden ser aburridos, pero cuando el personaje que está en el pódium se descubre como una persona de carne, huesos y alma, la audiencia se sensibiliza. Cuéntales de ti, de tu vulnerabilidad y por qué te importa lo que estás diciendo, para verdaderamente impactarlos.

◆ *Sonríe y diviértete*. Si has sido capaz de detener tu conversación interior que te hace dudar si te ves flaca o gorda, que tu voz suena muy aguda o dijiste la palabra más tonta, estarás en la zona vivencial que te hará estar realmente presente, enfocada y disfrutando el momento. Tú estás arriba en el escenario, eres una autoridad en el tema y has sido suficientemente reconocida como para exponer tus ideas y opiniones, como líder que eres. Ahora disfrútalo con una sonrisa o una decena de ellas.

◆ *Mejor breve*. Cuando se trata de elegir la regla es: mejor un discurso corto que uno largo. Si es bueno y breve, doblemente bueno, parafraseando al escritor español Baltasar Gracián.

Debes evitar leer tu presentación a toda costa y no hay nada menos atractivo que un individuo que lee en voz alta todas las láminas que está proyectando porque evidentemente no maneja a la perfección su conferencia. Cuando yo voy a hablar en público, además de haber escrito y ensayado mi presentación, siempre hago un camino de ideas para saber cómo deben hilarse hasta el final. Apunto en unas tarjetas los temas fundamentales y repaso mentalmente cómo pasar de una a la otra. Es como una escaleta con puntos y al hablar voy trazando las líneas entre uno y otro. La verdad, nunca leo las tarjetas, pero tenerlas en el pódium y pasar de una tarjeta a otra mentalmente me hace recorrer mi escalera y llegar al final como fue previsto. Tú encontrarás tu propio estilo y la técnica más adecuada para tu crecimiento como oradora. Sólo asegúrate de estar presente, disfrutar la experiencia y conectar con tu audiencia.

TONO DE VOZ Y LA ESCALERA DE TU MENSAJE

Daniel Cubillo tiene una voz privilegiada y con ella ha hecho programas de televisión, de radio, conducciones de eventos y un sinfín de proyectos. Además, es dueño de una agencia de locutores y un estudio de grabación, en el que produce, realiza y dirige diversos audios que escuchamos en toda clase de medios. Si algo sabe él, es la magia de la voz y la mejor manera de que trabaje a tu favor.

El tono de voz tiene un efecto en quien la escucha, digamos, instintivo. Las voces graves nos hacen pensar en individuos grandes, fuertes, más poderosos, y esto resulta particularmente agradable para las mujeres. Supongo que escuchar una voz grave nos remite a un individuo que genera más "confianza", precisamente por asociarlo a las características expuestas.

Hagamos una distinción entre una voz aguda y una voz débil: la primera depende del tamaño de las cuerdas vocales; la segunda, de la proyección que se le dé a la voz y esto tiene más que ver con cuestiones de respiración, uso del diafragma, etcétera. Una voz puede ser grave y débil o aguda y fuerte. Así como al momento de cantar una voz se mueve por un rango, un registro, que va desde la nota más grave a la más aguda posible, con la voz hablada pasa lo mismo, se mueve dentro de un rango. Es cuestión de buscar el "registro" en el cual queremos hablar, pero de manera natural, sin impostar la voz. Sobre las voces débiles, recomendaría buscar estrategias de proyección de la voz que implican ejercicios de relajación, posturales, de respiración, etcétera.

Además, si entendemos "sonora" como la descripción de una voz armoniosa, clara, nítida, por supuesto va a resultar más contundente que una voz estridente y chillona. No nos olvidemos de la importancia que tiene lo que esa voz está diciendo ni del contexto en el cual lo está haciendo. Esos factores también son fundamentales al momento de hacer uso de las capacidades expresivas de una voz. Hablar de manera profunda, cadenciosa, delicada y sensual en un mitin político estaría totalmente fuera de lugar. También dar una conferencia a gritos sobre poesía española del siglo xix.

Para que alguien se presente a hablar frente al público y se gane a la audiencia, primero debe conocer lo más posible a su público. Saber quiénes son y por qué están ahí, qué esperan de la persona que va a dirigirse a ellos. Otro punto importantísimo es dominar el tema del que se va a hablar. Los mejores oradores son aquellos que saben de lo que están hablando y que respetan a su audiencia. Cuando uno domina a profundidad su tema, no duda, no se traba y, además, no sólo se conoce la materia, sino que se tiene una opinión sobre la misma. Esto va a dar toda la credibilidad a quien expone dicho tema y lo hará sonar como un profesional.

SÉ CLARA: COMUNÍCATE COMO UNA PRO

Comunicarte asertivamente es primordial para poder expresar tus ideas con claridad, dar instrucciones, hablar en público o presentar proyectos a terceras personas. Ser concreta, organizar tus ideas, priorizar y jerarquizar la información y los objetivos será parte del trabajo intelectual que tienes que hacer previamente y al momento de comunicarte. El problema es que nuestra cultura muchas veces nos ha enseñado a darles muchas vueltas a los temas sin llegar rápidamente al núcleo de la propuesta o la solución que estamos exponiendo. Las personas que ostentan poder no siempre tienen el tiempo de escuchar un discurso lleno de paja, quieren ir al grano y resolver o tomar la decisión tan pronto como se pueda.

Muchas veces recibo a chicas y tengo que apresurarlas para que me digan la razón por la que están en mi oficina. Veo que se sienten nerviosas, que la presión de llegar al punto las estresa, pero una vez que nos concentramos en el propósito de la visita, las observo tomar otra vez el mando y comportarse como las líderes que son. ¿Qué pasa en estos breves momentos en que buscan la frase precisa para expresar su inquietud, duda, deseo, queja o propuesta? ¿Por qué nos resulta tan complicado sintetizar?

En las reuniones de trabajo está comprobado que las mujeres participan menos, por miedo de sonar tontas. Sin embargo, es necesario cambiar esa práctica. Lo ideal es que seas la primera en hablar, para hacerte cargo de tu poder y que todos lo perciban. Pero, si resulta muy difícil para ti empezar, cuando menos haz el esfuerzo de no ser la última en intervenir. Poco a poco irás creando el hábito de articular tus ideas en voz alta.

La raíz de estas situaciones quizá se encuentre en el legado cultural con el que hemos crecido y que se impregna en cada hábito y costumbre. Gladwell, en su libro *Outliers*, relata lo que ha sucedido en la cabina de los pilotos cuando ciertos aviones se han estrellado. Sucede que la relación entre el piloto y el copiloto se entabla en una dinámica entre el jefe y el subordinado, adicionalmente está la comunicación que debe llevarse a cabo con la torre de control del país en donde el avión está por aterrizar. Por increíble que parezca, el respeto que un subordinado tiene ante su jefe depende de la cultura en la que creció. Cuando la jerarquía marca una distancia importante, el empleado teme expresarse asertivamente por miedo de sonar irrespetuoso, grosero, retador o incluso porque puede ser reprendido. En un análisis estremecedor sobre los últimos momentos de la conversación que tuvieron el piloto, el copiloto y la torre de control del aeropuerto John F. Kennedy de un vuelo de Avianca, que partió de Medellín y debió aterrizar en Nueva York, Gladwell desmenuza los errores de comunicación que fueron producto de un piloto estresado, un copiloto impreciso y pusilánime, así como la actitud de un técnico de la torre de control soberbio e indiferente. El accidente fatal se hubiera evitado si el copiloto hubiera expresado claramente que no tenían suficiente combustible para seguir las instrucciones de rutina que daba el técnico del aeropuerto JFK. Otro accidente similar causó el choque de un avión de Korean Air, en el que el copiloto, consciente de la solución que cambiaría su terrible destino, no se atrevió a sugerirlo por no ofender a su superior.

Nosotras las mujeres cargamos con un legado cultural no sólo por haber crecido en ciertos países en los que las estructuras de los organigramas son demasiado verticales, sino también por haber nacido mujeres. Se nos ha enseñado a callar, a ser discretas, siempre amables, poco problemáticas, nunca confrontar y menos aún parecer agresivas. Pero es momento de entender este equipaje de costumbres oxidadas que no permiten que podamos dirigirnos con claridad a nuestras metas.

Hace algún tiempo asistí a una serie de conferencias, quienes las impartíamos éramos tres mujeres. Cada una de nosotras cometimos un grave error: yo fui la primera y me disculpé porque mi inglés no era perfecto, la segunda conferencista se puso a llorar porque su proyecto la emocionaba tanto y le había costado tal trabajo que exponerlo la conmovía. Y la tercera, una neoyorquina con mucho don de palabra, pidió perdón por ser abogada y tener que hablar de cosas tan aburridas como las leyes, en lugar de revistas u *outfits*, como las que la habíamos precedido en su discurso. En honor a la verdad, las que ofrecimos disculpas empañamos nuestro gravitas desde el minuto uno, restándonos fuerza y credibilidad, voluntariamente. Aun así, la charla de la abogada y la mía fueron un éxito, independientemente del tema o mi acento. Pero las lágrimas de la segunda expositora le robaron al 100% la atención de la audiencia. No es lo mismo que una persona solloce al recordar su experiencia en un campo de exterminio nazi a una chica que rompe en llanto por la emoción de dar a conocer su proyecto al público. El problema con llorar es que conecta con la gente de tal forma que los sensibiliza y los hace sentir compasión, en el caso de la sobreviviente del nazismo, o los distancia al no poder empatizar con el motivo del llanto, eso incomoda a todos. Peor aún, después de que la presentadora llora incontrolablemente, como fue el caso, nadie pone suficiente atención a lo que se presenta porque ya se perdió el foco del tema.

Hay que decirlo como es: la comunicación dentro del trabajo es clave para poder tener éxito en tu carrera, por encima de la inteligencia, la dedicación, el conocimiento, el liderazgo, el prestigio o la experiencia. Una persona que no puede expresar sus ideas, objetivos, opiniones y metas, por mencionar algunas cosas, puede perder la orientación de su causa y desviarse o extraviarse. Pero esta comunicación, como hemos visto a lo largo de este libro, puede ser a muchos nivele, desde el lenguaje de su ropa, la comunicación de su cuerpo, la forma en la que habla, escribe y organiza sus ideas; incluso en las láminas que diseña para una presentación. El talento para comunicar es, sin duda, la escalera más sólida que un líder puede encontrar para ascender sin peligro hacia la cima de su carrera.

FEEDBACK: UNA TAREA DIFÍCIL

Uno de los tragos más amargos en el trabajo es recibir una crítica. A nadie le gusta que lo juzguen, corrijan o le reprochen. Pero tampoco es fácil ser el que tiene que decir cosas difíciles de escuchar a los demás.

Suele ser muy delicado, por ejemplo, hacer observaciones sobre el arreglo o vestimenta de una persona. Yo he intentado hacerles mis comentarios a las personas que considero cercanas, por eso me he atrevido a hablar. Pero algunas de ellas lo han tomado tan mal que ahora lo pienso cien veces antes de decir nada. Lo peor del caso es que la crítica constructiva es la única manera de tener retroalimentación de las personas, saber lo que se espera de ti y el camino para que crezcas. De otra manera, ¿cómo puedes conocer tus áreas de oportunidad?

Por eso, estoy a favor de las evaluaciones semestrales o anuales. Porque en ese contexto, lo natural es escuchar el *feedback* de tus superiores. Cuando trabajé en Time Inc., las evaluaciones también se hacían al revés: del empleado al jefe, lo cual me parece muy sano, pues todos pueden beneficiarse al escuchar lo que los demás piensan de uno.

Obviamente, no es fácil estar en un lado ni en el otro, pero es una actividad que, si se hace con la frecuencia necesaria, abrirá ciertos canales de comunicación para hacer mejoras rápidas y asertivamente.

Si en tu empresa no hay evaluaciones que faciliten esta tarea, puedes acercarte a preguntarle a algún superior, a quien le tengas confianza, sobre tu desempeño.

Una vez que has recibido la retroalimentación, no hay pretexto para no poner manos a la obra y trabajar en el objetivo que te has planteado. Cuando tú eres la persona que tiene que comentar los temas difíciles, asegúrate de que sea en privado. Empieza con algo positivo y, cuando hagas la transición a los tópicos complicados, sé respetuosa, delicada y clara. También funciona esperar a que la persona en cuestión haga algo acertadamente, para felicitarla y después marcar el punto que se podría corregir.

ERES TU PROPIA MARCA

Porque ya no hay diferencia entre lo que eres y lo que representas. Creo que ha quedado claro que eres para los demás lo que proyectas. Cuando todo está en orden eres congruente y tienes credibilidad. Pero cuando hay desavenencias, interna o externamente, de inmediato la credibilidad se quiebra, tu liderazgo se cuestiona y la seguridad que proyectabas se viene abajo. Más aún si no tienes claros tus valores, aptitudes, especialidades, diferenciaciones y pasiones para expresar por qué eres única y valiosa.

Lo mejor para ser tu propia marca es que empieces delimitando lo que quieres que la gente asocie contigo. Es importante que pienses en algo con lo que te sientas cómoda y en lo que puedas ser consistente. Recuerda que tus principios son los que te hacen tu marca y ellos solidificarán tu imagen, filosofía, pasión y mensaje. Tú tienes atributos, características y fortalezas que te hacen única, pero es la pasión que te genera tu trabajo, así como tus valores, lo que definirá tus estrategias y tus metas. Atrévete a reconocer lo que te hace diferente, original y hasta excepcional porque eso te fortalecerá como marca.

Por ejemplo, yo no hubiera podido salir desnuda o con ropa excesivamente reveladora en alguna foto de mi Instagram, cuando lo que deseaba era que se me tomara como una editora congruente con *Glamour*. Al negarme a revelar mi cuerpo no sólo ejercito mi pudor, sino también predico lo que hemos venido diciendo en la revista respecto de nunca subir este tipo de fotos que te pueden perjudicar a la larga. Si uso el *hashtag* sobre conocer las reglas de vestir y después romperlas, debo poseer esos conocimientos y practicarlos a la vista de todos. Y así sucesivamente.

Una buena idea es hacer una *brand statement* o declaración de marca, en la que expreses quién eres, cuál es tu misión, tu diferenciación y lo que pretendes hacer con tu marca. Trata de repetir en voz alta una sinopsis de lo que eres como marca, de manera que, cuando llegue el momento en que alguien lo quiera escuchar, lo expreses articuladamente. Una vez que has logrado capturar tu esencia y utilidad de marca, debes asegurarte de que su promoción e identidad sean siempre coherentes y consistentes. Después, si tienes una marca de ropa, una revista, un blog, una clínica o lo que sea, eso tiene que seguir los principios enunciados.

REDES SOCIALES: EL DESDO-BLAMIENTO DE TU MARCA

"La red puede ayudarte a confeccionar tu vida como un traje a la medida, hacerlo tal como tú quieras o puede hacer que te quedes enREDado en sus hilos. Depende de ti".
Silvia Olmedo, autora del libro *Detox emocional*

Es claro que el lado bueno de las redes sociales es que puedes impactar a mucha gente en segundos. Sin duda, es publicidad gratis para ti que eres tu propia marca y para el negocio que asocies contigo. No obstante, hay una cara oscura y es terriblemente peligrosa: lo que subas a tus redes sociales jamás se borra del ciberespacio. Puedes eliminar las fotos comprometedoras, desaparecer los rastros de tu ex y hacer una campaña para que nadie te etiquete cuando suben las fotos de las fiestas. Pero lo cierto es que Internet tiene memoria y, en el momento menos pensado o la persona menos indicada, esas imágenes incómodas pueden resurgir para hacerte daño.

Eso sin contar a tus fieles seguidores, que de tanto darte *likes* a veces se ponen pesados y te exhiben públicamente. No conozco a nadie que tenga *followers* y nunca haya recibido un comentario agresivo. Mientras más popular eres en redes sociales, más *haters* tendrás. Cara Alwill Leyba lo toma por el lado positivo: "Muy a menudo son nuestros más grandes maestros. Nos enseñan paciencia y fuerza". Sin embargo, no he conocido a alguien a quien los juicios, las agresiones, las groserías y hasta las amenazas no los haya estresado en algún punto. Porque esta gente, escudada en el anonimato, puede convertirse en lo más desalmado y torturador. "La gente lastimada, lastima a la gente", asegura la autora de *Girl Code*, quien recomienda ejercitar la gracia y la elegancia para no caer en su trampa.

El silencio, aunque no sea lo que naturalmente te nazca, es lo más recomendable, pues, en el momento en que inicies una conversación con uno de estos personajes oscuros, le estás otorgando poder. Alimentar con disculpas, razones o argumentos opuestos a quienes te atacan sólo robustecerá su crueldad y sumará a otros individuos para acabarte. Así que busca la manera de dejar ir. Siempre puedes corregir tu texto, foto o enfoque, si lo consideras importante. O pica el botón de *delete*, bloquea al *hater* y continúa tu trabajo en estricto silencio.

Las redes sociales son ya una necesidad porque, además de que habilitan la autopromoción, te dan acceso a lo que la competencia está haciendo, aumenta tu credibilidad como líder o experta o *influenciadora* y te mantiene en contacto con todo tipo de audiencia, incluyendo aquellos que pueden darte escaleras para algunas oportunidades de trabajo. No obstante, no deben usarse nunca para hablar mal de la empresa en la que trabajas ni la gente que labora ahí. De hecho, ten extremo cuidado de usarlas para levantar quejas sobre cualquier otra empresa, como una aerolínea, un hotel o un banco, por mencionar algunos ejemplos, pues nunca se sabe si algún día buscarás un financiamiento o intercambio comercial con ellos. Otro rotundo "no" es usar tus redes cuando estás bebiendo, pues el alcohol y ellas son como serpientes largas y resbalosas que te pueden hundir. Si estás ebria y envalentonada cuando le escribes a alguien o subes una foto indebida, te aseguro que pasado el efecto del alcohol te vas a arrepentir.

Capítulo 14

SÉ DUEÑA:
de tu carrera
y de tu destino

Actualmente, hay historias de éxito de mujeres que hace décadas hubieran parecido producto de una gran imaginación. Mujeres multimillonarias, como J.K. Rowling, autora de *Harry Potter*, Erica Mitchell, mejor conocida como E.L. James, autora de *Fifty Shades of Grey*, o Stephenie Meyer, autora de *Twilight*. Empresarias como Sophia Amoruso, quien hizo su emporio vendiendo ropa *vintage* por Internet, o Chiara Ferragni luciendo diferentes *outfits* en sus redes sociales. Sara Blakely, la dueña de Spanx, quien se hizo billonaria al inventar unas fajas más cómodas que las que usaban nuestras abuelas, pero fajas, al fin y al cabo. La lista sigue y sigue e incluye mujeres músicos, arquitectas, modelos, científicas, artistas, entre muchas otras, que han logrado romper paradigmas a través de su actividad profesional.

La diferencia entre ellas y las que se quedan atoradas en la capa de mazapán es que tomaron la rienda de su profesión y no pararon ante nada ni nadie, hasta lograr ser excelentes en lo que hacen. Ante todo, destaca su credibilidad como profesionales. Sólo así se explica que sean admiradas y aplaudidas.

Cientos de miles de chicas salen cada semestre de las universidades hambrientas por encontrar su lugar y sus escaleras para cumplir sueños ambiciosos. Tú, entre todas ellas, tienes un sitio especial que sólo te corresponde a ti por tu originalidad y tus cualidades excepcionales. Pero puede que nadie lo sepa porque tú misma no has querido reconocer a la triunfadora que vive en ti. Pues ha llegado el momento de ser la dueña, la marca y la beneficiaria de tu trabajo. Piensa y actúa con el poder que sólo puede darte sentirte capaz de llegar por la escalera más alta, al final del tablero, por mérito propio.

PROCRASTINACIÓN: TODO PARA DESPUÉS

La procrastinación es la acción o el hábito de retrasar actividades o situaciones que deben atenderse, sustituyéndolas por otras irrelevantes o más agradables. ¿Te suena conocida? Todas postergamos lo más posible dar una mala noticia. El problema es que en el tiempo desperdiciado a veces se sacrifican muchas cosas. Por ejemplo, si piensas renunciar a tu trabajo y no lo anuncias hasta las dos semanas antes de tu partida, dejas a tu empresa con el problema de buscar un buen sustituto y de darles el tiempo para entrenarlo. Esa manera de proceder, me temo, no es la excepción de la regla.

En acciones más comunes y menos determinantes también podrás reconocer tu predisposición por alargar las fechas de entrega de tus tareas. Pero seamos sinceras, durante ese tiempo no tienes paz. Por el contrario, hay lo que yo llamo una basurita en tu corazón que no te deja sentirte ligera con ese pendiente al que has tratado de evitar a toda costa. Recuerda que lo que se resiste, persiste. Así que el camino más directo al objetivo es aplicarte y trabajar en él.

Las líderes que no son estructuradas parecen indisciplinadas o hasta perezosas, cuando lo que en realidad está pasando es que no se organizan y tampoco logran jerarquizar.

En este caso, el lema "divide y vencerás" es mi mantra. Voy abordando cada pendiente del día y, si el tiempo no me dio para tacharlos todos de mi lista, apunto lo que tiene prioridad. Las conversaciones complicadas son también parte del estrés al que nos sometemos las jefas, pero mientras más rápido las lleves a cabo, más pronto lograrás sacar la basurita de tu corazón. No importa cuál sea el desenlace de una charla difícil, con tus superiores o con tus subalternos, el resultado no lo modificarás haciendo tiempo, pero definitivamente silenciarás tu angustia si acortas la espera y te lanzas a llevarlas a cabo de una vez.

Una mujer poderosa desdeña la posibilidad de procrastinar. Después de todo, no ha llegado a su posición por dejar las cosas para después. Su disposición, disciplina y puntualidad son virtudes muy bien apreciadas. *Timing is everything!*

ERRORES: ACEPTARLOS PARA CORREGIRLOS

Es de poderosos aceptar los errores. Todos odiamos cometerlos y aún más admitirlos, pero hacerlo a tiempo y con humildad será la diferencia en el resultado de cualquier objetivo que te hayas planteado.

Los errores, me temo, son un mal necesario, pues constituyen parte fundamental del aprendizaje. Sin embargo, las consecuencias que nos traen pueden convertirse en escaleras o en larguísimas serpientes que nos arrastran hacia abajo en el tablero laboral. Para colmo, algunas equivocaciones son fáciles de corregir o no tienen mayores consecuencias, pero resulta complicado enmendarlas cuando hay personas afectadas o dinero perdido.

Piensa, simplemente, si alguna vez alguien te ha juzgado mal o te ha culpado por algo de lo que no eres responsable. ¿Qué tan fácil sería disculpar a esa persona o volver a tenerle confianza? No es sencillo, ciertamente. Pero si eres la líder que estuvo en falta, tienes que intentar hablar sinceramente sobre tu error y buscar que te otorguen el perdón sin importar si se trata de enfrentar a tu jefe o a tu colaborador.

En cuestiones laborales, el primer paso para resolver un error es asumirlo y buscar la mejor forma de repararlo. De la misma manera que aprecio cuando alguien de mi equipo reconoce su equivocación y la confiesa, yo he tenido que predicar con el ejemplo y hacer lo mismo. Cuando se puede, lo mejor es agregar la solución porque mencionar el problema y no ejecutar el remedio sólo causará frustración y enojo a tu alrededor.

ALARMA: *¿BURNOUT?*

El síndrome del *burnout* no ha encontrado un término en castellano que englobe el significado en una palabra, por lo que se usa en inglés. De cualquier modo, lo que implica el *burnout* es un conjunto de situaciones que experimenta una persona en su trabajo cuando se siente excesivamente estresada, exhausta, sin ánimo, energía, ni estímulo. Declina la salud, se altera el sentido del humor y disminuye la satisfacción personal. Algunos individuos se refieren a la sensación como si estuvieran quemados o consumidos por ella.

Se relaciona íntimamente al estrés con el *burnout* porque hay una demanda constante de resultados que la persona experimenta, ya sea que no tiene la capacidad de entregar o el tiempo necesario para hacerlo. Esto provoca que se sienta abrumada e incapaz de cumplir sus metas en tiempo y forma. Deja de dormir, siente que lo consume la presión y revienta.

Otras causas importantes para experimentar el *burnout* son carencia de apoyo por parte de sus superiores, ausencia de retroalimentación positiva, reconocimiento de su trabajo, percepción de inequidad, incompatibilidad de valores éticos o profesionales con su empresa, falta de autonomía para resolver problemas y una relación tóxica con sus superiores.

La manera en que reacciona este trabajador, sea cual sea su posición en el organigrama, es de indiferencia, desinterés, ineficiencia, cinismo y hasta ausentismo. Al mismo tiempo, tiene dificultades para aprender, pensar claramente y tomar decisiones. Contamina su manera de comunicarse o relacionarse y pierde la empatía, consecuencias terribles para un líder que está a cargo de responsabilidades y un capital humano importante.

El *burnout* se presenta con mayor frecuencia en personas de 30 a 40 años o más jóvenes, cuyos rasgos de personalidad denoten baja autoestima, pasividad, rigidez para adaptarse a su entorno y altas expectativas de desarrollo frustradas.

Para saber si tú padeces o has padecido este síndrome, debes preguntarte y responder con honestidad si algún día has sentido agotamiento al levantarte y te cruzan mil razones, falsas y verdaderas, por las que no quieres ir a trabajar, si te has encontrado emocionalmente exhausto, si ha cruzado por tu mente que tu trabajo no tiene valor y eres incapaz para llevarlo a cabo o si tu interés, tu motivación y tu involucramiento respecto de tus labores y a tu equipo se han reducido o desaparecido.

Si tú te encuentras en una situación laboral que te ha llevado al límite y crees que estás a punto del *burnout,* es recomendable que busques a un médico para prevenir que afecte tu salud y también hagas una cita con tu jefe para discutir tus cargas de trabajo, el ambiente laboral, la manera en que te retroalimenta y la posibilidad de hacer algunos cambios drásticos para no perjudicar tu desempeño.

Como líder, si ves que alguien de tu equipo presenta algunas de las características antes mencionadas, te corresponde evaluar si su carga de trabajo es equitativa, si le proporcionas suficiente autonomía para que tome decisiones profesionales, debes empezar a reforzar tu apoyo, darle estímulos y hablar de su buen desempeño, así como del valor que representa en tu equipo.

CONTRA EL ESTRÉS
Y A FAVOR DE TU SALUD

Decir que es dermatólogo famoso, cuya línea de tratamientos ha ayudado a adquirir una piel hermosa, no sería suficiente porque el Dr. Howard Murad se ha convertido también en un experto en bienestar. Sus diversos libros y el protocolo de su clínica están dedicados a encontrar la liberación del estrés para recobrar la libertad y la felicidad que teníamos cuando éramos unos infantes. Éstas son sus recomendaciones para tener una actitud positiva y una salud férrea.

Imagínate a ti como una niña feliz de un año y medio caminando desde la puerta. Probablemente te caíste en el trayecto porque eres inestable al caminar. No tienes temor a las caídas y, aunque te has golpeado, no conoces las reservas para no pararte de nuevo. Si eso fuera hoy, a tu edad, tendrías dudas, quizá la próxima vez considerarías usar un bastón o tener a alguien que te ayude. Tú como niña venías feliz y sonriendo, y ya de adulta no te veo carcajearte, ni contenta. Además, como infante eres capaz de llorar porque no sientes miedo de expresar tus emociones. Eres libre de hacerlo. Ves a gente extraña y no te privas de hablarles. Pero ahora sientes miedo de los extraños, te da vergüenza hablar con la gente, no sabes qué decirles. La niña pregunta todo, siente ganas de bailar o cantar, y no necesita esperar a nadie para empezar. Si le dieras una hoja en blanco y crayones a esa nena, ella haría garabatos en toda la página. No estaría limitada a dibujar adentro de las líneas. Pero cuando maduras, estás restringida a las líneas. Y mientras más envejeces, más estrecha te sientes y más perfeccionista te conviertes. No puedes bailar o cantar cuando te dé la gana, preguntar todas las cosas que deseas, ni se te permite abordar a la gente. Por eso empecé a hacer una investigación con diferentes individuos, en su mayoría mujeres. Les pedí que leyeran 11 frases, que las vieran dos veces al día y escribieran sobre ellas en su diario. Los resultados fueron maravillosos: la presión arterial bajó, la hidratación subió y el estrés mejoró. Las frases eran:

◆ "Lo mejor está por llegar. Sólo tienes que dejarlo entrar".

◆ "Date permiso para ser triunfadora".

◆ "Tus peores críticos son muy críticos consigo mismos, no contigo".

◆ "Sé imperfecto, vive más tiempo".

◆ "Ten cuidado de crear tu propio estrés".

◆ "Si no es gran cosa, no lo hagas gran cosa".

◆ "Baila, aunque no escuches la música".

◆ "Perdónate a ti misma".

◆ "Por qué tener un mal día si puedes tener un buen día".

◆ "Sé feliz con lo que eres".

◆ "La felicidad está en ti".

Si lees diariamente las frases, se te imprimen en el cerebro y comienzas a cambiar de actitud. Te estimulan a que seas más como una niña. Te confirma que no tienes que ser perfecta, ni que preocuparte de lo que el resto de la gente piensa de ti. Permiten que te perdones. Que tengas una actitud positiva porque lo mejor vendrá. Te animan a que te comportes como una triunfadora y, si las abrazas como tuyas, los resultados serán increíbles. Especialmente cuando escribes sobre ellas en un diario.

El peor problema que tiene un adulto es que sufre bajo el estrés de la vida moderna. Eso es estrés cultural: por todas las reglas y regulaciones. Además de estar más tiempo en el celular, computadora o iPad porque tienen información con la que tendrá que lidiar todo el día. Si te envío un *mail*, espero que me lo respondas en tres segundos y si no lo haces, me pregunto qué te sucede. Ésas son las cosas que te hacen querer ser perfecta y, al no poder, te hacen ser dura y crítica contigo misma. No estás durmiendo bien porque tienes el teléfono en la cama. Eso te lleva a tener enfermedades crónicas como diabetes, hipertensión y obesidad.

De hecho, hay dos tipos de estrés: el que tienes que vivir porque hubo una muerte familiar o un divorcio y que vas a tener que enfrentar de una forma u otra. Ese estrés es muy intenso al principio, pero pasado un tiempo se calma. Después está el estrés con el que no lidias, como el cultural. Mucho tráfico o exceso de trabajo, 14 horas al teléfono y le achacas la tensión a tu empleo. No haces nada al respecto. Esas fuentes de estrés se apilan una sobre la otra. Y lo que sucede es que, efectivamente, necesitas un poco de estrés para funcionar bien. Por ejemplo, cuando presentas un examen final en la universidad y el estrés te hace estudiar más. Pero cuando el estrés cultural es constante, va a estar en todos lados y en todo lo que hacemos. Ése siempre lo tienes y nunca lo enfrentas. Cuando hay un estrés cultural crónico se produce el aislamiento, te sientes más sola y puedes llegar a ser violenta. Ésas son las cosas que comienzan a suceder y es la confluencia del estrés de la vida que llevas, más el que se adiciona en tu día, que te llena de actitudes inapropiadas.

Es importante saber que tu cuerpo está siempre haciendo células nuevas. Las de tu piel se renuevan una vez al mes. Cada célula en tu cuerpo es sustituida. Pero cuando envejecemos no sucede tan seguido ni rápido. Al dormir tu cuerpo está reconstruyendo esas células defectuosas que has dañado en el día y creas unas nuevas. Por eso, necesitas antioxidantes, antiinflamatorios y aminoácidos. Para dormir bien hay que tener tu habitación fresca, apagar el televisor media hora antes o tomar un baño caliente. Pero, en realidad, la gente no duerme por la tensión diaria y están preocupados por las cosas que hay que hacer al día siguiente.

Así que recomiendo que, antes de irte a la cama, escribas las cosas que se supone tienes que hacer mañana. Ponerlas en un pedazo de papel te hace sentir que ya sabes lo que debes hacer y no tienes que pensar en ellas cuando te vayas a la cama. La otra cosa es tratar de escribir tres cosas de las que te sientes agradecido. Mucha gente no cree en la gratitud: pero tienes una cama y un techo y como no tienes una pierna rota debes estar agradecida. Si haces todas esas cosas, podrás dormir, lo cual es bueno porque, cuando no duermes, tu cuerpo tendrá sobrepeso y llegará a estados de depresión que pueden resultar incluso en el suicidio. Te sugiero tomar un suplemento con omega, comer un poco de nuez y algo que te hidrate, como un pepino o una manzana, antes de ir a la cama. Al acostarte aleja tu celular de la cama. Ahora, ¡a descansar! ♦

EL TRIUNFO: ¿UN TRONO EN LA SOLEDAD?

Se habla mucho de que el triunfo se vive en un trono solitario. No dudo que esta idea sea producto de los testimonios que han dado quienes tienen un equipo trabajando para ellos, en lugar de con ellos. En un capítulo anterior hablamos de la distancia que se torna saludable cuando un líder trabaja con el equipo, pero, si esa separación es demasiada, la organización laboral se vuelve vertical y muchas cosas valiosas se pierden junto con la cercanía. Así que un término medio es recomendable: en el que tu equipo sepa que puede venir a ti con sus comentarios, sugerencias y preguntas. Pero, al mismo tiempo, esté consciente de que, si bien la última decisión es tuya, estás capacitada para determinar lo mejor para lograr el objetivo y lo harás con integridad.

Irónicamente, cuando estás en la cima, los "amigos" parecen crecer como la hiedra, te invitan a todos lados y la adulación está presente en cada encuentro social. Pero hay que tener muy claro que la mayoría de esas personas desaparecerán si dejas tu puesto. Eso lo aprendí cuando, en mi época como editora de moda de *Vogue*, la empresa que tenía la licencia decidió cerrar la revista. La PR que me había invitado a su boda ya no me saludaba en la calle, mis colegas en otras publicaciones no me contestaban las llamadas y todos los que exaltaban mi trabajo, ya sin la posibilidad de colaborar en mi revista, actuaban como si nunca me hubieran visto. El punto es que hay cierta soledad cuando pretendes que todos los que te rodean en tu posición triunfante sean honestos y sinceros. Decir lo contrario tampoco sería justo. Pero es recomendable pensar que los verdaderos amigos están cuando te encuentras tanto arriba como abajo, en la rueda de la fortuna.

El poder puede ser agotador también. Ya decía Shauna Niequist que la sociedad nos quiere flacas y cansadas. Pero el peor problema es que cuando el éxito no te llena, sino te vacía, tienes que reconsiderar tu situación y probablemente retroceder un par de cuadritos en el tablero de serpientes y escaleras para entender por qué te sientes arriba y abajo a la vez. Quizá te toque retomar tus valores, reconectar con gente que te quiere y hacerte feliz con cosas más pequeñas que tengan más sentido para tu realización emocional. Tendrás que tratarte como si cuidaras a alguien amado. Pero nunca olvides que a veces el dar es un gran regalo para ti. Sin embargo, para poder ayudar a los demás, debes sanar tú también y lo irás haciendo mientras construyes bondad para ti y la gente que te rodea.

EXISTE UN MUNDO FUERA DEL TRABAJO

Para mí el trabajo es una parte importante de mi balance personal, como seguramente lo es para ti. Leíste bien: balance. Esto quiere decir que, a pesar de que tu carrera es fuente no sólo de satisfacciones y autoestima, sino también de preocupaciones y serpientes que te llevan a deprimirte, hay que tener en cuenta que es sólo un porcentaje de tu vida.

Para algunas personas su familia será siempre su prioridad, para otras (aunque tengan familia) su principal interés es la carrera. Hay quien trabaja para poder ahorrar y viajar, otras personas utilizan su profesión como un medio para tener dinero y todo lo que éste puede ofrecer. Existe también un grupo de individuos que trabajan porque no les queda otra y, por lo tanto, lo menos importante está en la oficina.

Pero tú estás leyendo este libro porque te interesa mucho tu carrera y estás buscando escaleras que te faciliten triunfar. Entonces debes saber algo: la mujer que tiene un mundo interior lleno de curiosidad, deseos, opiniones y ambiciones se encuentra en una dimensión que la hace sentir satisfecha. Si a esto le sumamos que tiene familia, amigos, mascotas, actividades y pasión por otras cosas, además de su profesión, estamos hablando de una mujer completa.

Recuerdo, hace un par de décadas, que tuve una cita en las oficinas de L´Oréal, estábamos esperando a la directora de una importante marca de cosméticos y nos pasaron a una sala de juntas. Ahí había un pizarrón en el que habían escrito: "Las mujeres de

esta empresa tenemos vida y debemos irnos a casa a las 5 p.m."
A partir de ese momento, me pareció sabio tomar el tema en serio, por lo que he intentado organizar mis equipos de tal manera
que todos puedan salir temprano a disfrutar la vida. Cuando era
directora, generalmente no podía salir a las 5:30 como lo espe-
cificaba mi horario, pero fuera de los días en que cerrábamos la
revista (cerrar significa dejar lista la revista para entregarla a la
imprenta) todos se íban temprano. Hay quienes hacen deporte,
toman clases, van al súper o simplemente se disponen a ver tele
para estar al tanto de las celebridades y las series, tan importantes para una revista femenina.

La frase que sugiere poner los huevos en diferentes canastas es
muy sabia. De otro modo, ¿cómo puede uno superar un despido
cuando toda tu entrega está en el trabajo o un divorcio si tu corazón sólo está en ese matrimonio? Las mamás sabemos que nuestro corazón siempre tendrá el mejor sitio para los hijos. Pero, si tú
eres como yo, no puedes imaginar la vida sin el trabajo.

Cuando el papá de mi hijo y yo recibimos a nuestro bebé, la
casa de adopción nos había pedido que uno de nosotros dejára-
mos de trabajar un año para cuidarlo. No hubo discusión, ésa
sería yo. En mi cabeza siempre estuvo la idea de que yo podría
ser una madre tradicional: de las que se quedan en casa y disfrutan las actividades con los niños y las otras mamás. Pero,
quizá por las condiciones tan solitarias en que tuve a mi bebé
(en el extranjero y en un departamento apartado de la ciudad),
llegaban las noches y yo me sentía muy rara al no poder con-
tabilizar mis actividades "productivas". Ya no había reuniones,
ni trayectos a la oficina, los días consistían en darle de comer a
mi chiquito, sacarle el aire, cambiarlo, dormirlo y dedicarme a
lavar su ropa. Esta rutina de día y de noche sólo se interrumpía

cuando tenía que editar los artículos que se estaban preparando en Nueva York o las llamadas en conferencia que me regresaban a la vida laboral, que, hasta ese momento, había sido mi motor.

Lo que supuestamente sería un año, se convirtió en cuatro. Tuve que dejar mi posición en la revista porque mi jefe necesitaba que viajara frecuentemente y mi compromiso era con mi bebé, ya no con mi empresa. Así vinieron trabajos de *freelance* que hacía durante la noche o en la sagrada siesta de mi bebé. Afortunadamente, él dormía dos horas seguidas. Si no, no sé cómo hubiera logrado entregar todos mis artículos. Pero exhausta y más flaca que nunca, tuve que enfrentar un divorcio largo y tortuoso. Lejos de mi familia y en problemas, mis grandes refugios fueron mi hijo y mi trabajo. Pero esa historia es cosa del pasado y esa experiencia me marcó firmemente las prioridades. La salud, la felicidad y el bienestar de mi hijo ahora adolescente son fundamentales, pero mi carrera ocupa un gran segundo lugar en importancia. Mi profesión para mí es un placer. Mi hermana dice que hay que elegir el trabajo que pagarías por hacer y, si ése es el criterio, yo lo cumplo.

La otra parte importantísima para una persona es su familia adoptiva, la que uno elige voluntariamente. Yo no podría imaginar mi vida sin los pilares que la sustentan, esos amigos entrañables que están presentes, aunque no los pueda ver tanto como quisiera. Los que te conocen y te quieren con tus defectos y virtudes.

Por eso, te invito a que tengas una vida llena de canastas, unas pequeñas y otras enormes. Ve colocando tu pasión en todas ellas, en algunas habrá tanta que será casi imposible contenerla, pero dales importancia también a las pequeñas. Tu familia, tus amigos, tu casa, tus pasatiempos y tus mascotas, todos caben en el corazón de una mujer exitosa.

UNA MUJER INTEGRA: UNA MUJER ESLABÓN

Al declararte a cargo de tu vida, tu persona y tu carrera, empiezas a personalizar tu poder. Diane von Fürstenberg se consideraba en poder cuando sentía que tenía la vida de un hombre en el cuerpo de mujer. A eso se refiere como "la mujer que quería ser" y usó esa frase en su libro como título. Yo, en cambio, creo que nuestro poder se alberga en tener la vida de una mujer exitosa dentro del cuerpo de una mujer.

La construcción de tu autovaloración y tu empuje vienen de adentro hacia afuera. No obstante, el proceso más sencillo e inmediato se puede desarrollar en tu apariencia, comunicación no verbal y tu forma de hablar. "El estilo de una mujer y lo que lleva puesto reflejan mucho de lo que es", dice la misma Von Fürstenberg al recordar los cambios de su propio *look* en una metamorfosis de su estado de ánimo. Por eso, vestir bien y tener una actitud decidida constituyen la primera y segunda parte de este libro, pues tu imagen es un reflejo de lo que piensas de ti. Si vistes como una mujer poderosa, así te sentirás y, lo mejor de todo, es que, sin tener que articular ni una palabra, enviarás ese mensaje a tu alrededor. Con eso tendrás el primer elemento de tu gravitas, el segundo profundamente relacionado es tu expresión corporal y verbal. Pero el tercero es la joya de la corona, pues tiene que ver con sentirte digna y merecedora de tu poder.

Además, si en lugar de dividir, unes; si puedes dejar los juicios y evitas tirar la primera piedra para estimular a las otras mujeres a que crezcan, se desarrollen, brillen con luz propia y cumplan su sueño, estarás fortaleciendo tu ambiente laboral, facilitando la energía que todas necesitamos para cambiar las normas masculinas y te regalarás la gran satisfacción de transformar tu vida y la de las demás. Como eslabón vas conectando mujeres, fortaleciendo tus vínculos y tejiendo alianzas. En tu labor personal siempre encuentra algo que lograr, metas que alcanzar y principios que perpetrar. Ésa es mi parte favorita porque, mientras mantengas sueños que cumplir, tendrás el combustible para sentirte viva y vigorosa. Pero los sueños se inventaron para ser logrados, así que enfócate y no descanses hasta realizarlos.

Nosotras, debemos mantener fresca la esperanza, sentir que tenemos elección y gozamos de nuestros derechos. Usemos nuestras fortalezas para ser líderes y mostrar el camino a quienes nos siguen. Prediquemos los valores con nuestro ejemplo y no aflojemos el paso hasta saber que hemos quitado serpientes y provisto escaleras a nuestras compañeras en este trayecto.

El poder en solitario no sabe bien. Si, en cambio, somos capaces de sentirnos poderosas como colegas y amigas en nuestro trabajo diario, la meta final del juego profesional será mucho más placentera y remunerativa. Tú, como dueña de tu carrera, eres un tronco sólido y verás que tu esfuerzo se ramifica para después florecer. De cada flor nacerá una fruta. Goza su dulzura y sé generosa para compartirla con nosotras, tus compañeras de vida.

¡Bienvenida
al siguiente renglón de tu CV!

Bibliografía

Alwill Leyba, Cara, *Girl Code*. Unlocking the Secrets to Success, Sanity, and Happiness for the Female Entrepreneur; Passionista Publishing, New York, 2015.

Amoruso, Sophia, *#Girlboss*; Penguin Random House, New York, 2014.

Black, Cathie, *Basic Black*: The Essential Guide for Getting Ahead at Work and in Life; Crown Business/Random House, New York, 2007.

Cain, Susan, *Quiet*: The Power of Introverts in a World That Can't Stop Talking; Random House, New York, 2012.

Cox, Caroline, *Forever Glamour*: Guía de belleza, estilo y seducción por las estrellas de Holliwood; Océano, Barcelona, 2010.

Cuddy, Amy, *Presence*: Bringing Your Boldest Self to Your Biggest Challenges; Little, Brown & Company, New York, 2015.

David, Susan, *Emotional Agility*: Get Unstuck, Embrace Change, and Thrive in Work and Life; Avery/ Penguin Random House, New York, 2016.

Doré, Garance, *Love x Style x Life*; Spiegel & Grau/Penguin Random House, New York, 2015.

Gladwell, Malcolm, *Outliers*: The Story of Success; Little, Brown & Company, New York, 2008.

Goyder, Caroline, *Gravitas*: Communicate with Confidence, Influence and Authority; Vermilion, London, 2014.

Hedges, Kristi, *The Power of Presence*: Unlock Your Potential to Influence and Engage Others; AMACOM, New York, 2011.

Hewlett, Sylvia Ann, *Executive Presence*; Harper Collins, New York, 2014.

Homer, Karen, *The Well-Dressed Lady's Pocket Guide*; Prion, London, 2012.

Huffington, Arianna, *Thrive*: The Third Metric to Redefining Success and Creating a Life of Well-Being; Penguin Random House, New York, 2014.

Huston, Therese, *How Women Decide*; Mariner Books, New York, 2016.

Kahneman, Daniel, *Thinking, Fast and Slow*; MacMillan, New York, 2011.

Kay, Katty y Shipman, Claire, *The Confidence Code:* The Science and Art of Self-Assurance-What Women Should Know; Harper Collins, New York, 2014.

Lecoeur, Marie-Anne, *How to be Chic and Elegant:* Tips From A French Woman; Kindle Edition, 2012.

Mastromonaco, Alyssa y Oyler, Lauren, *Who Thought This Was a Good Idea?:* And Other Questions You Should Have Answers to When You Work in the White House; Hachette Book Group, New York, 2017.

Murad, Howard, *Conquering Cultural Stress:* The Ultimate Guide to Anti-Aging and Happiness; Wisdom Waters Press, Los Angeles, 2015.

Napias, Jean-Christophe y Gulbenkian, Sandrine, *The World According to Karl*; Flammarion, Thames & Hudson, Londres, 2013.

Niequist, Shauna, *Present over Perfect:* Leaving Behind Frantic for a Simpler, More Soulful Way of Living; Zondervan, Michigan, 2016.

Olmedo, Silvia, *Detox emocional:* Cómo sacar de tu vida lo que te impide ser feliz; Planeta, México, 2016.

Rhode, Deborah L, *The Beauty Bias:* The Injustice of Appearance in Life and Law; Oxford University Press, Oxford, 2010.

Sandberg, Sheryl, *Lean in:* Women, Work, and the Will to Lead; Alfred A. Knopf, New York, 2013.

Sandberg, Sheryl y Grant, Adam, *Option B:* Facing Adversity, Building Resilience, and Finding Joy; Penguin Random House, New York, 2017.

Templar, Richard, *The Rules of Life*; Pearson Prentice Hall, New York, 2006.

Thomas, Isabelle y Veysset, Fréderique, *Estilo parisino:* Un toque de *look* francés para encontrar tu propio *look*; Lunwerg Editores, México, 2012.

Traister, Rebecca, *All the Single Ladies:* Unmarried Women and the Rise of an Independent Nation; Simon and Schuster Paperbacks, New York, 2016.

Trungpa, Chögyam, *Sonríe al miedo:* Despierta tu valentía interios; Kairós, Barcelona, 2011.

Von Fürstenberg, Diane, *The Woman I Wanted to Be*; Simon &Schuster, New York, 2015.

Agradecimientos

Este libro no habría sido publicado sin la confianza y el entusiasmo de David García, director literario de la casa editorial Penguin Random House, a quien tuve el gusto de conocer por medio de mi generosa amiga Silvia Olmedo. Gracias a ambos por ponerme alas y dejarme cumplir este sueño.

Agradezco a Roberto Banchik y a Ricardo Cayuela la bienvenida que me dieron en la editorial y el honor de haberme integrado a Aguilar. Ha sido fantástico trabajar con Michelle Griffing como mi editora, después de haber admirado previamente su gran labor en revistas y disfrutado de su compañía en diversos viajes. Colaborar con Roberto Sánchez, el talentoso ilustrador de este libro, fue una experiencia nueva y gratificante a más no poder. Maru Lucero, Amalia Ángeles, Pilar Gordoa, Andrea Hernández, Jesús Guedea, María de la Garza, Sandra Montoya, Monserrat Ilescas, Alberto McLean, Jesús Grajeda y Gregorio Martínez: aprecio muchísimo su apoyo incondicional y su profesionalismo para impulsar este libro que hemos hecho juntos.

A mi Francisco adorado siempre le reconoceré su generosidad, porque cuando se trata de llenar mi corazón, ya sea de amor o proyectos profesionales, es el primero en secundarme y acompañarme hasta el fin del mundo. El soporte de mis hermanos tanto carnales como elegidos es siempre invaluable. Gracias, Marce, Tanya, Elisa, Fernando, Antonio y Alejandro.

Como habrán visto, he tenido varios jefes o líderes en mis proyectos y, sin importar su estilo o la tarea que realizamos juntos, todos y cada uno de ellos marcaron mi carrera y han sido responsables de lo que he transmitido en las páginas de esta publicación. Gracias a, en orden cronológico: Miguel Ángel Solá, Dulce María Muñoz, Noé Agudo, Henri Doux, José C. Terán, José Alberto Terán, Berena Bormann, Irene Carol, Carlos Méndez, Ricardo Sneider, Fabian Oberfeld, Ángelo Figueroa, Johanna Torres, Genevieve Fernández, Fernando Toledo, Celia Marín, Germán Arellano, Javier Martínez Staines, Rogelio Villarreal, Eva Hughes y Joaquín Colino por haber puesto su confianza en mí y brindarme una o más escaleras para crecer profesionalmente.

Mi agradecimiento profundo a mis amigos Pepe Rincón y Samuel Reyes, quienes junto a su profesional equipo de P.R. Management se encargan de amplificar el valor y el impacto de mi trabajo.

Ha sido maravilloso contar con la colaboración de María Cristina González, Daniel Cubillo, Gwen Marder, Verónica Chapa, Howard Murad, Uriel Hedding, Jean Seo, Ana Cecilia Becerril, Paola Cuéllar y Nicolás Berreteaga para las entrevistas aquí publicadas. ¡Muchas gracias!

Me siento muy afortunada de haber tenido a mi *Glam Team* favorito para la realización de la foto que aparece en este libro: Agde Ruiseco, de Macadamia Natural Oil, quien domina mi pelo como nadie; Karla Vega, de M·A·C, cuyo maquillaje es indispensable para sentirme poderosa, y la magistral lente de mi fotógrafa querida, Valeria Ascencio. Mi agradecimiento a ellas, así como a Gracia Zimet, Andrea Cerda y a Edgar Uribe por su apoyo.

En este libro hablo mucho de las mujeres eslabón, que van uniendo fuerzas para crecer y catapultar a otros talentos femeninos. Gracias, amigas y colegas por tejer una red de apoyo y construir escaleras aptas para nuestros tacones.

Imagen, actitud y poder de Lucy Lara
se terminó de imprimir en octubre de 2017
en los talleres de
Litográfica Ingramex, S.A. de C.V.
Centeno 162-1, Col. Granjas Esmeralda, C.P. 09810,
Ciudad de México.